UNIVERS PORT-ROYAL
sous la direction de Jean Lesaulnier et Laurence Plazenet
45

De Port-Royal au jansénisme à travers les *Relations de captivité*

Ouvrage publié avec le soutien de la Société de Port-Royal

Michèle Bretz

De Port-Royal au jansénisme

à travers les *Relations de captivité*

Préface de Gilbert Schrenck

PARIS
CLASSIQUES GARNIER
2021

Michèle Bretz est docteur en histoire moderne à l'université Sorbonne Paris Nord. Spécialiste des religieuses de Port-Royal et du jansénisme, elle a présenté de nombreuses contributions dans le cadre de colloques internationaux littéraires et historiques et sur le site de la Société des Amis de Port-Royal. Elle a mis en lumière les aspects politique et institutionnel de la rébellion des religieuses.

ISBN 978-2-406-11447-5 (livre broché)
ISBN 978-2-406-11448-2 (livre relié)
ISSN 1636-7332

Ce travail est dédié à Joséphine Bretz-Jaeggy, ma grand-mère,
et au regretté Frédéric Delforge, mon ami et mon maître.

PRÉFACE

Des chemins variés mènent à Port-Royal que balisent nombre d'études depuis Sainte-Beuve. Celui que Michèle Bretz emprunte à l'appui des *Relations de captivité* des religieuses du monastère, trace une voie originale qui s'inscrit opportunément au cœur battant des recherches jansénistes. En choisissant de valoriser les récits que les moniales ont laissés de leur refus de signer le Formulaire condamnant les thèses de Jansénius, elle réhabilite un ensemble de textes, par lesquels les religieuses rebelles s'arrogent la liberté de résister aux autorités religieuses et politiques au nom d'un idéal imprescriptible, dont on sait combien l'issue fut tragique. Forts du statut de littérature engagée, à la fois apologétique, polémique et mémorielle, ces textes ne se définissent pas seulement comme un recueil de documents factuels quelque peu redondants et autocentrés sur l'histoire close d'une rébellion. Leur analyse fait apparaître, tout au contraire, la présence d'un massif littéraire exceptionnellement dense, par lequel les victimes de l'absolutisme louis-quatorzien défendent leur foi et dressent pour la postérité le monument sans équivalent de leur combat. En ce sens, la dimension littéraire des *Relations*, dans la mesure où celles-ci résultent d'un projet mûrement concerté, a pour vocation de rendre à la vérité pure le destin dramatique des sœurs récalcitrantes. L'originalité des points de vue jetés sur les événements relatés est d'autant plus marquante que les différents témoignages sont ici étudiés dans leur globalité, choix méthodologique judicieux, car favorisant un regard jeté en surplomb de textes-sources méconnus, tous riches de la féconde intersection où se rencontrent l'histoire, la théologie et la littérature du XVIIe siècle. L'éclairage apporté par cette littérature d'une rare complexité illumine non seulement le calvaire des sœurs martyrisées emportées par la tragédie qui frappe la communauté, il médiatise aussi les nombreuses études que suscite jusqu'à nos jours ce monument souffrant et glorieux.

Avec science et clarté, l'auteure s'empare, en effet, d'un territoire littéraire injustement oublié qu'elle rend à sa juste importance et que corrobore l'approche contextuelle, historique et théologique, du contenu. L'enchaînement des péripéties, qui conduisent inexorablement à la mort programmée du monastère, est exposé dans ses liens avec les enjeux conventuels, politiques et théologiques d'un conflit catastrophique absolu. Sur cette trame de fond dûment restituée, les mécanismes répressifs qui se déploient selon un rapport de force désastreusement inégal, mettent à nu la logique de l'arsenal tyrannique qui, par tous les moyens possibles, y compris les plus horribles, vise à éradiquer l'hérésie. Ainsi présenté, l'entrelacs des faits que tissent les *Relations de captivité* assume une fonction discursive d'une redoutable efficacité, au terme de laquelle les récits prennent en charge l'histoire de la communauté suppliciée et la projettent simultanément vers le mythe d'une odyssée tragique. Mais l'intérêt d'une narration à ce point dynamique repose surtout sur l'interface des textes, à la jointure desquels le point de vue personnel et la vision collective des événements fusionnent pour décrire l'épopée désespérée de Port-Royal, lieu prédestiné où se noue et se joue la part essentielle du combat pour la vérité.

Au cœur du dispositif, la querelle théologique occupe le rôle capital connu qui structure l'aspiration des pensionnaires à vivre leur foi en pleine conscience, aspiration éprouvée au plus intime de l'être, là où se tapissent « des secrets d'âmes » dévoilés par une délicate rhétorique de l'aveu et qu'anime une discrète dramaturgie du malheur. Au cours de très belles pages, l'attention se trouve ainsi focalisée sur la confession furtive qui construit l'imaginaire du huis-clos tragique de Port-Royal et qui, en dernière instance, trouve sa plus remarquable illustration dans l'analyse, toute en nuance, des modalités rhétoriques qui configurent ce corpus hétérogène et pourtant solidement cohérent. Car au-delà de la variété formelle des dépositions et de la prégnance d'une écriture inspirée par le modèle augustinien, le mode opératoire des aveux met en jeu un savant ensemble de composantes « relationnelles », au sens où la « relation » se définit simultanément en tant que « rapport de » (du sort collectif du monastère) et comme « lien avec » (le groupe solidaire d'un idéal religieux partagé). Ce genre « relationnel » ainsi entendu, qu'on le conçoive ou non selon les formules d'usage comme « carrefour des genres », ou « laboratoire de Mémoires », partage de toute évidence les traits distinctifs du témoignage personnel, auquel nous ont habitués avec bonheur les Mémoires du siècle classique. En conséquence, les *Relations de captivité* s'érigent en acte de « pro-testation » individuelle et arme de lutte unanime. Leur aura performative, puisqu'il s'agit de persuader avec constance de la vérité bafouée, provient précisément de la contiguïté, voire de la fusion, des instances personnelle et communautaire du discours, au point de renforcer un projet d'édification à plusieurs voix, proche d'une sublime polyphonie textuelle. Les écarts formels que l'on observe ici ou là d'une *Relation* à l'autre, ne mettent cependant jamais en péril la dynamique globale du corpus, pas plus que les décalages stylistiques n'en compromettent l'unité harmonique. Si tous les écrits n'aboutissent pas à la perfection de celui de la mère Angélique de Saint-Jean Arnauld d'Andilly, ils ne sont pas dépourvus, loin s'en faut, de réelles qualités formelles. Le ton et les accents ont beau varier, oscillant entre oralité brute et art consommé de l'anecdote réaliste, spirituelle, mais aussi comique, leur présence juxtaposée au cœur de cet archipel mémoriel crée toujours un effet saisissant de réel. Le brûlot de la sœur Briquet, si en adéquation avec la vivacité intellectuelle d'une religieuse de vingt-trois ans, tient du chef-d'œuvre ; le récit de la sœur Dupré offre l'exemple poignant de la rédemption après la signature du Formulaire. Le témoignage de la sœur Candide Le Cerf ne dépare pas dans cette marqueterie confidentielle à côté de la confession érudite de sa consœur de Brégy, ou la déclaration de la prieure Le Conte, et de tant d'autres plus apprêtées, plus solennelles, ou plus spontanées.

D'un bout à l'autre du corpus, les textes traduisent l'extrémité des souffrances subies suivant un scénario dramatique bouleversant et soutenu par des séquences d'espoir fou en Dieu seul, mouvements d'émotion singulière que relaie un faisceau d'images antinomiques chères à l'esthétique baroque, génératrices d'effets dialectiques poignants, de métaphores pathétiques et d'analogies bibliques. La violente opposition entre la pénombre des cellules et l'éclat des ors de Versailles, le contraste saisissant entre les victimes au scapulaire blanc avec la croix écarlate et la tyrannie du Roi-Soleil, se situent parmi les grandes scènes emblématiques de la lutte du Bien et le Mal. Ajoutés aux descriptions réalistes des tourments de toute nature, les développements moraux et les passages consacrés aux méditations sur l'âme dans le sillage de la doctrine augustinienne, portent les *Relations* à leur point d'incandescence. L'espace narratif ainsi circonscrit revêt un aspect spectaculaire tout à fait original, celui du donner à voir et à « ex-poser » sans théâtralisation abusive l'intensité des luttes. C'est par là enfin que s'explique le pouvoir de fascination que les *Relations de captivité* finissent par exercer envers la postérité.

Cet aspect constitue, en effet, l'autre maillon clef du parcours interprétatif opéré par le livre de Michèle Bretz, prolongement qui articule l'étude de Port-Royal à celle du jansénisme proprement dit par le biais de sa réception à travers les âges. Chemin faisant, le corpus testimonial de Port-Royal, si important aux yeux des contemporains – et des nôtres –, en raison de la source d'histoire immédiate qu'il constitue, pour la polémique sur la grâce et la connaissance du cœur humain, se prête à une enquête historiographique minutieusement conduite. La connaissance du jansénisme à long terme est nourrie par l'activité critique qui, du XVIIIe siècle à nos jours en France et en Europe, configure les strates de l'horizon d'attente attaché au mythe fondateur du phénomène. La cartographie de ce territoire longtemps en friche identifie de manière exhaustive les volumineux travaux que Michèle Bretz a lus dans le texte. En tirant de l'oubli, où beaucoup d'entre eux avaient sombré, ou que le monument élevé par Sainte-Beuve avait tendance à occulter, les recherches menées tant en France qu'en Allemagne et en Angleterre, se dresse enfin l'ample panorama des études port-royalistes. On suit les réflexions qui vont de Racine à Montherlant, en passant, entre autres, par les inédits de Le Sesne d'Étemare, l'histoire de Jérôme Besoigne, la fervente réflexion de Cécile Gazier (récemment publiée), l'évocation nostalgique de Julien Green, ou de l'auteur des délicates *Ruines du ciel* qui magnifie le couvent, une « volière vibrante de lumière blanche ». En suivant pas à pas les jalons du mythe janséniste replacés dans la longue durée, on s'aperçoit des préférences marquées par chaque compilateur, le plus souvent pour les figures archétypales de la congrégation, mais la plupart d'entre eux nouent en plus un dialogue révélateur de préoccupations personnelles, ou d'interrogations plus générales relatives à une époque donnée. Ce n'est qu'au terme de ces connexions que le mythe s'actualise et que l'image de Port-Royal se réactive, forte de problématiques inédites. Le renouvellement s'effectue d'une manière continuée à travers les siècles, des Lumières aux temps présents, en pointant selon un mouvement quasi tournant les domaines de la théologie, de la littérature, ou des faits de société, qu'il s'agisse de la foi et de la liberté de conscience, de l'émancipation des femmes, de l'influence du mythe sur la création artistique… Miroir à prismes multiples, l'histoire qui va « de Port-Royal au jansénisme » tire sa substance des couches enfouies et régulièrement exhumées des *Relations de captivité* et de leur historiographie au long cours. Sous la plume pointue et sensible de Michèle Bretz, les profondeurs « relationnelles » les plus dissimulées des témoignages sont rendues à leur évidence et leur complexité ramenée à leur pure intelligence. L'édition scientifique des *Relations de captivité*, que l'on souhaiterait rapide, rendrait – encore – à ce titre d'inappréciables services à la communauté des lecteurs.

Gilbert SCHRENCK
Professeur émérite
Université de Strasbourg

INTRODUCTION

> La difficulté de saisir le jansénisme tient probablement pour une grande part à la manière dont il fait corps avec l'ensemble théologico-politique de l'Ancien Régime français. Il accompagne l'absolutisme dans sa course, il en suit les phases, de son établissement à son effondrement. Il est son double puissamment révélateur, son miroir religieux, son fantôme. Il réfracte les difficultés de la conscience religieuse moderne dans le cadre de la construction absolutiste. À la religion politique de la raison d'État, le jansénisme oppose sa politique religieuse, celle de l'absolu de Dieu (Maire, 1997, p. 2608).

Le jansénisme, mouvement contestataire, non seulement théologique mais aussi politique et sociétal, est un phénomène complexe. Véritable phénix, apparu en France en 1640, fruit de l'*Augustinus* de Jansénius, il connut une nouvelle vigueur en 1713 lorsque fut fulminée la bulle *Unigenitus*. L'imaginaire des jansénistes en lutte contre cette bulle utilisa un modèle à imiter, reconstruisit un lieu mythique peuplé de martyrs de la vérité : le monastère de Port-Royal des Champs. En effet, Port-Royal devenu un symbole de la résistance au pouvoir absolu de Louis XIV avait subi une persécution tantôt ouverte, tantôt latente de l'Église et de la royauté, associées dans la répression. Celle-ci s'accrut en 1661. Cette année ouvrit la période de la grande persécution qui engendra la rébellion des religieuses de Port-Royal. Celles-ci avaient refusé de signer le formulaire, un serment anti-janséniste, qui condamnait la théologie augustinienne de Jansénius. Il avait été conçu pour briser les récalcitrants. Les religieuses exprimèrent leur refus de la signature en faisant appel à l'opinion publique. Bien plus, elles mirent en scène leur révolte en écrivant leur propre histoire, rédigeant de nombreuses relations qui se voulaient un témoignage de leur orthodoxie, de leur innocence.

Les écrits les plus originaux, les plus éloquents de leur résistance, leurs *Relations de captivité*, furent pourtant négligés. Un seul recueil imprimé, incomplet et tronqué de ces *Relations de captivité*, vit le jour en 1724. Du reste, il s'intitulait *Divers Actes, Lettres et Relations des religieuses de*

Port-Royal et englobait un bon nombre de leurs écrits. Ces *Divers Actes* furent réimprimés sans modification au cours du dix-huitième siècle. Puis l'ouvrage sombra dans l'oubli.

Les *Relations de captivité* ont pour genèse l'enlèvement et l'emprisonnement des religieuses les plus influentes de leur communauté. Elles furent arrachées de leur monastère parisien lors de la fameuse journée du 26 août 1664 et enfermées dans des couvents hostiles au jansénisme jusqu'au 3 juillet 1665, jour où elles rejoignirent Port-Royal des Champs. Elles y rédigèrent rapidement leurs *Relations de captivité*, récit de leur combat et de leurs souffrances. Travail à la fois collectif et personnel, ces écrits transmettent à la postérité l'histoire d'une révolte féminine dont l'aspect politico-institutionnel n'a jamais été mis en lumière. En effet, ces *Relations de captivité*, dont il convient de souligner la spontanéité et le caractère oral, nous livrent non seulement le secret d'âmes ayant soif de martyre, mais constituent aussi des témoignages privilégiés d'un combat, celui de l'augustinisme. Ces *Relations de captivité* nous offrent une meilleure connaissance du jansénisme. Elles exposent les motivations et arguments de religieuses en révolte contre un absolutisme qui veut soumettre et contrôler les consciences. Cette dissidence, qui finit par provoquer la destruction du monastère de Port-Royal des Champs, fut minimisée par les historiographes de Port-Royal qui tentèrent de censurer la rébellion des religieuses. Les *Relations de captivité* nous offrent un éclairage déterminant sur le jansénisme.

C'est le formulaire, enjeu central des *Relations de captivité*, qui permet de saisir la continuité du jansénisme sur une longue période. En effet, la bulle *Unigenitus* relança cette affaire, les polémiques qui embrasent les *Relations de captivité* ressurgirent, les écrits du dix-huitième siècle reprenant leurs arguments. Les *Relations de captivité* constituent un témoignage capital de l'expansion du jansénisme : les querelles suscitées par l'*Augustinus* de Jansénius, qui devaient se limiter au cercle étroit des théologiens, s'emparèrent de la société dès les années 1660. Les débats rugueux opposant en prison les religieuses de Port-Royal et les moniales hostiles qui les surveillaient offrent des exemples probants de l'essaimage du jansénisme. Néanmoins, il ne convient pas d'aborder les *Relations de captivité* sous leur seul aspect polémique, car ces écrits, par leur qualité littéraire et leur piquant, par leur poésie et l'émotion indignée qui y éclate, se démarquent d'une abondante et aride production janséniste qui avait fleuri durant la captivité des moniales. L'intérêt littéraire des *Relations de captivité* ne doit pas occulter leur importance historique. Ces écrits prouvent que le premier Port-Royal, érigé en mythe par Sainte-Beuve, se rattache bien au jansénisme du second Port-Royal, marqué par la chicane et un travail de sape des institutions. On peut considérer que les *Relations de captivité* opèrent la jonction entre ces deux jansénismes. Pour preuve, la lutte contre la bulle *Unigenitus* a établi une filiation entre le monastère de Port-Royal et les appelants qui érigèrent ces femmes en personnages mythiques. Ce mythe survécut à la bulle *Unigenitus* et à la Révolution française. Il parcourut les historiographies de Port-Royal durant tout le dix-neuvième siècle. Il fut étudié par des historiens anglais et allemands. Des admiratrices anglaises de Port-Royal ont loué l'originalité de la révolte des religieuses. Il s'agissait à leurs yeux de femmes libres qui avaient osé affronter Louis XIV. Le constat suivant peut être établi : les religieuses rebelles de Port-Royal occupent une place privilégiée non seulement dans l'histoire du dix-septième siècle, mais également dans l'histoire des femmes. Leurs *Relations de captivité* constituent un exceptionnel témoignage de femmes fortes, mais aussi de femmes cultivées et érudites. Leur plume traduit cette singularité. En effet, les religieuses osent briser le silence que l'État et l'Église leur ont imposé et justifient leur rébellion. Les *Relations de captivité* doivent non seulement trouver toute leur place dans la littérature du dix-septième siècle mais également dans l'histoire des sensibilités religieuses. Il ne s'agit pas de commenter l'orthodoxie ou le caractère hérétique de leur révolte mais de mettre en œuvre une approche novatrice : les *Relations de captivité* nous permettent de découvrir que ces religieuses ont établi un nouveau rapport à Dieu, plus libre, moins conventionnel, échappant au contrôle masculin de clercs prêchant la soumission. Dieu, un confident, un ami, justifie le combat des religieuses. C'est l'acteur principal des *Relations de captivité.* Dans leur prison, les religieuses vivent sous son regard. Ce lien mystique, pétri d'une sensibilité non dénuée de tendresse, guide la plume des captives et infirme le topos du sombre et terrible Dieu janséniste. Le Christ, dont les religieuses revivent la Passion, est l'agneau souffrant dont il faut imiter le sacrifice. Habitées par Dieu, les prisonnières ne renoncent pas à leurs convictions, à leur liberté de conscience qui fonde leur résistance. Or, par l'obligation de signer le formulaire, le roi et l'Église veulent briser ce lien privilégié avec Dieu alors que pour les religieuses, signer c'est mentir, porter atteinte au sacré, aux valeurs chrétiennes. Elles refusent cette intrusion qui blesse leur intériorité.

Le corpus de ces *Relations* doit être appréhendé sous de multiples aspects. Littérature de combat et de crise, il dévoile l'intimité d'âmes ébranlées qui mettent en jeu leur salut. Dans ces récits s'imbriquent spiritualité et révolte politique. Leur saveur et leur spontanéité méritent d'être soulignées : ce ne sont ni de plates œuvres de propagande, ni de ternes récits dirigés, voire censurés par les Messieurs de Port-Royal et Angélique de Saint-Jean Arnauld d'Andilly. Bien au contraire, le recours à l'écriture permet aux captives de s'affirmer, d'endosser le rôle de théologiennes, fonction que leur reprochent les autorités. La révolte des religieuses qui ont choisi, en toute liberté, de ne pas signer, va retentir jusqu'à l'époque contemporaine. Elle génère fascination et créativité littéraire. Racine occulta la rébellion des religieuses dans son *Abrégé de l'histoire de Port-Royal*. Il s'attacha à démontrer l'innocence et la pureté de la communauté. Il en est de même des historiographes port-royalistes ultérieurs, Besoigne, Dom Clémencet et Guilbert. Cette image des religieuses victimes de leurs scrupules et de leur délicatesse de conscience a perduré jusqu'à nos jours. En fait, la lutte des religieuses contre la signature n'a jamais été examinée avec précision. Ce chantier est l'objet de cet ouvrage, analysant toutes les péripéties de la signature du formulaire. Après avoir mis en lumière les acteurs principaux de ce conflit, nous avons examiné les positions de la communauté, positions du reste nuancées. En effet, les religieuses firent des concessions que la cour rejeta. Même si les religieuses prirent conseil, elles décidèrent en toute autonomie de refuser la signature pure et simple du formulaire. Actrices de leur destin, elles assumèrent la persécution. Leurs *Relations de captivité* prouvent ce choix. La lutte des religieuses est un continent encore largement méconnu, bien que l'intérêt pour ces moniales ne se soit jamais éteint. En effet, la communauté de Port-Royal a fait l'objet de nombreuses études tant littéraires qu'historiques. Chaque période a mis l'accent sur des aspects qui correspondaient à ses propres préoccupations : le dix-huitième siècle a célébré l'héroïsme des religieuses, le dix-neuvième siècle a enrôlé les moniales sous la bannière du romantisme, sensible à une cause désespérée, le vingtième siècle a découvert le modernisme de ces femmes en avance sur leur temps, qui osent défier leur hiérarchie. À l'heure actuelle, nous sommes sensibles au combat des religieuses et à leur dissidence qui a pour enjeu les droits de la conscience et l'autonomie de la personne. Les *Relations de captivité*, la réponse des religieuses par l'écriture aux institutions, révèlent la liberté intérieure de femmes chrétiennes qui ont défendu leurs valeurs. Ces écrits de combat contribuent à une meilleure connaissance de Port-Royal.

Je remercie tout particulièrement Monsieur Bernard Gazier, président de la Société de Port-Royal, la Société de Port-Royal, Madame le Professeur Marie-José Michel, Madame Valérie Mürger et Monsieur Fabien Vandermarck, conservateurs de la bibliothèque de Port-Royal, et Madame Martine Munier.

PREMIÈRE PARTIE

LES R*ELATIONS DE CAPTIVITÉ*, LE DOSSIER D'UNE RÉVOLTE FÉMININE COLLECTIVE À PORT-ROYAL

UNE COMMUNAUTÉ EN RÉVOLTE

Richelieu, Mazarin, puis le jeune Louis XIV, ont estimé que les jansénistes représentaient un danger pour l'État. Ils ne cessèrent d'appuyer les jésuites, jugés moins nuisibles et plus aptes à encadrer la dévotion populaire. La royauté avait hâte de mater cette opposition janséniste dont les écrits séduisaient les élites cultivées et les femmes qui s'immisçaient dans le domaine de la théologie. Comme le jansénisme doctrinal avait été condamné par la bulle d'Innocent X, la signature du formulaire représentait l'instrument de cette mise au pas. Le refus de signer le formulaire fut le nouveau combat de Port-Royal : un combat héroïque, mais isolé qui s'appuyait sur la liberté de conscience et un droit au jugement personnel, libertés que le roi et le pape refusèrent. Pour accéder à Dieu, il fallait passer par la médiation d'institutions qui domptaient les consciences et luttaient contre l'hérésie calviniste. Les amis de saint Augustin engagèrent un combat perdu d'avance. Port-Royal, foyer symbolique de la dissidence, allait en faire les frais. La communauté des religieuses s'opposa à la signature, au nom de la défense des valeurs augustiniennes et du gallicanisme, qui n'acceptaient pas l'infaillibilité du pape. Or, l'Église romaine rejetait ces conceptions augustiniennes. Alors que le clergé français était asservi, les voix du Grand Arnauld, de son frère Henri Arnauld, et des Messieurs de Port-Royal s'élevèrent pour défendre les religieuses. Le seul moyen : communiquer par l'écrit, le livre, pour populariser cette résistance. De leur côté, les religieuses de Port-Royal, que la persécution galvanisait, se rebellèrent ouvertement.

LES ENNEMIS

LA MONARCHIE FRANÇAISE HOSTILE

Le père Rapin, dans ses *Mémoires*, décrit le plan de destruction de Port-Royal élaboré par la reine mère s'adressant en ces termes à son fils en 1660 :

> Mon fils, lui disait cette vertueuse princesse, ayez soin des affaires de Dieu pour qu'il ait soin des vôtres ; servez-le, il vous bénira ; votre règne prospérera si vous faites prospérer le sien en détruisant l'hérésie dans votre royaume. Le roi, qui avait déjà ces sentiments-là dans le cœur, priait la reine de l'assister de ses conseils dans les desseins qu'elle lui inspirait. Ce qui fut cause que cette princesse [...] ne pensa plus qu'à détruire tout à fait le Port-Royal. Il fallait d'abord en ôter toutes les pensionnaires et défendre d'y recevoir des novices ; elle résolut d'y engager les grands vicaires et de commencer à leur faire ôter Singlin [...]. Ainsi comme il n'y eut rien à espérer du côté des grands vicaires et du cardinal de Retz, la reine fut obligée d'envoyer l'évêque de Rennes, son grand aumônier, au nonce, pour l'engager à demander un vicaire au pape pour interdire le Port-Royal. Le nonce en voulut parler au cardinal Mazarin, qui venait de recevoir un bref de Sa Sainteté, daté du 19 juillet, par lequel le pape louait son zèle contre les nouvelles opinions, et le priait de vouloir encore écouter son nonce sur les expédients qu'il devait lui proposer de sa part afin de finir cette affaire [...] (Rapin, 1865, vol. III, p. 97-98).

Pour la reine mère et le jeune Louis XIV, le jansénisme était un mouvement dangereux, qui pouvait entraîner un schisme dans l'Église et menacer l'ordre et la stabilité du royaume, car il nuisait à son unité religieuse, fondement de son unité politique.

Louis XIV n'a jamais modifié son point de vue. Ses *Mémoires pour l'instruction du dauphin* l'indiquent, il fallait détruire le jansénisme et son esprit de nouveauté :

> Je m'appliquai à détruire le jansénisme et à dissiper les communautés où se fomentait cet esprit de nouveauté, bien intentionnées peut-être, mais qui ignoraient ou voulaient ignorer les dangereuses suites qu'il pourrait avoir (Louis XIV, 1978, p. 35).

La hargne du pouvoir contre les jansénistes est ancienne. Richelieu percevait déjà le jansénisme comme un parti d'opposition, comme la manifestation d'une résistance religieuse. Saint-Cyran et ses disciples, au-delà du conflit dogmatique ayant pour enjeu la grâce efficace, se heurtèrent au pouvoir pour deux raisons majeures. Tout d'abord, Saint-Cyran, successeur de Bérulle à la tête du parti dévot, bravait la politique d'alliance de Richelieu avec les protestants ; ce dernier faisait prévaloir les intérêts d'État au détriment de ceux de la catholicité. Ensuite, Saint-Cyran avait été l'ami intime de Jansénius. Or, Jansénius, par son pamphlet, *Mars Gallicus, le Mars français*, publié en 1635, s'était attiré la haine farouche de Richelieu. Jansénius y attaquait les jésuites, défenseurs ardents du pouvoir sacerdotal des rois de France.

Facteur aggravant, les disciples de saint Augustin transformèrent le conflit dogmatique, qui les opposait au pouvoir et aux jésuites, en morale sociale que caractérisaient le mépris du monde, de ses valeurs, et la pratique de la retraite, loin de l'agitation des activités humaines. La rigueur morale des augustiniens et leur absolutisme religieux sapaient les fondements mêmes de la société. La doctrine de la contrition (c'est-à-dire la nécessité d'un mouvement d'amour vers Dieu et non la pratique de la simple attrition, crainte des châtiments divins), défendue par Saint-Cyran, revêtait une portée politique considérable. Richelieu désapprouvait d'autant plus cette doctrine qu'elle se heurtait à la raison d'État : il craignait qu'en son nom les serviteurs de l'État refusassent d'obéir à un ordre que leur conscience réprouvait. Il était impensable pour le pouvoir que des laïcs, ni prêtres ni moines, choisissent de s'ensevelir dans un vallon obscur, en tant que Solitaires. Cette retraite est assimilée à une fronde ecclésiastique par le pouvoir.

Pour Mazarin, jansénisme et Fronde étaient liés comme semblaient l'indiquer les relations étroites que cultivait Port-Royal avec d'anciens frondeurs. Les Arnauld entretenaient des liens amicaux avec Jean-François de Gondi, archevêque de Paris, supérieur légitime et protecteur de Port-Royal, puis avec son neveu, le bouillant cardinal de Retz. La duchesse de Longueville, illustre frondeuse et cousine du roi, était devenue la protectrice officielle du monastère.

La mort de Mazarin, le 9 mars 1661, accéléra les mesures hostiles à Port-Royal. Le jeune Louis XIV mit sur pied un Conseil de conscience, composé du père Annat[1], son confesseur jésuite depuis 1653, de Pierre de

1 François Annat avait été professeur de théologie à Toulouse. Il avait été appelé à Rome en 1645 comme assistant de France. Il fut confesseur du roi à partir de 1656, ce pour 15 ans. Il fut l'âme de la lutte contre le jansénisme. Il avait riposté aux *Provinciales* en mai 1656 avec ses confrères Nouet, de Ligendes et Brisacier.

Marca, vieil ennemi de Port-Royal, et d'Hardouin de Péréfixe, évêque de Rodez, son ancien précepteur. Tous voulaient exterminer le jansénisme.

LES JÉSUITES FAROUCHEMENT ENGAGÉS

Les jésuites étaient les ardents défenseurs de Molina et de ses principes concernant la grâce. Molina avait publié, en 1588, son fameux ouvrage (évoqué dans la *Relation de captivité* de la mère Angélique de Saint-Jean Arnauld d'Andilly) *De Concordia liberii arbitrii cum Divinae gratiae donis*[2]. Il y substitue la grâce suffisante à la grâce efficace de saint Augustin. Cette grâce suffisante offrait au chrétien les moyens nécessaires pour faire le bien. Elle ne pouvait produire son effet que par la seule décision du libre-arbitre. La théorie de la prédestination en fonction des mérites frappait la prédestination gratuite de caducité ; le libre-arbitre devait consentir et adhérer à la grâce suffisante.

En toute logique, les jésuites s'en prirent immédiatement à l'*Augustinus* de Jansénius, ouvrage anti-moliniste, dès sa parution en 1640. Ils avaient été frappés du danger que représentaient les vues pessimistes de saint Augustin. Selon eux, il fallait rassurer les hommes et accommoder la théologie aux nécessités du temps, la faire évoluer. C'est pourquoi ils manifestèrent une vive hostilité à l'ouvrage retentissant, *De la Fréquente communion*, du Grand Arnauld, paru en 1643. Le père Nouet, dans des sermons violents, reprocha au Grand Arnauld de mettre en pratique la théologie ascétique de Saint-Cyran et de détourner les fidèles de la Sainte Table, par trop de rigorisme. En 1649, les jésuites parvinrent à frapper d'interdit la prédication de Singlin ; il fut rétabli dans ses droits en 1650.

Le père Brisacier dans son pamphlet *Le jansénisme confondu*, en 1651, noircit le monastère de Port-Royal : c'est la citadelle redoutable de l'hérésie, de l'hydre janséniste. Il dépeint les religieuses de Port-Royal comme des filles impénitentes, désespérées, « asacramentaires », « incommuniantes », fanatiques, vierges folles[3]. En 1653 débuta une véritable opération de propagande anti-janséniste.

---

2 *De l'accord du libre-arbitre avec les dons de la grâce divine.* Il est représentatif des conceptions des jésuites en matière de grâce et traduit la pensée d'Ignace de Loyola.

3 Jean de Brisacier, *Le jansénisme confondu*..., Paris, 1651, chez Florentin Lambert, au cloître des jésuites, devant Saint-Paul, in-4, p. 18.

Le père Zacharie de Lisieux[4], un capucin, fit éditer en latin son *Seculi genius* qui décrivait Port-Royal comme un lieu plein de visions, où l'on vivait dans la mollesse et les délices. Dans les *Inconvénients du Jansénisme*, le père de Marande présentait les Solitaires comme des criminels. Fin 1653, François Hallier débita ses calomnies contre Port-Royal dans le cadre d'une audience auprès de la reine mère : il prétendait que les Solitaires complotaient avec les ennemis de l'État, qu'ils voulaient renverser la discipline de l'Église, changer la doctrine par des opinions nouvelles, troubler l'ordre du royaume et y introduire un gouvernement semblable à celui de Cromwell[5]. Pour couronner le tout, les jésuites éditèrent une fameuse gravure satirique : c'est l'affaire de l'almanach. Cette gravure, intitulée *Déroute et confusion des Jansénistes*, représentait Jansénius avec des ailes de diable, se réfugiant auprès des calvinistes de Genève. Quand parut la bulle *In Eminenti*, les jésuites firent jouer une comédie où les diables emportaient Jansénius. La campagne anti-janséniste reprit de plus belle en avril 1654, avec l'*Ars et disciplina jansenia* et la *Relation juridique* de Fillieau, qui accrédita la thèse du complot.

En 1657, le nonce apostolique, tout acquis aux jésuites, obtint l'autorisation du pape de solliciter auprès de Mazarin la suppression de Port-Royal. En effet, Alexandre VII témoignait une grande hostilité à Port-Royal. Il aurait dit à un docteur nommé Dinyau durant l'été 1655 :

> *Optandum esset ut omnes laici et saeculares qui in Portu Regio congregantur auctoritate regia disjicerentur.*
>
> « Il serait souhaitable que tous les laïcs et séculiers qui se rassemblent à Port-Royal fussent dispersés par le pouvoir royal. »

LA PAPAUTÉ MÉFIANTE

C'est Nicolas Cornet, syndic de la Sorbonne, qui enclencha la mécanique de la répression anti-janséniste. Le 1er juillet 1649, il demanda à la Sorbonne la censure explicite de sept propositions relevées dans des thèses de bacheliers qui mettent l'accent sur la grâce de Dieu, en semblant sous-estimer ou ignorer le libre arbitre ; il mit en cause les augustiniens sans se référer directement à l'*Augustinus*. Le 8 novembre 1650, Isaac Habert, évêque de Vabres, demande à Innocent X un jugement sur

4 Il est également l'auteur de la *Relation du pays de Jansénie*.

5 Hermant, 1905-1910, vol. II, p. 351.

les cinq premières propositions dénoncées par Nicolas Cornet. Cette lettre, signée par plus de quatre-vingts prélats français, déclencha la procédure pontificale contre les cinq propositions. Pendant ce temps, le nonce apostolique observait avec inquiétude l'essor des idées jansénistes.

Selon Antoine Adam, des documents prouvent que la décision de ruiner le monastère de Port-Royal fut prise dès 1653. Il s'agit d'un mémoire que le docteur Hallier remit à Rome. Le père Rapin révéla aussi que monseigneur de Marca était mêlé à cette intrigue. Celui-ci envoya même un émissaire à Rome afin d'obtenir la destruction de Port-Royal. La bulle *Cum occasione* du pape Innocent X, fulminée le 31 juin 1653, condamna les cinq propositions et sonna le glas des espoirs jansénistes. Les augustiniens se soumirent. Alexandre VII, Fabio Chigi, succéda à Innocent X, le 7 avril 1655. Il fulmina à son tour, le 16 octobre 1656, la bulle *Cum ad sacram Petri sedem*. Elle fut enregistrée avec éclat au Palais de Justice, le 19 décembre 1657, en présence de Louis XIV et de Mazarin. Cette bulle déclarait que les cinq propositions figuraient dans l'*Augustinus* et qu'elles étaient condamnées au sens de Jansénius. Le fameux formulaire sera alors joint à cette bulle par décision de l'Assemblée générale du clergé.

En 1657, le Saint-Siège chargea le nonce de demander aux ministres du roi de supprimer Port-Royal. Néanmoins, le formulaire demeura en sommeil jusqu'en décembre 1660. Il fut relancé en fin d'année 1660, à la demande de la cour. Le 13 décembre 1660, Louis XIV exigea de l'Assemblée du clergé les moyens les plus propres pour « extirper la secte du jansénisme ». Ayant pour objectif de restaurer l'unité au sein de l'Église, il devait ramener les récalcitrants à l'obéissance.

LES BRAS ARMÉS DE LA PERSÉCUTION, HARDOUIN DE PÉRÉFIXE ET CHAMILLARD

HARDOUIN DE PÉRÉFIXE : LES DIFFICULTÉS D'UN ÉVÊQUE DE COUR

Ancien précepteur de Louis XIV, proche d'Anne d'Autriche, Hardouin de Beaumont de Péréfixe (1605-1671) avait connu Saint-Cyran et témoignait de l'estime à la *Fréquente communion* du Grand Arnauld. La mère

Angélique de Saint-Jean d'Andilly le confirme dans sa *Relation de captivité*. Néanmoins, il avait voté la censure du Grand Arnauld à la Sorbonne. Membre du Conseil de conscience, il succéda à Pierre de Marca à l'archevêché de Paris, le 30 juillet 1662, mais dut attendre le 24 mars 1664 pour être confirmé sur son siège par les bulles pontificales. En tant qu'archevêque de Paris, il était le supérieur direct des religieuses, puisque la mère Angélique avait obtenu de quitter la juridiction de l'ordre de Cîteaux. Un bref d'Urbain VIII, du 15 juin 1627, avait placé Port-Royal sous la juridiction de l'archevêque de Paris.

Il semble qu'Hardouin de Péréfixe fut le jouet du père Annat qui l'obligea à endosser le rôle de persécuteur direct des religieuses. Le *Recueil de choses diverses* le confirme, « M. de Péréfixe n'était qu'une machine mouvante : il n'agissait que par les autres » (Lesaulnier, 1992, p. 670). Les religieuses firent les frais de ses tiraillements. Il n'hésita pas à enfreindre les voies canoniques en faisant enlever les religieuses rebelles.

Décidé à résoudre avec célérité le problème de la signature des religieuses de Port-Royal, Hardouin de Péréfixe tenta une conciliation. À cet effet, il publia le 7 juin 1664 son mandement qui ne demandait qu'une foi humaine et ecclésiastique pour la question de fait. Dès le lendemain 8 juin, il le fit envoyer pour signature à Port-Royal. Le 9 juin, il rendit visite à la communauté et exigea immédiatement une entière soumission des religieuses, mettant en valeur la vertu d'obéissance, pilier de l'Église, des communautés religieuses et de la famille. Pour Hardouin de Péréfixe, les religieuses devraient prendre exemple sur Jansénius lui-même qui, à l'article de la mort, se déclara soumis à l'Église.

L'ombre de la répression domine ces non-dialogues. En effet, l'archevêque imposa le secret aux sœurs, en leur interdisant de communiquer avec l'extérieur et de révéler la teneur de leurs entretiens. Il exigea aussi communication d'une liste des personnes présentes dans l'abbaye. Bien sûr, les religieuses désobéirent et dressèrent procès-verbal de tous les propos de l'archevêque avec minutie. Le même jour, Hardouin de Péréfixe s'entretint avec la sœur Dupré au parloir. Elle l'irrita fort, car elle déplora la signature de Jacques de Sainte-Beuve[6] ; Hardouin de Péréfixe lui coupa plusieurs fois la parole. Il n'admit pas sa résistance et lui reprocha son orgueil et sa « folie ». Il revint promptement le lendemain 10 juin. Il eut alors une très longue entrevue avec la mère

6 Il avait été le directeur des religieuses et avait signé le formulaire dès 1661.

Angélique de Saint-Jean d'Andilly, qui se déroula avec civilité dans la forme, l'archevêque affirmant même qu'il voudrait donner de son sang pour tirer les sœurs de l'état où elles étaient.

Néanmoins, la mère Angélique de Saint-Jean jugea le fond outrageux pour Saint-Cyran et les amis de Port-Royal. Hardouin de Péréfixe revint le 13 juin et tenta de convaincre la sœur Briquet de signer le mandement. Il lui dit que les religieuses étaient impliquées dans une cabale contre les autorités et les accusa de présomption, car elles jugeaient une affaire qu'elles ne connaissaient pas. Le samedi 14 juin, il exprima toute sa frustration et sa déception dans un discours solennel qu'il tint face à une communauté résolue et prête au combat. Durant plus de trois heures, le prélat dressa un constat d'échec, d'autant plus cruel pour lui qu'il avait tenté, en toute sincérité, d'obtenir la signature du formulaire. Son attitude paternaliste n'avait pas remporté le succès escompté. Une fois de plus, l'archevêque réfuta les arguments des religieuses. Il n'admet pas qu'elles se réfugient derrière l'alibi de la faiblesse de leur sexe : dans ce cas, elles doivent d'autant plus faire confiance à la hiérarchie. Pour lui, les religieuses n'ont pas le droit de se mêler de théologie et juger de la doctrine contenue dans l'*Augustinus*. Accablé, il dressa leur portrait psychologique : elles sont animées par un esprit de cabale qui sème le trouble. En effet, il constata que leur résistance revêtait de l'éclat dans le monde qui accueillait volontiers les libelles jansénistes :

> J'ai trouvé des personnes préoccupées, prévenues, entêtées, attachées à leur propre sens, incapables d'écouter les avis qu'on leur donne, et de recevoir de nouvelles lumières. J'ai remarqué depuis le commencement jusqu'à la fin, un esprit de cabale et de ligue, d'opiniâtreté et d'aheurtement. [...] Vous préférez les sentiments particuliers d'une petite poignée de gens à ceux du Pape et de votre Archevêque. Ces personnes vous ont prévenues et vous ont engagées à soutenir leur parti. [...] Vous ne me persuadez pas que vous n'avez pas lu leurs écrits, au moins quelques-unes ; car je vois que les réponses que plusieurs d'entre vous m'ont faites, sont les mêmes choses qui sont dans leurs feuilles volantes et dans leurs paperasses (*Histoire des persécutions*, 1753, p. 246-252).

L'archevêque, de guerre lasse, harangua une dernière fois la communauté le 21 juillet 1664. Il releva la gravité de sa désobéissance. Le délai de réflexion de deux mois qu'il lui avait accordé était échu ; en effet, la communauté avait pu s'exprimer librement et faire part de ses doutes aux envoyés de l'archevêque. Après les menaces, il s'entretint en particulier avec chaque religieuse, ce qui dura jusqu'après les vêpres. Les sœurs attendirent son départ dans l'effroi. Pour elles, l'heure de souffrir était venue. Une atmosphère de fin du monde engloba le monastère ; les *Relations* indiquent que la puissance des ténèbres l'avait envahi. Avant de s'en aller, l'archevêque priva les religieuses de la communion, à titre de sanction :

> [...] je vous déclare aujourd'hui rebelles et désobéissantes à l'Église, et à votre archevêque, et comme telles je vous déclare que je vous juge incapables de la fréquentation et de la participation des Sacrements. Je vous défends de vous en approcher comme en étant indignes à cause de votre opiniâtreté et de votre désobéissance, et ayant mérité d'être punies et séparées de toutes les choses saintes (*ibid.*, p. 95).

Il refusa d'écouter la mère abbesse de Ligny qui voulut lui parler, perdit son sang-froid et lui adressa cette fameuse diatribe, qui résonna dans la cour du monastère, les portes et les fenêtres du parloir étant ouvertes. Elle fit les délices du tout Paris :

> Taisez-vous, vous n'êtes qu'une petite opiniâtre et une superbe, qui n'avez point d'esprit et vous vous mêlez de juger de choses à quoi vous n'entendez rien, vous n'êtes qu'une petite pimbêche, une petite sotte, une petite ignorante, qui ne savez ce que vous voulez dire, il ne faut que voir votre mine pour le reconnaître. On voit tout cela sur votre visage (*ibid.*, p. 96).

La postérité retint cette image d'un homme vulgaire et emporté, dépassé par des événements que dominent le calme et la dignité de l'abbesse. Racine, dans son *Abrégé*, nuance ce portrait. En effet, dans son récit de l'enlèvement des religieuses, Racine procède à un étonnant renversement des rôles. L'archevêque, instrument du pouvoir, est contraint de commettre une mauvaise action, malgré son bon naturel. Pour l'historiographe, c'est l'archevêque qui doit susciter la compassion du lecteur. Pour accentuer le caractère choquant de cette scène, l'enlèvement de religieuses sans respect du droit canon qui régit leur statut, et en l'absence de tout jugement, Racine relève à plusieurs reprises que l'archevêque était convaincu de la pureté de la foi des religieuses. L'historiographe invoque également le témoignage des collaborateurs de l'archevêque. Ces derniers consolent les religieuses. Les mouvements désordonnés et le comportement irrationnel de Péréfixe confèrent au tableau de l'enlèvement un aspect comique[7]. Hardouin de Péréfixe est discrédité :

> Pour lui, il était au milieu de cette troupe de religieuses, comme un homme entièrement hors de lui ; il ne pouvait se tenir en place, et se promenait à grands pas, caressant les unes, rudoyant les autres, et de la plus grande douceur passant tout à coup au plus violent emportement (*ibid.*, p. 137).

Pour les religieuses, Hardouin de Péréfixe endosse l'habit du mauvais pasteur et n'assure pas la fonction qui devrait être la sienne : un sacerdoce au service de ses brebis. C'est également un mauvais père qui refuse la nourriture spirituelle, que représente la communion, à ses enfants dont il ne prend pas soin[8].

CHAMILLARD OU L'INSTRUMENT DU POUVOIR

Michel Chamillard (1628-1695), docteur de Sorbonne, vicaire de Saint Nicolas du Chardonnet, fut nommé confesseur et supérieur des religieuses de Port-Royal de Paris par Hardouin de Péréfixe, le 14 juin 1664. Il remplaça monsieur Bail, tombé en défaveur. Anti-augustinien, il est présenté par les jansénistes comme un disciple de Nicolas Cornet, l'auteur des fameuses cinq propositions. Sa mission : convaincre les religieuses de signer le formulaire. Il tenta de le faire en adoptant tout d'abord un ton conciliant et pressant. Les religieuses n'en furent pas dupes, puisque Chamillard sévit sur-le-champ, interdisant la communion aux religieuses ; il ne leur donna pas l'absolution, car elles refusaient d'obéir à leur supérieur. Elles le considéraient comme un usurpateur et mirent immédiatement sur pied une contre-offensive : elles refusèrent de l'écouter en relevant leur voile, toute la communauté assistant à ses conférences voiles baissés. En outre, la communauté choisit, pour la représenter, une interlocutrice de taille, la mère Angélique de Saint-Jean, rompue aux exercices polémiques. Celle-ci fit preuve d'une éloquence offensive et habile, retournant les arguments de Chamillard contre lui-même. C'est pourquoi celui-ci lui voua une inimitié particulière.

---

7 Souvent, lors de la persécution, drame, humour, voire comique sont intimement liés ; la meilleure illustration en est la *Relation de captivité* de la sœur Briquet.

8 On se reportera à la *Relation de captivité* de la mère Angélique de Saint-Jean d'Andilly, éd. L. Cognet, 1954, p. 47-48 et p. 126.

Il eut des entretiens avec la sœur Briquet le 21 juin 1664, avec l'ensemble de la communauté réunie au parloir les 4 et 5 juillet 1664, avec chaque sœur individuellement le 8 juillet 1664. Il était présent le jour de l'enlèvement. Il proposa aux religieuses de signer le formulaire, sans exiger une croyance intérieure : la signature serait purement formelle, un simple acte d'obéissance, qui n'engagerait pas la conscience. Ce projet s'appuyait sur le mandement d'Hardouin de Péréfixe ; celui-ci sollicitait une simple foi humaine pour la question de fait. Chamillard avait préalablement proposé cette option à la mère Angélique de Saint-Jean d'Andilly : il pensait que si elle acceptait, la communauté pouvait basculer.

Chamillard présenta sa démarche du 4 juillet comme l'occasion de la dernière chance, de la dernière tentative de conciliation. Il demanda aux sœurs de faire un effort, en réponse aux tentatives d'apaisement de l'archevêque, pour sortir du conflit. Le nœud des difficultés : la question de fait. La soumission demandée ne traduit qu'une simple marque de respect pour le pape, ce n'est pas une reconnaissance de son infaillibilité. Les décisions du pape permettent simplement de maintenir la paix dans l'Église. En cas de dissension, les parties doivent soumettre leur différend à l'arbitrage du Saint-Siège. Pour les religieuses, il n'y a donc pas péché que de croire ce que le pape et leur archevêque leur ordonnent de croire. En tant que femmes, elles ont pour obligation, étant ignorantes, de se soumettre à leur jugement. Chamillard leur suggère de s'en remettre à l'archevêque qui soulagera leur conscience, car le refus de la communauté la soumet à de grands périls. Il faut souffrir pour une bonne cause et non pas pour des scrupules de conscience, et prendre en considération le scandale causé à l'Église. Chamillard demande aux religieuses de songer à la portée de leur résistance. Selon lui, l'opinion publique les considérera comme des rebelles.

Chamillard leur propose de déclarer qu'elles, religieuses, « se soumettent sincèrement aux constitutions du pape ». Le mot soumission a un sens théologique et n'est pas ambigu. Il n'obtint rien des religieuses. La mère Angélique de Saint-Jean eut le mot de la fin :

> Ma sœur Angélique leur dit qu'ils voyaient bien qu'ils ne pourraient rien gagner sur nous, et que cela ne servait qu'à leur donner de la peine, et à nous bien de l'inquiétude. Sur cela plusieurs sœurs dirent que ces affaires-ci causaient bien du désordre dans la Maison, qu'elles déréglaient souvent

> les exercices : les unes disaient que ce leur était une occasion de rompre le silence ; les autres que ce leur était un sujet de distraction dans la prière, et toutes ensemble témoignaient qu'elles aimaient encore mieux souffrir, que de faire autre chose que ce que l'on a fait (*Divers Actes de P.-R.*, 1724, *Relation de ce qui s'est passé à P.-R.*, p. 59).

La mère Angélique de Saint-Jean d'Andilly maîtrise l'entretien du lendemain, 5 juillet. Elle résume la situation avec clarté : l'archevêque exige un témoignage de foi humaine quant à la question de fait. Cette créance doit être exempte de doute. Or, les religieuses n'ont ni cette foi, ni cette créance intérieure. On ne peut y obliger la communauté par autorité. La sœur évoque la question de l'autonomie des rapports individuels avec Dieu. Ils doivent être sincères. Le 8 juillet, Chamillard revint à la charge : il interrogea toutes les religieuses au parloir. Détail intéressant, il leur demanda leur origine sociale et géographique et voulait savoir si elles étaient issues de familles parlementaires. Une nouvelle fois, la mère Angélique de Saint-Jean eut droit à l'entretien le plus long. Cette fois-ci, il n'est pas dénué d'agressivité. La mère Angélique de Saint-Jean, avec habileté, invoque encore l'ignorance de la communauté, qui ne peut témoigner sur un fait qu'elle est incapable de savoir. L'ignorance des religieuses leur interdit d'approuver de nouvelles propositions, qu'elles ne comprendraient pas, ce qui ne ferait qu'accroître leur trouble. Elle reconnaît que la communauté pense que les propositions condamnées ne sont pas dans l'*Augustinus*.

Le lendemain 9 juillet, Chamillard vint chercher le projet de signature qu'avait rédigé la communauté pour le remettre à l'archevêque. La mère abbesse chargea la mère Angélique de Saint-Jean d'Andilly d'apporter à Chamillard ce projet de la signature au parloir ; ce projet était rédigé en ces termes : « Et sur le fait comme nous ne pouvons en avoir aucune connaissance par nous-mêmes, nous n'en formons point de jugement, mais nous demeurons dans le respect et le silence conforme à notre condition et à notre état. » Les propositions et conseils de Chamillard furent donc rejetés. Il exprima sa déception ; la *Relation* note qu'il répondit avec chagrin « j'aimerais mille fois mieux avoir affaire à des hommes » (*ibid.*, p. 71). L'archevêque refusa ce projet de signature : Chamillard l'annonça aux religieuses le 9 juillet. Il reconnut qu'Hardouin de Péréfixe subissait les pressions de la cour et qu'il avait fort à faire pour éviter de grands maux au monastère. L'archevêque redoutait la colère de Louis XIV. Si elle éclatait, il perdrait la maîtrise des événements. Or, les *Lettres* de Nicole sur *L'hérésie imaginaire* circulaient déjà. Hardouin de Péréfixe en lisait la quatrième le 16 juillet : elle reposait sur sa table, aux dires du peintre Philippe de Champaigne, venu intercéder pour les religieuses.

Après l'enlèvement des religieuses, Chamillard seconda la mère Eugénie dans les basses-œuvres d'espionnage et de mainmise sur le monastère. Il fouilla les paquets des sœurs qui avaient été enlevées. Il humilia les captives, en les qualifiant régulièrement d'hérétiques et suscita l'indignation de la placide et douce madame de Saint-Ange, sœur Anne-Eugénie en religion, qui interrompit un entretien où il la blessa par ses propos insultants. Il menaça la sœur Chouy de Pensières d'être enterrée dans une fosse commune, la sœur de Brégy de ne plus revoir ses mères, la mère Angélique de Saint-Jean de ne jamais plus communier. Il multiplia les chantages à la communion, à l'excommunication, et répandit de fausses rumeurs quant à la signature des captives. Racine le dépeint ainsi dans son *Abrégé* :

> [...] elles n'eurent point dans la suite de plus violent persécuteur que lui, et il parut du moins aussi animé contre elles que les jésuites mêmes. Non content de les tenir dans une captivité fort rude, il ne leur disait jamais que les choses qu'il croyait les plus capables de les affliger, parlant de leurs Mères avec un mépris qui leur était insupportable et de leurs plus fameux directeurs comme d'hérétiques abominables (Racine, 1966, p. 140).

Sa réputation de persécuteur était établie. L'archevêque de La Rochelle, Henri de Laval, le fils de madame de Sablé, s'en fit l'écho devant Hardouin de Péréfixe. Chamillard justifia les mesures répressives prises à l'encontre de Port-Royal dans des écrits[9] auxquels Jean Barbier d'Aucourt[10], avocat au Parlement de Paris, répondit en cinq lettres publiques, intitulées *Chamillardes*.

La mère Angélique de Saint-Jean, dans sa *Relation de captivité*, dresse brièvement le portrait psychologique de Chamillard :

---

9 Il publia notamment un libelle intitulé *Déclaration de la conduite de Mr. L'Archevêque* qui justifiait la sentence d'Hardouin de Péréfixe, en date du 6 septembre 1665, qui interdisait aux religieuses, recluses à Port-Royal des Champs, les sacrements et le chant de l'Office dans le chœur.

10 Ennemi des jésuites, il était déjà intervenu dans l'affaire du formulaire en publiant une lettre, en date du 4 juin 1664, intitulée *Lettre d'un avocat à l'un de ses amis sur la signature du fait contenu dans le Formulaire.*

> [...] et il répondit mal à tout, n'ayant nul autre principe pour appuyer ses raisons que l'avantage de la soumission qui assure toujours la conscience (Arnauld d'Andilly, *op. cit.*, p. 198).

Elle estime également qu'il connut des troubles de la conscience affirmant à son sujet :

> Il est difficile que la conscience soit tout à fait assurée quand on se sent coupable d'avoir travaillé à l'oppression de l'innocence (*ibid.*, p. 200).

En effet, aux yeux de la mère, il fut l'un des responsables de la captivité des religieuses, « [...] il était un des premiers ressorts qui avaient fait jouer cette tragédie [...] » (*ibid.*, p. 29).

LA COMMUNAUTÉ DES RELIGIEUSES DE PORT-ROYAL

UNE COMMUNAUTÉ RAYONNANTE AU FAÎTE DE SA PUISSANCE

En 1661, lorsque débuta la grande persécution, le monastère de Port-Royal n'était plus la petite communauté, fief de la famille Arnauld, qui avait entrepris la réforme sous la houlette de la mère Angélique Arnauld. Port-Royal exerçait alors un véritable attrait sur l'intelligentsia parisienne. Dans l'imaginaire du pouvoir, c'était le cœur du jansénisme, la citadelle de l'hérésie. La communauté incarnait une fonction symbolique : pour les jésuites, caverne de l'hydre janséniste, pour les augustiniens, l'image vivante de l'Église des premiers temps. La communauté des religieuses elle-même avait conscience de son importance : les yeux inquisiteurs du pouvoir étaient braqués sur elle depuis de nombreuses années. Les religieuses savaient que le formulaire avait été conçu pour les perdre.

Les moniales de la seconde génération, qui avaient prononcé leurs vœux dans les années 1650, avaient pris la relève ; entre-temps, Port-Royal, calomnié et placé sous l'étroite observation de la cour, s'était transformé en mouvement spirituel influent. Le monastère avait séduit des jeunes femmes motivées, qui adhéraient aux positions augustiniennes.

William Ritchey Newton, dans son ouvrage *Sociologie de la communauté de Port-Royal*, note un changement de statut social dans le recrutement. Alors que dans les années 1630, la plupart des religieuses étaient issues de familles d'avocats, dans les années 1650, le recrutement était devenu plus élitiste : des religieuses étaient issues de familles parlementaires, de familles au service du roi dans l'administration, ou de familles nobles. La communauté avait changé de statut social : la part des religieuses issues de familles pauvres ou bourgeoises diminuait au profit des robins, car le monastère attirait les familles parlementaires. Port-Royal passait pour l'incarnation de la tradition augustinienne à laquelle la noblesse de robe était attachée et devint le centre de ralliement des partisans des conceptions traditionnelles et gallicanes de l'Église. Le Parlement de Paris lui-même était très lié à Port-Royal dans les années 1650-1660. Il n'est donc pas étonnant que les religieuses qui ont fait preuve d'esprit d'initiative et ont déployé les plus fortes capacités de résistance, aient été issues de familles parlementaires. Les familles Bignon, Le Féron et Benoise les soutinrent dans la rédaction de leurs actes de protestation et firent circuler les procès-verbaux des religieuses dans Paris. Les religieuses cultivées, qui connaissaient les débats théologiques du temps, formaient 37 % de la communauté.

Néanmoins, la large majorité de la communauté était composée de religieuses d'origine bourgeoise, dont la fameuse signeuse, Flavie Passart, et de religieuses pauvres ou issues de familles honorables, mais désargentées. À quelques exceptions près, ces sœurs, qu'avait formées la mère Angélique de Saint-Jean d'Andilly, refusèrent de signer le formulaire.

LA RÉSISTANCE D'UN GROUPE SOUDÉ

Il semble vain de rechercher les responsables de la rébellion, comme ont tenté de le faire l'historiographie et les adversaires des religieuses. En effet, la rébellion fut souvent attribuée à l'influence de la mère Angélique de Saint-Jean d'Andilly, à celles des confesseurs et du Grand Arnauld. Certaines religieuses auraient été plus malléables, notamment la mère Agnès, ou bien les religieuses de la première génération ; d'autres religieuses auraient été le jouet de leur jeunesse, voire de leur immaturité. Pourtant, c'est bien la communauté des religieuses (hormis sept signeuses) qui refusa, de sa propre initiative, de signer le formulaire. Les *Constitutions du monastère* et la vénération pour les deux grands leaders charismatiques fondateurs, la mère Angélique et Saint-Cyran, renforcèrent la cohésion du groupe. Deux dignes successeurs avaient pris leur relais et maintenaient vivaces leurs conceptions et leur spiritualité : la mère Agnès et le Grand Arnauld. La vie régie par les *Constitutions du monastère* et un environnement hostile avaient nourri parmi les religieuses un fort sentiment d'appartenance à une maison menacée. La lutte face à une persécution injuste, et la conviction d'appartenir au nombre des élus de Dieu consolidèrent cette homogénéité. Les religieuses voulaient défendre un idéal, la théologie de saint Augustin, mise en péril par les molinistes. Les membres de la communauté firent donc bloc face à leurs adversaires, malgré leurs divergences, l'intérêt supérieur de la communauté l'emportant. Les religieuses vivaient dans un état fusionnel, renforcé par leur idéologie du martyre et par les liens spirituels qui les unissaient. Leur vision du monde était identique, leur idéal partagé par toutes : elles défendaient la vérité, la justice, bref, sur elles reposait le salut de l'Église. Les jésuites, Hardouin de Péréfixe et ses acolytes, servirent en quelque sorte de repoussoirs. Leurs menaces et leurs sanctions ne firent que renforcer la cohésion du groupe. En effet, la violence de la persécution et l'appareil policier mis en œuvre par le pouvoir décuplèrent les facultés de résistance des religieuses. La répression les galvanisa.

Durant la période de la grande persécution, le rôle de la mère Agnès fut déterminant : autorité morale incontestée et vénérée, mémoire vivante de l'histoire de la réforme de Port-Royal, sa figure charismatique domina cette période. Elle sut faire preuve de pragmatisme, s'adapta au contexte difficile de la persécution pour défendre les intérêts du monastère, tout en répondant aux inquiétudes de ses consœurs. Elle fédéra avec fermeté et douceur les religieuses autour d'elle, tout en respectant leurs avis et leur liberté de conscience. Elle défendit Port-Royal avec dignité et maîtrise de soi, élaborant une stratégie de résistance qui se concrétisa dans ses *Avis*, un véritable vade-mecum pour les temps de la persécution. Grâce à cette stratégie, l'esprit indestructible de Port-Royal fit face, comme le soulignait Sainte-Beuve. Cet ensemble de règles de conduite, rédigé dès 1663, envisage la dispersion de la communauté et prescrit les normes que doivent suivre les sœurs qui seraient détenues dans des couvents hostiles au jansénisme. Les religieuses dispersées, menées en captivité, ont respecté ces règles.

Dans ses *Avis*, la mère Agnès met l'accent sur la nécessaire prise de distance avec les religieuses étrangères et opère une distinction entre ce qu'il est nécessaire de faire et les marges de liberté qui subsistent. Ses prescriptions binaires dressent une clôture entre la conduite apparente, sociale, et la conduite intérieure, qui respecte l'esprit des *Constitutions* de Port-Royal.

Le tableau suivant peut en être dressé :

Conduite extérieure, apparente :	Conduite intérieure selon la conscience :
Se méfier des confesseurs.	N'ouvrir son cœur qu'à Dieu.
Se considérer comme des prisonnières, des exilées.	Ne pas parler des pratiques de Port-Royal. Considérer la captivité comme une grâce.
Respecter la supérieure.	Ne pas la reconnaître comme sa véritable supérieure, ne pas lui faire confiance.
Patience/reconnaissance/charité.	Se tenir sur ses gardes, éviter les pièges, ne pas se confier, ne pas risquer les abus de confiance.
Ne pas demander de régime alimentaire spécial, se contenter de ce qui est donné.	Supporter les incommodités et, si ces incommodités ont des conséquences, en parler à la mère supérieure.
Faire le travail manuel demandé.	Refuser les travaux futiles ou qui ne servent qu'à la vanité. Avoir en travaillant un esprit de désintéressement.
En cas de mauvais traitements, ne pas céder.	Garder sa liberté de conscience. Se réfugier en Dieu.
En cas de maladie, accepter les soins.	Refuser ce qui est superflu.
En cas d'abandon à la mort, de délaissement, rester ferme.	Compter sur la grâce de Dieu, pour une mort heureuse, en imitant le Christ.

Dans sa conclusion, la mère Agnès témoigne d'une inspiration très proche de Saint-Cyran lorsqu'elle livre le sens de la persécution qui frappe sa communauté :

> Il y a longtemps qu'on nous instruit de ces vérités, et que nous reconnaissons qu'elles sont nécessaires pour être véritablement à Dieu ; mais comme il est difficile de les pratiquer, et qu'il faut pour cela mourir à toutes choses, à quoi on ne peut se résoudre, si Dieu, ou par un redoublement de grâce ou par une nécessité inévitable n'y réduit les âmes, qui sans cela seraient demeurées dans une vie médiocre qui n'aurait pas répondu à la sainteté de notre vocation [...]. C'est pour cela qu'il lui a plu que cette tempête s'élevât ; et peut-être nous voudra-il jeter dans le ventre de la baleine comme Jonas, selon que feue notre Mère nous l'a dit, afin que d'un lieu si profond, et qui semble hors d'espérance de salut, il entende les cris et les prières que nous lui offrirons, comme d'un saint temple où il nous écoutera, et nous fera arriver au Port avec plus d'assurance que nous n'en aurions trouvé dans le vaisseau où nous nous étions embarquées (*Histoire des persécutions*, *op. cit.*, p. 122).

LES RITES, CIMENTS DE LA COMMUNAUTÉ

Toute la communauté a recours à la prière pour réclamer le soutien de Dieu et de ses saints. Les religieuses leur adressent des requêtes écrites, qu'elles ont signées. Ces requêtes révèlent leur motivation : suivre le Christ, partager ses souffrances. Elles participent à son sacrifice et s'immolent avec lui. Ces requêtes, empreintes d'affectivité et de tendresse, illustrent pleinement la dévotion de la communauté.

Le thème de l'exil, du retrait du monde, éclaire leur première et tendre prière à saint Joseph, le patron des exilés. Elles comparent les menaces de dispersion dont elles font l'objet à la fuite en égypte de l'enfant Jésus.

Le jour de la fête de saint Pierre et de saint Paul, elles présentent à ces apôtres, piliers de l'Église, une demande de soutien : elles contestent l'usage de l'autorité qu'en font leurs successeurs (pape et évêques) qui détruisent une communauté exemplaire au lieu d'édifier, alors que celle-ci veut rester unie à l'Église. Elles souhaitent un changement de cœur de leurs pasteurs, qui devront devenir de bons pasteurs[11]. Elles opposent une autorité spirituelle, établie par le Christ, au pouvoir tyrannique, facteur de division, de l'autorité ecclésiastique actuelle.

11 La thématique bons pasteurs et mauvais pasteurs est omniprésente dans les écrits des religieuses.

La requête, en date du 22 juillet 1664, qu'elles destinent à Marie-Madeleine, figure emblématique du Grand Siècle, présente un intérêt particulier. Les religieuses, comme la sainte, se vouent au service de Dieu et se sont retirées du monde[12]. Cette prière oppose à la vie monastique de pénitente, avant-goût de la vie céleste, le contre-modèle : la vie dans le monde. En effet, comme Marie-Madeleine, les religieuses désirent suivre le Christ sur le calvaire. Leurs futures épreuves les feront adhérer à la Passion du Christ, en partageant ses souffrances. Confrontées au silence apparent de Dieu, les religieuses, à l'image de Marie-Madeleine, veillent le Christ près de son tombeau. La scène du *Noli me tangere*[13], lors de la rencontre entre le Christ ressuscité et la sainte, anticipe leur future privation des Sacrements. Tout comme Marie-Madeleine, les religieuses vivent dans le désert, leur « affreux vallon » et sont « assises en esprit aux pieds de J.-C. dans le silence, le repos et la solitude » (*Divers Actes de P.-R.*, *op. cit.*, *Relation de ce qui s'est passé à P.-R.*, p. 81). Les valeurs mondaines et sociales sont donc déconsidérées face à l'éternité.

Des deux requêtes suivantes surgissent les thèmes du martyre, de la victoire et de la glorification. La première requête à saint Laurent, patron de la communauté, évoque le martyre du saint qui a donné sa vie pour le Christ : son sacrifice est sa victoire, car son supplice lui offre une grande joie intérieure, d'ordre mystique. Les religieuses s'engagent à suivre cette voie, prêtes au supplice. Cette vocation au martyre est confirmée par la requête adressée au Christ[14], lors de l'office de la sainte Couronne d'épines. Les religieuses, agneaux mystiques, s'immolent à Dieu pour le glorifier.

> [...] enfin on proteste au Seigneur que s'il veut être glorifié par la destruction de la maison, on l'accepte dans un esprit d'immolation, et on s'offre comme victimes à l'Agneau victime de nos péchés (Besoigne, 1752, p. 501).

La requête adressée à la Vierge, le jour de l'Assomption, reprend la thématique de la fuite en égypte, symbole de l'exil et du bannissement qui vont affliger la communauté. Les religieuses suivent Dieu, leur consolation, « partout où il lui plaira de les conduire » (*Divers Actes de P.-R.*, *op. cit.*, *ibid.*, p. 91). Poursuivre leur route, comme Marie, c'est

12 L'idéal de la Thébaïde inspire les religieuses.

13 Le Christ demande à Marie-Madeleine de ne pas le toucher.

14 La mère Agnès la rédigea.

aller sur le calvaire et y demeurer ferme. Cet exemple de courage inspire particulièrement les religieuses. Cette prière est animée d'un véritable souffle épique, grâce à la dialectique mise en œuvre qui s'oriente autour de deux pôles antagonistes : abaissement – élévation d'une part, force – faiblesse d'autre part. La thématique de la femme forte qui écrase la tête du serpent est extraite du texte de l'Apocalypse : la Vierge a vaincu Satan. La puissance de Marie fortifie les religieuses qui se placent sous sa protection, lors de leur combat contre le mal. La Vierge est muée en guerrière qui leur offre sa puissance. Besoigne évoque cette requête en déployant de splendides images baroques :

> Elles lui témoignèrent la confiance qu'elles ont dans sa protection pour le temps du combat, fondées sur ce que c'est elle qui a brisé la tête du serpent, qu'elle est la femme forte en qui l'époux céleste a mis toute sa complaisance, et cette puissante Reine qui a le droit de conduire plusieurs filles après elle pour rendre leurs hommages au Roi immortel, et se loger dans ses plaies sacrées, asile assuré contre les traits enflammés du démon (Besoigne, *op. cit.*, p. 502-503).

Leur dernière requête, que la communauté voue à son père spirituel, saint Bernard de Clairvaux, subvertit les valeurs mondaines et sociales. Le sexe faible se métamorphose en sexe fort. Les femmes sont obligées de se substituer à la défaillance masculine pour réparer la faiblesse morale des représentants de l'Église. En effet, les autorités religieuses ont failli ; les religieuses remplacent leur hiérarchie pour défendre la vérité. Elles doivent, en dépit de leur condition de femmes et de pécheresses, relever ce défi. Cette situation est paradoxale : les religieuses sont abaissées, en tant que représentantes du sexe faible, pour être mieux élevées, leur combat est voulu par Dieu qui les a choisies. Dieu métamorphose de faibles religieuses en colonnes de l'Église. Ces femmes remettent en cause l'ordre politique :

> [...] elles prient ce Saint qui a servi dans son temps de bouclier à l'Église au défaut de ceux qui auraient dû l'être, de les soutenir par son intercession dans l'épreuve à laquelle les expose l'obligation où elles sont, quoique fragiles par leur sexe et leur peu de vertu, de réparer l'affaiblissement où ceux qui devaient être des colonnes, sont tombés [...] (*ibid.*, p. 502).

La communauté ne s'en tient pas à ces requêtes. Sa lutte franchit la clôture et envahit le champ du monde. Par de multiples actes juridiques de protestation, elle fait valoir ses droits bafoués en affrontant directement le pouvoir tyrannique. Elle proteste de son innocence et informe le public du déroulement de la persécution, en dépit de ses vœux de silence. En effet, consciente du caractère peu commun de son refus d'obéir à son archevêque, elle s'en justifie.

LA RAFALE D'ACTES JURIDIQUES DE LA COMMUNAUTÉ

Les religieuses de Port-Royal de Paris, réunies en assemblée capitulaire, signèrent, après délibération, deux actes de protestation, celui du 5 juillet 1664 et celui du 11 août 1664 ; le premier relatait leur « véritable disposition touchant le commandement qui leur avait été fait en suite de l'ordonnance qui exige la foi humaine du fait de Jansénius », le second contenait une « protestation générale contre les violences dont elles étaient menacées ensuite de celles qu'elles ont souffertes depuis trois ans ».

L'acte du 5 juillet 1664 constitue une réponse officielle des religieuses à Hardouin de Péréfixe. Tout en protestant de leur soumission, elles se déclarent désobéissantes au nom des valeurs chrétiennes, de la sincérité et de leur pureté de cœur. Ces valeurs l'emportent sur le respect dû aux autorités. En effet, après avoir protesté de leur orthodoxie et de leur attachement à l'Église, les religieuses refusent d'obéir aux ordres de leur archevêque, au nom de la liberté de conscience. Elles ne veulent pas condamner l'*Augustinus* de Jansénius, « un évêque catholique », par une signature qui serait un témoignage public. Elles refusent de dissimuler leurs dispositions et leurs scrupules : elles estiment que l'affaire de la présence ou non des cinq propositions dans l'*Augustinus* n'est pas une affaire de foi. Les exigences de leur conscience bornent leur obéissance. De ce fait, elles renoncent à toute considération humaine et à leur propre intérêt. Elles invoquent également leur profession et leur sexe qui devraient les laisser à l'écart des polémiques théologiques, réservées selon elles aux théologiens. Elles se servent des interdits pauliniens pour justifier leur position.

L'acte du 11 août 1664 offre le témoignage de l'état d'esprit des religieuses et de la vive conscience de leurs droits bafoués. Elles constatent, sans surprise, que les voies de recours leur sont fermées et que tous les moyens juridiques de défense demeurent sans effet. Elles ne peuvent que se heurter à la violence étatique :

> [...] dans cet état déplorable, nous n'aurions aucune voie pour nous pourvoir contre les Sentences, Ordonnances, Arrêts...et contre l'exécution d'iceux par remontrances, oppositions, appels et autres voies de droit, et que nous ne trouverions même aucun juge, Notaires, ou personnes publiques qui voulussent écouter nos dites remontrances, recevoir nos plaintes et oppositions, et nous en donner Acte, non plus que des Appels que nous pourrions interjeter, comme nous l'avons vu déjà plusieurs fois [...] (*Histoire des persécutions*, *op. cit.*, p. 285).

Cet acte juridique de la communauté, réunie au complet avant la dispersion dans la salle capitulaire, retentit comme le credo de Port-Royal. Les religieuses lui ont conféré une solennité particulière. Une atmosphère dramatique, ténébreuse, enveloppe la communauté : les religieuses se sentent cernées, traquées par le pouvoir, abandonnées du monde. Elles s'appuient sur l'unique secours de Dieu : avant la signature de l'acte, la mère Agnès ouvrit au hasard la Bible, posée sur la table qui se trouvait au milieu de la salle, afin que les religieuses prêtent serment sur l'évangile. Les chapitres 16 et 17 de l'évangile de saint Jean apparaissent sous le regard de la mère, qui les lit à la communauté. Ils lui semblent prophétiques et indiquent le chemin à suivre. C'est celui du Christ avant sa passion et sa résurrection :

> En vérité, en vérité je vous le dis : vous pleurerez et vous gémirez vous autres, et le monde sera dans la joie. Je ne vous dis point que je prierai mon père pour vous; car mon père vous aime lui-même, parce que vous m'avez aimé...le temps va venir et il est déjà venu, que vous serez dispersés chacun de son côté.
>
> [...] vous aurez des afflictions dans le monde, mais ayez confiance j'ai vaincu le monde[...] (*Divers Actes de P.-R.*, *op. cit.*, *ibid.*, p. 84).

Les religieuses tirent toutes les conclusions de cette lecture :

> Cette rencontre nous parut une espèce de prophétie et nous confirma dans la résolution de nous attendre à tout ce que Dieu nous préparait; mais avec la consolation que ce serait Jésus-Christ qui surmonterait encore une fois le monde en nous par la vertu de sa grâce toute puissante, pourvu que nous demeurassions unies dans la charité qui est notre force (*ibid.*,).

La fidélité à Dieu leur impose de ne pas suivre la morale de l'État qui condamne Jansénius, mais de défendre à tout prix la vérité. Le refus de signer, de condamner par serment Jansénius, constitue une prise de parole publique qui retentit, loin, dans toute la France. Si les ordres du roi violent la loi divine, il faut renoncer à les respecter. Face à la violence de l'État qui va sévir, les religieuses veulent combattre.

Leur dernier acte, du 21 août 1664, témoigne de leur indignation et de leur rébellion. Réunies capitulairement, toutes signent cette protestation, jetée avec force à la face du monde. La communauté s'y préoccupe de son image qu'elle tente de préserver. Elle se révolte ouvertement contre la dureté inouïe de la sanction qui va la frapper et n'admet pas l'attitude de son archevêque. Les religieuses transcrivent dans l'acte même ses paroles injurieuses, dont il semble coutumier :

> Que hors cela il nous tenait de fort bonnes Religieuses, que nous étions pures comme des Anges, mais que nous étions superbes comme Lucifer et opiniâtres comme des démons, dans ce refus que nous faisions de lui obéir (*ibid.*, p. 96).

Les menaces de la privation de la communion, un chantage exercé pour les pousser à la signature, affectent particulièrement les religieuses. Elles en appellent à la compassion du public et, au-delà, à celle de tous les chrétiens :

> Que Dieu soit juge entre lui et nous, et que toutes les personnes qui aiment la justice portent compassion à une communauté de cent pauvres religieuses, qui après avoir tout quitté pour s'attacher à Jésus-Christ, sont arrachées par une conduite si violente du pied de ses Autels, et bannies de sa sainte table : elles qui s'étaient consacrées par leur Institut particulier à l'adorer nuit et jour dans le divin Sacrement dont on prétend les éloigner. Toutes les autres peines qu'on leur prépare encore leur seront beaucoup moins sensibles que celle-là (*ibid.*, p. 97-98).

Les religieuses ne renoncent pas pour autant à se pourvoir en justice dès que possible : elles l'affirment ouvertement. Même si elles sont sûres de l'appui de Dieu et de leur innocence, leur combat se déroule dans le monde. Voici les dernières paroles publiques de la communauté avant sa dispersion.

> Mais plus elles se verront accablées par une persécution que tout le monde sait être l'effet de la haine que leur portent leurs ennemis, qui cherchent depuis vingt ans l'occasion de les perdre, plus elles espèreront que Dieu prendra leur défense, et qu'il sera proche d'elles dans leur affliction, et qu'il les en délivrera selon ses promesses, après qu'il les aura assez purifiées par de si rudes épreuves. C'est de cette espérance que nous nous consolons dans notre

> douleur. Et quoiqu'il soit vrai que nous n'attendons présentement justice que de lui seul, nous ne laisserons pas autant et aussitôt que nous le pourrons de nous pourvoir par toutes les voies possibles, et devant tous les tribunaux où nous pourrons avoir accès, laissant à Dieu le succès de toute cette affaire, où ne nous sommes engagées que par l'amour que nous portons à sa loi, et à la sincérité chrétienne, sans aucun mélange d'intérêt particulier, de vanité, de présomption, et d'attache à soutenir aucune opinion, qui sont les choses dont on nous accuse, et desquelles devant Dieu nous ne nous reconnaissons point coupables (*ibid.*, p. 98).

Cette révolte ne traduit pas seulement l'âpreté du juridisme que cultivent des filles de robins, elle fait aussi éclater l'indignation de la communauté : celle-ci s'insurge face à l'arbitraire du pouvoir. Pour répondre à l'injustice subie, les religieuses prennent appui sur Dieu, au nom de la sincérité chrétienne. Dieu donne sens à la captivité, véritable épreuve initiatique de purification, dont l'issue ne peut-être que victorieuse, puisque les religieuses soutiennent la cause divine face à la postérité, face à l'Église dont elles défendent l'intégrité.

L'APPEL AU PUBLIC ET À LA POSTÉRITÉ : LE PROCÈS-VERBAL DU 26 AOÛT 1664

Cet acte[15], rédigé immédiatement après l'enlèvement, fut signé dès le lendemain 27 août par les cinquante-quatre religieuses de Port-Royal de Paris, placées sous la surveillance de la mère Eugénie, une visitandine, qui devait les mater. Plusieurs religieuses observèrent avec soin cette scène, véritable spectacle, pour la relater dans les moindres détails. La sœur Briquet écrivit ce procès-verbal, une protestation publique, à l'aide de notes complémentaires prises par Lancelot[16], qui faisait office de sacristain à Port-Royal de Paris. L'objectif des cinquante-quatre religieuses signataires était d'informer le public de l'injustice qu'elles subissaient. Bien que le monastère fût étroitement surveillé, ce procès-verbal put franchir les murailles de la clôture. Imprimé, il circula dans tout Paris qui se gaussait d'Hardouin de Péréfixe que la plume des sœurs mettait à mal. Fait remarquable, madame de Longueville, la grande protectrice du monastère, avait elle-même demandé l'établissement de relations.

---

15 Ce procès-verbal, non réédité depuis le dix-huitième siècle, se trouve dans les *Mémoires d'Utrecht*, 1742-1744, t. III, p. 271.

16 Il s'agit du fameux solitaire et pédagogue, ancien précepteur de Racine.

Il en est gardé trace dans une lettre du 4 septembre 1664, adressée à madame de Sablé :

> [...] je ne vous les demande pas pour notre seule édification, mais parce que j'en puis faire de forts bons usages ; qu'elles soient, s'il vous plaît, exactes et modérées, c'est à dire que l'indignation n'y paraisse pas [....] (Sainte-Beuve, 1952-1955, t. II, p. 694).

Ce procès-verbal, qui respecte le rythme et la chronologie des événements, très précis et animé, se veut objectif et exhaustif. Il ne présente aucun caractère hagiographique, ni aucune allusion religieuse. C'est à la fois un reportage et une composition théâtrale. La plume de la sœur Briquet croque sur le vif les mouvements des différents acteurs : violence désordonnée et incohérente de l'archevêque, larmes et dignité des religieuses qui lui font face. Pour émouvoir ses futurs lecteurs, la sœur Briquet transcrit mot à mot les propos incongrus que l'archevêque de Paris tint à la communauté. Elle met en lumière son attitude policière. À cet effet, elle indique qu'il vérifia lui-même la clôture des portes arrières du monastère. Elle décrit les moyens disproportionnés que la répression mit en branle et dont l'aspect ridicule rejaillit sur les persécuteurs : ne manquent ni le chevalier du Guet, ni les commissaires, exempts et archers, ceux-ci se rangeant dans la cour du couvent, le mousquet sur l'épaule. Le point d'orgue de la scène, la description des tourments que l'archevêque infligea à la mère Agnès très malade :

> [...] il donnait le coup de la mort à la mère Agnès, âgée de 73 ans, et qui depuis deux ans a eu trois attaques d'apoplexie, et que c'était lui mettre le poignard dans le cœur que Dieu jugerait au jour du jugement celui qu'il portait contre nous, et qu'alors notre innocence serait reconnue. Il s'en est moqué encore en disant : Oui, oui nous verrons quand nous y serons qui aura raison de vous ou de moi (*Vies intéressantes et édifiantes des religieuses de Port-Royal*, 1750-1751, t. III, p. 22).

DE CÉLÈBRES ALLIÉS

CLAUDE DE SAINTE-MARTHE ET SA VÉHÉMENCE

Les religieuses purent compter sur le soutien indéfectible de leur confesseur, Claude de Sainte-Marthe, qui justifia et exalta leur martyre. Son écrit le plus représentatif, destiné aux religieuses, était demeuré manuscrit et secret : Godefroi Hermant, dans ses *Mémoires*, nous en révèle une large partie.

Sur un ton johannique, véhément et très hostile aux autorités, tant religieuses que politiques, Sainte-Marthe oppose la lumière de la vérité, défendue par les religieuses qui refusent de signer le formulaire, aux ténèbres des ennemis de la vérité, les pasteurs de l'Église et les puissants. Il y expose une vision très noire et pessimiste du pouvoir : l'Église et la cour, qui œuvrent main dans la main pour détruire Port-Royal, sont des institutions corrompues où règnent le vice et l'esprit du mal.

Sainte-Marthe évoque un point important qui n'a pas été mis en valeur par l'historiographie de Port-Royal : il souligne avant tout la nécessité pour les religieuses de s'informer des enjeux de la signature. Il met en lumière l'incohérence du pouvoir qui impose aux religieuses des exigences tyranniques. En effet, afin d'avoir leur conscience en repos, celles-ci doivent connaître les raisons de l'obligation de signer le formulaire, car l'Assemblée du Clergé prétend imposer, comme un article de foi révélé de Dieu, le fait que les cinq propositions sont dans l'*Augustinus* de Jansénius. De ce fait, les religieuses doivent condamner par leur signature le « sens de Jansénius » qu'elles ne connaissent pas.

Claude de Sainte-Marthe soulève les enjeux politiques de cette fameuse signature :

> Comment peuvent-elles condamner ce formulaire, si elles ignorent comment il a été construit, les intrigues, les cabales, les fourberies dont on s'est servi à Rome, auprès des évêques, et à la Cour ? (Hermant, 1905-1910, vol. V, Livre XXV, p. 83).

Il refuse que le pouvoir domine la foi des fidèles et établit un parallèle entre Port-Royal et l'Église primitive.

> Que peut nuire aux âmes les plus saintes de considérer dans l'Écriture sainte et dans les Pères des images de ce que nous voyons maintenant ? N'est-ce pas une grande consolation de savoir que les saints ont été réduits à l'état où nous sommes, et que les méchants et les hérétiques ont été quelquefois aussi puissants dans l'Église que le sont nos ennemis ? (*ibid.*,).

Il anticipe les plus violentes persécutions et console les religieuses : au moins, auront-elles « la paix du cœur », car elles défendent la vérité, souffrant pour elle. Cette souffrance pour la vérité est témoignage : ainsi, les religieuses, en disciples, suivent le Christ. Pour Sainte-Marthe, les temps actuels sont marqués par « l'obscurcissement ». Le Christ, soleil de justice, livre bataille au prince des ténèbres, auteur du mensonge. Il ne faut pas se laisser séduire, la « parole de vérité » doit subsister dans le cœur des chrétiens. C'est pourquoi, il est interdit par esprit de soumission au pouvoir temporel de condamner une personne innocente. Claude de Sainte-Marthe cite à cet effet saint Grégoire :

> Quelques personnes ont tant de soumission et d'obéissance pour les grands du monde, qu'ils ne peuvent rien leur refuser ; et même pour ne pas perdre leur faveur, ils ne craignent pas de nier la vérité par laquelle ils pourraient défendre l'innocence de leur prochain qu'on accuse faussement (*ibid.*, p. 86).

C'est saint Augustin qui justifie la liberté de conscience : nous devons dire extérieurement ce que nous sentons intérieurement. Seule la liberté de conscience valide un témoignage, à plus forte raison une signature.

LE GRAND ARNAULD ET SA PASSION

Le Grand Arnauld représente le dernier recours pour la communauté : il en est le porte-parole et le défenseur. Les religieuses ne se fient qu'à lui, lui accordant leur totale confiance. C'est l'interlocuteur privilégié de la mère Angélique de Saint-Jean Arnauld d'Andilly qui s'en remet à lui. Sa lettre en date du 9 mars 1662 traduit ses sentiments d'affection. Elle éclaire le combat de la mère qui se sent soutenue par son oncle. Ce dernier comprend le mieux la lutte des religieuses :

> Après Dieu, nous ne nous appuyons que sur vous, et ce n'est pas les suites qui nous font peur, pourvu que vous ne nous abandonniez pas et que vous mainteniez toujours avec la même fermeté le premier avis qui est le seul proportionné à notre lumière et à notre intelligence, tous les autres qui supposent plus de distinctions et de sous-entendus n'étant point du tout propres

> à donner la paix d'esprit à des personnes qui ne sont pas nourries dans ces subtilités et qui ne savent pas dire oui, oui, et non, non. J'espère que Dieu vous rendra toujours aussi ferme dans la charité qui vous fait prendre intérêt dans cette occasion au repos de notre conscience, que vous l'êtes dans l'amour de la vérité dont vous êtes le défenseur depuis tant d'années, et je vous assure que cela me fait bien redoubler mes prières pour vous (*Divers actes de P.-R.*, *op. cit.*, *Divers Actes, Lettres et Relations*, p. 50).

Le *Mémoire* du Grand Arnauld, qu'envoya la duchesse de Longueville à l'archevêque de Paris, présente une excellente synthèse des moyens de défense que soulevèrent les religieuses. La mère Angélique de Saint-Jean, durant sa captivité, reprendra ces arguments, lors de ses épuisants débats avec madame de Rantzau, une luthérienne passée au catholicisme, chargée de la faire signer. Ce *Mémoire*, très politique, soulève les problèmes fondamentaux de l'obéissance et du pouvoir, pouvoir que le pape et le roi exercent sur les consciences.

Il dévoile l'arbitraire, c'est-à-dire la puissance absolue qui impose l'obligation de signer le formulaire, obligation que « les auteurs de cette Déclaration ont jugé eux-mêmes [...] si odieuse et si déraisonnable, que quoiqu'elle eût été ordonnée par des Assemblées et même par des Arrêts du Conseil, ils l'ont absolument retranchée de la Déclaration, qui restreint la signature aux Ecclésiastiques séculiers et réguliers » (*Histoire des persécutions*, *op. cit.*, p. 221). Seuls les ecclésiastiques devraient être obligés de signer. L'obligation pour les religieuses de signer est une innovation, « un commandement qu'il n'est obligé de leur faire par aucune loi et par aucun exemple, et qui ne pourrait avoir pour but que de leur dresser un piège pour leur ruine » (*ibid.*,).

Le rôle de l'archevêque est précisé : il devrait être un pasteur, insensible aux sollicitations politiques. Il ne devrait donc pas se soumettre aux ordres du roi, « mais faire connaître aux Rois quelle est la volonté de Dieu, et ce que demandent les règles de l'Église » (*ibid.*, p. 222). L'exercice de son pouvoir hiérarchique est limité par l'esprit de charité et l'intérêt des subordonnés :

> Or la domination consiste principalement à commander pour commander, et à se faire obéir sans autre raison que de se faire obéir ; au lieu que les commandements des supérieurs Ecclésiastiques doivent regarder le bien de ceux à qui ils commandent ; ce qui fait dire aux Pères : qu'il n'est pas permis d'agir dans l'Église par autorité (*ibid.*, p. 225).

En aucun cas, l'archevêque ne devrait persécuter les religieuses, « il leur donnera le pain de ses instructions salutaires et de la conduite pastorale, et non pas la pierre, ou le serpent d'un commandement plein de dureté, et qui n'aurait pour but que de les perdre » (*ibid.*,). L'objet des persécutions est abordé : la non-obéissance des religieuses. Peuvent-elles désobéir à leurs supérieurs, tant temporels que spirituels, en refusant de signer ? En écoutant leur conscience, elles s'appuient sur la loi de Dieu, leur discernement et leur liberté spirituelle leur interdisent de signer. Cette liberté, fruit du libre examen, qui s'appuie sur des références patristiques, est devenue inacceptable, tant pour l'État absolutiste qui plie les consciences à ses exigences, que pour la papauté qui évolue vers la théocratie :

> [...] mais les plus simples fidèles doivent savoir que l'obéissance humaine ne peut jamais servir d'excuse dans les choses qui sont contraires à la loi de Dieu, comme est d'assurer et jurer qu'une chose est véritable, lorsqu'on n'en est point assuré... (*ibid.*, p. 222).

L'obéissance aveugle au pape est condamnée par le Grand Arnauld qui consacre le principe du libre examen et de l'autonomie de la volonté, « car enfin, le Pape se peut tromper » (*ibid.*, p. 223) :

> Mais on doit considérer que nous ne sommes pas maîtres de nos opinions et de nos doutes ; que la volonté est libre, et non pas l'esprit, et qu'étant une fois dans le doute, on n'en peut sortir que par une lumière qui dissipe ces ténèbres, et qui détruise ce doute (*ibid.*,).

Le Grand Arnauld accorde cette libre volonté aux femmes, fait rare au dix-septième siècle ; il concilie libre examen et statut des religieuses qui ont renoncé au monde :

> [...] depuis que l'Église est l'Église, on n'a jamais fait un tel commandement à des Filles et à des Religieuses ; et qu'ainsi toute l'indulgence qu'elles demandent, est qu'on les laisse dans la liberté dont toutes celles de leur profession et de leur sexe ont toujours joui dans l'Église et qu'on leur permette de demeurer dans le silence que leur ordonne l'Apôtre (*ibid.*, p. 221).

Les religieuses doivent être éloignées par leur hiérarchie des querelles théologiques, quelle que soit leur capacité intellectuelle :

> Il n'y aurait point d'apparence d'imposer cette obligation à des Religieuses, qui en doivent encore être plus dispensées que les autres par la Profession

> particulière qu'elles font d'une vie de retraite et de silence, Dieu les ayant comme cachées dans son Tabernacle pour les mettre à couvert des disputes et des contradictions des hommes (*ibid.*,).

Le fond est enfin abordé : les religieuses ne peuvent pas jurer, c'est-à-dire signer, car elles doutent de la présence des cinq propositions condamnées dans le livre de Jansénius ; elles ne sont pas convaincues de la vérité de ce fait débattu par les théologiens. En signant, elles porteraient un faux témoignage. Arnaud reprend alors la thématique du cœur, si chère à Saint-Cyran (en effet, Dieu est présent dans le cœur, il y grave sa vérité, il instruit par l'impression de son esprit au fond du cœur) ; les religieuses ne peuvent pas parler contre ce qu'elles ressentent dans leur cœur :

> On peut bien se le dissimuler à soi-même, et parler contre ce que l'on sent intérieurement dans le cœur ; mais on ne le peut étouffer quand on le voudrait, par une autorité purement humaine (*ibid.*, p. 223).

Deux aspects fondamentaux constitutifs de l'esprit de Port-Royal, de cette spiritualité se vivifiant aux sources de la tradition chrétienne, imprègnent ce *Mémoire* de juin 1664 : celui de la retraite dans le silence de la cellule monastique, loin de l'agitation d'un monde méprisé, et celui concernant l'exercice de la vertu d'humilité dans le cadre de l'ascèse, à l'ombre des tabernacles.

ROBERT ARNAULD D'ANDILLY ET HENRI ARNAULD, DE VÉRITABLES PÈRES

L'héroïsme chevaleresque de Robert Arnauld d'Andilly

À la tête du clan Arnauld, nous découvrons le *pater familias*, le père de la mère Angélique de Saint-Jean, Robert Arnauld d'Andilly (1589-1674), éminent traducteur de saint Augustin et des Pères de l'Église. Ami intime de Saint-Cyran, il s'était retiré à Port-Royal des Champs en 1646.

Arnauld d'Andilly encouragea la communauté et ses filles à résister. Dans sa lettre du 18 juin 1664, adressée à Angélique de Saint-Jean, il compare les religieuses de Port-Royal aux premiers chrétiens :

> [...] il ne faut pas s'étonner que vous ressembliez aux premiers chrétiens, puisque vous voilà sur le point de passer par une partie des épreuves qui ont

fait connaître leur fidélité pour Dieu... En vérité, vous êtes trop heureuses, et je m'estimerais trop heureux de participer à vos souffrances, pour pouvoir espérer de participer à vos Couronnes (*op. cit.*, p. 253).

Il rejoint l'intransigeance des martyrs, qui est celle de Saint-Cyran, puisant son courage dans la vie des saints et des Pères de l'Église. Le fameux jour de l'enlèvement, il fit à la fois office de chevalier servant, au service des religieuses, et de grand prêtre, nouvel Abraham qui sacrifie ses trois filles à la vérité. Véritable antithèse de l'archevêque, Arnauld d'Andilly offre ses enfants, théâtralement, à la vue des exempts alignés dans la cour et, héroïquement, à Dieu. Ses filles sont des hosties jetées à la face du monde et du pouvoir qui a fait occuper l'Église de Port-Royal de Paris :

Il reçut aussi ses trois filles, qui se jetèrent à ses pieds incontinent qu'elles l'aperçurent à la porte, pour lui demander sa dernière bénédiction, ne sachant pas si elles le reverraient jamais. Il la leur donna à toutes séparément (n'étant pas sorties ensemble,) avec toute la tendresse d'un bon père, et beaucoup de douleur ; mais en même temps avec tant de résolution et de constance, qu'il les exhortait lui-même à avoir bon courage, et à se consoler dans cette pensée que la foi leur devait donner, que ce qu'elles souffraient était assurément pour elles le chemin du Ciel. Ensuite il les conduisait chacune par la main sur les marches du balustre pour les offrir à Dieu une seconde fois, dans le lieu même où lui et elles avaient déjà fait leur premier sacrifice, mais d'une manière bien différente, ayant eu la consolation dans celui-là de pouvoir espérer de finir leurs jours ensemble, au lieu que la violence les obligeait de lui sacrifier dans celui-ci cette consolation-là même, et toutes les autres qui leur pouvaient rester légitimement dans le monde. Au sortir de l'église il les accompagna toujours jusqu'aux carrosses qui les devaient conduire, dans lesquels il leur aida à monter (*Divers Actes de P.-R.*, *op. cit.*, *Relation de ce qui s'est passé à P.-R.*, p. 107).

Dans sa *Relation de captivité*, la mère Angélique de Saint-Jean ne manque pas de rendre honneur à son père :

Après avoir reçu la bénédiction de M. l'Archevêque, je sortis et je trouvai mon père à la porte qui m'attendait, devant qui je me jetai à genoux pour lui demander sa bénédiction, étant bien raisonnable qu'il bénît l'hostie qu'il allait offrir à Dieu pour la troisième fois. [...] Mon père eut le courage d'aller jusqu'au bout et me mena jusques au carrosse au travers de tout le monde et de tous les archers dont l'église et la cour étaient pleines (Arnauld d'Andilly, *op. cit.*, p. 30-31).

L'éloquence enflammée d'Henri Arnauld, évêque d'Angers

La longue lettre[17] qu'Henri Arnauld adressa à son pair Hardouin de Péréfixe, le 12 avril 1664, revêt un caractère officiel. Elle fut diffusée dans le public et imprimée en avril 1665, dans l'*Apologie pour les Religieuses de Port-Royal*, ouvrage d'Antoine Arnauld interdit par la censure. Son caractère politique est clair : en visant l'archevêque, Henri Arnauld s'adresse au roi. Il n'opère aucune distinction entre polémique religieuse et affaire politique. Son principal souci : éviter que la répression du pouvoir ne frappe la communauté des religieuses. Dans cette lettre, il présente le jansénisme comme un fantôme, une construction qu'ont élaborée les ennemis de Port-Royal, les jésuites, qui ont inventé cette hérésie. Pour minimiser la révolte des religieuses, Henri Arnauld met d'emblée l'accent sur les dissensions qui divisent les archevêques à propos de la signature du formulaire. Pour banaliser ce refus de la signature, il invoque l'histoire ecclésiastique. Il s'appuie sur les débats et désaccords du passé, résolus pacifiquement, soulignant que l'archevêque ne doit pas recourir à la violence politique temporelle pour dénouer des difficultés théologiques. Faire preuve de dureté serait contraire à l'esprit de l'évangile et aux pratiques de l'Église. Puis Henri Arnauld renverse la charge de la preuve : les véritables hérétiques sont désignés. Ce sont les jésuites, des innovateurs qui transforment une question de fait en matière de foi, question toute nouvelle qui n'est apparue qu'au XVIIe siècle. Face à ces ennemis, Henri Arnauld loue Jansénius, un grand théologien. Celui-ci a rendu d'éminents services à l'Église et a expliqué, avec beaucoup de lumière, la « divine théologie de saint Augustin ». L'aspect le plus intéressant de cette *Lettre* réside dans la liberté de conscience et d'expression qu'il accorde aux religieuses ; elles ont le droit d'utiliser leur raison. En effet, Henri Arnauld en appelle à l'autonomie du jugement en ce qui concerne les questions de fait :

> Car de prendre pour principe que dans l'intelligence d'un livre diversement entendu, et d'autres semblables questions de fait, il faille plutôt croire le Pape que sa propre lumière, il semble qu'on n'ait pas le droit de le faire [...] (Arnauld, 1665b, 2e partie, p. 6).

---

17 L'abbé Goujet attribue la rédaction de cette *Lettre* à Antoine Arnauld. Elle épouse néanmoins complètement les vues et les positions d'Henri Arnauld qui soutint sa famille avec ardeur.

Puis, il justifie son implication dans les affaires du monastère et en indique les raisons. Celles-ci sont multiples tels les liens familiaux, la charité chrétienne et le devoir épiscopal. Les religieuses sont dépeintes comme d'innocentes victimes de la malice de leurs ennemis, qui les persécutent et les oppriment. Ce portrait hagiographique sera retenu par la postérité. La *legenda* de Port-Royal est construite ouvertement dès le début de la persécution : Henri Arnauld offre à l'archevêque et au public la vision d'une communauté édifiante. Le courage et le désintéressement, dispositions si rares dans ce siècle, règnent à Port-Royal, monastère exemplaire où des religieuses scrupuleuses refusent de porter atteinte à la sincérité chrétienne. Henri Arnauld livre le fond de la pensée des religieuses qui se sentent piégées par le formulaire :

> En vérité, Monseigneur, c'est une chose si hors d'apparence, et tellement contraire à l'esprit et à la discipline de l'Église, que de vouloir engager de pauvres filles, qui passent leur vie dans une sainte retraite, à prendre part à des disputes de Théologiens, que quand il n'y aurait que cela seul, les Auteurs du Formulaire n'ont aucun sujet de se plaindre qu'on ait quelque défiance de l'équité de leur décision touchant le fait de Jansénius, en la voyant jointe avec une chose si visiblement injuste, et sachant même que tout cela n'a été fait principalement que pour un dessein aussi étrange, qu'est celui de favoriser par ce moyen la passion des Jésuites contre une Maison Religieuse. Et ces Filles de leur côté ont en quelque sorte sujet de répondre à ceux qui leur demandent pourquoi elles craignent de signer ce fait, que c'est parce qu'on leur demande la signature, étant impossible qu'un procédé si extraordinaire n'imprime quelque crainte qu'il n'y ait quelque défaut dans le fond, comme il y en a certainement dans la manière (*ibid.*, p. 7-8).

Pour ébranler Hardouin de Péréfixe, Henri Arnauld fait mention des remords et scrupules qui torturent ecclésiastiques et religieuses qui ont signé le formulaire à contre-cœur, par esprit d'obéissance. Pour conclure, Henri Arnauld en appelle au sens de la justice et de l'honneur d'Hardouin de Péréfixe, qui ne saurait endosser la fonction de persécuteur. De façon prémonitoire, dans un élan passionné, Henri Arnauld le décrit tel qu'il apparut aux religieuses :

> Car il faut être possédé d'une passion aussi aveugle et aussi envenimée, qu'est celle de ces personnes, pour pouvoir s'imaginer qu'un Archevêque de Paris s'abaisse si indignement, que de vouloir bien asservir sa dignité aux passions injustes de ces hommes violents ; qu'il emploie à détruire l'ouvrage de Dieu, le pouvoir de sa Charge qu'il a reçu pour édifier ; qu'il commence

> son administration par le renversement d'une Maison sainte des plus religieuses et des mieux réglées de son Diocèse ; que de Père qu'il est par sa Charge, il en vienne, pour user du terme si ordinaire à saint Grégoire, le tyran et le persécuteur de ses filles ; qu'il se rende l'homicide de ses enfants ; qu'il déchire ses entrailles de ses propres mains ; et qu'au lieu d'imiter l'un de ses prédécesseurs qui mit sa gloire à justifier et à défendre ces innocentes calomniées, il les veuille sacrifier à la haine opiniâtre et si criminelle de leurs ennemis (*ibid.*, p. 11-12).

La communauté de Port-Royal fut prise dans un étau par deux adversaires qui s'allièrent pour la détruire, l'Église romaine de la Contre-Réforme qui s'appuyait sur les jésuites, et la royauté française qui affirmait son hégémonie européenne, politique et militaire. La question de l'infaillibilité pontificale se posait alors avec acuité ; les jansénistes et les gallicans refusèrent ses implications doctrinales et politiques. Ils furent soupçonnés de saper à la fois l'autorité du pape et du roi. Les religieuses, qui s'appuyaient sur la raison pour refuser de signer le formulaire, se heurtèrent à la raison d'État. Or, l'Église comme l'État refusèrent tout esprit critique en leur sein. Cette nouvelle sensibilité religieuse, le jansénisme, dont les religieuses devinrent, aux yeux du roi et du pape, les figures emblématiques, devait être éradiquée au moyen du formulaire. En effet, le mouvement janséniste, sorti de Port-Royal selon les autorités, devait être brisé à sa source.

FONDEMENTS, ÉTAPES ET MÉCANISMES DE LA RÉSISTANCE

Les religieuses avaient attendu depuis fort longtemps les mesures de répression du pouvoir. En effet, dès 1653, année de la réception de la fameuse bulle d'Innocent X qui condamnait les cinq propositions, la mère Angélique avait prévu que le souverain sévirait et frapperait Port-Royal par des mesures violentes.

Selon l'abbesse, il faut accepter la souffrance infligée aux persécutés, aux « amis de la vérité[1] », et s'humilier. Le moyen d'expression des moniales, c'est les larmes : elles ne parlent pas aux hommes, les écrits des Messieurs le font déjà, mais à Dieu. Ces thématiques de l'humiliation, des larmes, et de la joie d'engager un glorieux combat pour défendre la vérité, inspirent la conduite des moniales enlevées et parcourent toute l'histoire de la résistance des religieuses dont le sens est connu à l'avance. Les religieuses engagent, en toute conscience, un combat spirituel ; elles acceptent et recherchent même la persécution.

LES FONDEMENTS DE LA RÉSISTANCE DES RELIGIEUSES

AUGUSTINISME ET ECCLÉSIOLOGIE : LA LIBERTÉ CHRÉTIENNE

La pensée augustinienne, que défendaient les religieuses de Port-Royal, a brillé de son plus vif éclat au début de l'ère moderne : le pessimisme augustinien a atteint sa plus large audience au dix-septième siècle.

---

1 Ce terme est utilisé par les moniales captives en 1664-1665 dans leurs *Relations de captivité* ; elles avaient bien évidemment conscience d'appartenir à la mouvance des défenseurs de saint Augustin.

Pourquoi cet intérêt ? Parce qu'il en allait du salut de chaque chrétien ; or, pour les hommes du dix-septième siècle, cette rédemption était très incertaine. Ce caractère incertain du salut est la conséquence du péché originel, cause de la chute d'Adam. Dieu donne la grâce, non pas à tous les hommes, mais aux seuls élus. Cette grâce, saint Augustin la concevait comme un secours surnaturel, personnellement accordé aux chrétiens, par la médiation nécessaire et exclusive du Christ. La grâce ne s'obtient donc ni selon le mérite, ni selon les œuvres humaines, c'est un don gratuit de Dieu, qui traduit son absolue souveraineté.

Le concile de Trente (dont les décisions furent applicables en France à partir de 1615) a défini la position catholique quant à la rédemption, car il régnait alors une grande incertitude doctrinale concernant la justification. L'Église catholique romaine a élaboré sa théologie par rapport aux conceptions très augustiniennes de Luther, adoptant une position médiane, sans en préciser clairement les enjeux. Ces divergences reflètent des ecclésiologies inconciliables. En effet, Luther reprend l'idée d'une Église des prédestinés, alors que pour les catholiques, l'Église est l'union de tous les chrétiens réunis autour du pape et soumis à son autorité.

L'Église de la Contre-Réforme va reprendre en main le clergé, les ordres monastiques et l'ensemble de la société.

L'Église visible, hiérarchique, s'est durcie et fermée : elle redoute avant tout le subjectivisme religieux, car elle seule prétend mener les hommes au salut, par l'observance de ses lois, la soumission à sa doctrine et le respect dû à sa hiérarchie, à son magistère, à ses sacrements. Bref, l'Église ouvre les portes du ciel, dont le pape détient les clefs, aux catholiques.

L'Église, médiatrice entre Dieu et les hommes, garante de leur salut, va se désaugustiniser. Les jésuites en furent les agents, car, dès l'origine de la Compagnie, ils furent frappés du danger que représentaient les vues de saint Augustin. Selon eux, il fallait rassurer les hommes et accommoder la théologie aux nécessités du temps, la faire évoluer.

À terme, l'Église va adhérer aux positions des jésuites, et la bulle papale *Cum Occasione* de 1653 rompt avec l'augustinisme et son héritage théologique. C'est donc Jansénius qui a fourni à l'Église l'occasion de se désaugustiniser par le biais des cinq propositions. L'Église épouse une conception du monde plus optimiste et abandonne la théologie augustinienne, fataliste, développant la mentalité d'une Église des martyrs, assiégée par un monde hostile.

Or, les jansénistes, au nom de saint Augustin, vont refuser ce mouvement d'adaptation à l'histoire et revendiquer leur fidélité à la tradition intangible de l'Église, au nom de leur attachement à la vérité défendue par tous les martyrs. On ne négocie pas avec Dieu, qui ne tient pas la comptabilité de nos mérites : l'altérité radicale de Dieu doit être préservée.

En fait, tout l'esprit gallican et augustinien de Port-Royal se heurtera aux nouvelles conceptions illustrées par les jésuites. En effet, les vues des jésuites marquent une rupture avec l'ecclésiologie de saint Augustin et contribuent à renforcer l'autorité du pape.

Ainsi deux conceptions de l'Église vont s'affronter avec force : celle des augustiniens qui s'appuie sur la Tradition et celle des jésuites ultramontains qui renforce le pouvoir du pape, en prônant l'infaillibilité pontificale.

L'Église de la Contre-Réforme va se transformer en théocratie papale, fondée sur le principe d'autorité, restaurant son prestige et renforçant sa puissance par une organisation hiérarchisée. L'ecclésiologie augustinienne tempère ce principe d'autorité et, indirectement, ne permet pas de justifier l'autocratie pontificale. À l'inverse, pour les jésuites, non seulement le pape est infaillible, recevant directement l'illumination de l'Esprit Saint, mais il est supérieur aux conciles œcuméniques ; il a le droit d'exercer dans l'Église une domination absolue et indépendante de tous les canons, tous les évêques tenant leur juridiction de lui seul. Le pape n'a donc pas besoin de puiser ses lumières dans la Tradition, car le Saint-Esprit lui octroie une illumination personnelle. Les rois et les princes ne sont que les vicaires du pape.

Cependant, pour les augustiniens, comme pour les gallicans, l'Église est complètement indépendante du pouvoir civil, les deux pouvoirs, spirituels et temporels, sont radicalement séparés ; l'obéissance à l'autorité ecclésiastique ne concerne donc que le domaine de la religion et ne s'étend pas aux affaires civiles et politiques. L'Église forme un tout, toutes les consciences fusionnent en une totalité. La vérité catholique a pour origine l'Écriture et la Tradition. L'Église, corps mystique, est considérée comme un être unique et vivant. C'est une société à la fois extérieure et spirituelle. Elle est visible et donc identifiable par des signes, des sacrements, une organisation, une hiérarchie. Elle est spirituelle, invisible, fondée par le Christ, animée et sanctifiée par le principe de charité ; l'Esprit Saint transcende le temps par la communion des saints. L'homme qui représente l'Église est le prêtre.

Jacqueline Pascal, sœur de Sainte-Euphémie en religion, dans sa célèbre lettre du 23 juin 1661 à Angélique de Saint-Jean Arnauld d'Andilly, définit ainsi l'Église d'une manière tout augustinienne et très peu romaine, en accord avec les conceptions de Saint-Cyran. Selon elle, personne « ne peut être retranché malgré soi, et que, l'esprit de Jésus-Christ étant le lien qui unit ses membres à lui et entre eux, nous pouvons bien être privés des marques, mais non jamais de l'effet de cette union, tant que nous conserverons la charité » (Pascal, 1992, t. IV, p. 1083).

La liberté chrétienne ne peut donc accepter une autorité despotique poussée à l'extrême, en ce siècle de fer qu'est le dix-septième siècle, où surgit le Léviathan, où la raison d'État tend à annihiler toutes les consciences. C'est pourquoi le trône et l'autel vont s'allier, afin de briser les convictions augustiniennes devenues gênantes, ce d'autant plus qu'elles vont à contre-courant de la célébration du Roi-Soleil et sont susceptibles de justifier l'insoumission. La morale augustinienne n'est pas adaptée à la nouvelle civilisation qui émerge : victoire de la raison d'État qui prétend soumettre les consciences, reconquête des élites en autorisant l'absolution facile, pour ne pas les détourner de la pratique religieuse, accommodements avec les stricts principes moraux chrétiens par la casuistique.

Les religieuses de Port-Royal, au centre de la polémique générée par les cinq propositions, vont en faire les frais, jetées au cœur d'une bataille ayant pour enjeu la liberté de conscience et la liberté chrétienne. Ces libertés, fruits d'une intériorité fondée sur la présence divine dans le cœur de chaque fidèle, sont celles qui permettent de résister aux pouvoirs et aux tyrans. Puisant leurs modèles dans le martyrologe, lu et médité pendant leurs offices, les religieuses, pour justifier leur résistance, vont s'appuyer sur la Tradition et l'exemple des premiers chrétiens. Les religieuses seront en porte à faux avec les institutions de la monarchie : en effet, Louis XIV, durant tout son règne, endossa une fonction ecclésiale et contrôla la vie de l'Église jusque dans les moindres détails. Il entendait diriger le domaine spirituel où aucune autonomie ne subsistait pour ses sujets. La rébellion des religieuses de Port-Royal ne pouvait donc qu'être matée, ce d'autant plus qu'elles refusaient le principe de l'obéissance aveugle.

LE REFUS DE L'OBÉISSANCE AVEUGLE : LE REJET DES CONCEPTIONS JÉSUITES

Les religieuses de Port-Royal se situent aux antipodes du fameux concept de l'obéissance aveugle à la hiérarchie qu'exigent les *Constitutions* des jésuites. Cette obéissance absolue constitue un leitmotiv sous la plume d'Ignace de Loyola. Relevons le premier chapitre de la sixième partie de ces *Constitutions* où résonne le fameux « *perinde ac cadaver*[2] » :

> Toutes les forces doivent s'appliquer à cette vertu qu'est l'obéissance, due d'abord au pape ensuite au Supérieur de l'Ordre. Pour tout ce à quoi peut s'appliquer l'obéissance dans l'amour, chacun, sur un mot du chef, comme si ce mot sortait de la bouche même du Christ, se tiendra prêt sans aucun retard, renonçant à toute autre occupation même à achever une lettre d'alphabet commencée. [...] Tout ordre doit nous convenir. Nous renierons pour notre part toute autre façon de voir et toute autre opinion dans une sorte d'obéissance aveugle, et cela en tout ce qui n'est pas un péché. Chacun doit être convaincu que quiconque vit dans l'obéissance, doit se laisser guider et diriger par la divine Providence, avec l'intermédiaire de ses supérieurs, comme s'il était un cadavre [...] (Lacouture, 1991, p. 112).

Tout le mouvement de Port-Royal refusa ce concept d'obéissance aveugle à la hiérarchie ecclésiastique au nom de la liberté de conscience et de l'appel à la raison. Les religieuses l'affirmèrent haut et fort à leurs persécuteurs et à leurs geôlières lors de leur captivité. En effet, durant leur captivité, les religieuses rebelles furent confrontées à des religieuses placées sous l'influence des jésuites et qui mirent en pratique cette obéissance aveugle, au détriment de la charité chrétienne. La mère Angélique de Saint-Jean d'Andilly leur en fit souvent grief dans sa *Relation de captivité*. Le débat qu'elle eut avec madame de Rantzau, partisane de l'infaillibilité pontificale et championne de l'absolutisme, illustre ces deux conceptions inconciliables. Dans cet échange, la mère Angélique déplore la division produite au sein de l'Église et des communautés religieuses par cette « misérable invention » qu'est la signature du formulaire. Selon madame de Rantzau, c'est la résistance de Port-Royal qui porte la responsabilité de la division. Pour la mère Angélique de Saint-Jean, le pouvoir a contraint la communauté à la résistance, car son commandement ne peut être exécuté en conscience. En fait, la mère

2 « est pareillement à un cadavre ».

place l'autorité de Dieu au-dessus de l'autorité ecclésiastique et politique : c'est à la conscience de juger si un ordre peut être exécuté ou non. Pour son adversaire, ces propos induisent un jugement sur l'autorité même, ainsi remise en cause : cette attitude manque de soumission et de respect envers la hiérarchie. Madame de Rantzau révèle alors la vraie nature de la persécution.

> Elle avoua qu'on n'avait pas besoin de cela[3] pour s'assurer de notre foi, qu'on n'y trouvait rien à reprendre, mais que l'Église avait droit de nous commander ce qu'il lui plairait pour s'assurer de notre obéissance (Arnauld d'Andilly, 1954, p. 217-218).

L'absolutisme s'oppose au véritable christianisme, aux yeux de la mère Angélique de Saint-Jean. L'absolutisme et l'arbitraire, c'est l'ancienne loi à laquelle le Christ a mis fin. La charité s'est substituée à la rigueur. C'est bien la vision politique de Port-Royal, dont les religieuses sont les figures emblématiques, qui est condamnée et sanctionnée. Pour la mère Angélique de Saint-Jean, obéir par ignorance en se reposant sur ses supérieurs, est un péché qui aveugle les consciences, car elles sont alors incapables de discerner le bien du mal[4]. La mère Angélique ne s'en tient pas là ; elle accentue la virulence pascalienne de ses propos politiques, à tel point que ses premiers éditeurs les ont censurés en les adoucissant.

LE DIEU CACHÉ PRÉSENT DANS L'EUCHARISTIE

Le Dieu de Port-Royal est un Dieu caché, qu'il faut découvrir, dévoiler. C'est pourquoi, il convient de rechercher des analogies entre les réalités sensibles et les réalités spirituelles.

Port-Royal a toujours accordé une grande importance aux figures, se référant à la *Première Lettre aux Corinthiens* de saint Paul :

> [...] nos pères étaient tous sous la nuée, tous ils passèrent à travers la mer et tous furent baptisés en Moïse dans la nuée et dans la mer. Tous mangèrent la même nourriture spirituelle, et tous burent le même breuvage spirituel ; car ils buvaient à un rocher spirituel qui les suivait ; ce rocher, c'était le Christ (Saint-Paul, I Cor. 10, 1-4).

---

3 Il s'agit de la signature du formulaire.

4 Arnauld d'Andilly, *op. cit.*, p. 224-225.

Jansénius s'en était inspiré. En effet, dans l'*Augustinus*, il avait comparé l'*Ancien Testament* à une grande comédie, dont les acteurs figuraient le *Nouveau Testament*.

L'Eucharistie est le sommet de tous les sacrements. Selon Pascal, dans l'Eucharistie, « les bienheureux possèdent Jésus-Christ réellement sans figure et sans voile. Les Juifs n'ont possédé de Jésus-Christ que les figures et les voiles, comme étaient la manne et l'agneau pascal. Et les chrétiens possèdent Jésus-Christ dans l'Eucharistie véritablement et réellement, mais encore couvert de voiles » (Pascal, 2004, p. 555)[5].

La troisième grande fête de l'Église que célébrait Port-Royal avec un éclat tout particulier (les deux autres fêtes étant Pâques et la Pentecôte), était celle du Saint-Sacrement qui, contrairement aux autres fêtes, était célébrée toute l'année. Presque tous les dimanches et lors des fêtes, les religieuses recevaient la bénédiction du Saint-Sacrement et, les autres jours, elles célébraient le Saint-Sacrement après les vêpres. L'office du Saint-Sacrement se déroulait solennellement chaque jeudi en souvenir de la Cène.

Tout l'office du Saint-Sacrement est rempli du thème du Dieu caché. Dans la séquence *Lauda Sion*, « *In figuris praesignatur, / Cum Isaac immolatur : / Agnus paschae deputatur / Datur manna patribus*[6] », le sacrifice d'Isaac, le thème de la manne et de l'agneau préfigurent le Christ. Le *Adoro te*, chant pour les Saluts, reprend la thématique du Dieu caché :

Adoro te devote, latens Deitas
Quae sub figuris vere latitas : [...].
In cruce latebat sola Deitas,
At hic latet simul et humanitatis :
Ambo tamen credens atque confitens ; [...].
Jesu, quem velatum nunc aspicio, [...].

« Je vous adore avec foi, ô vous, Dieu caché,
Présent réellement sous ces apparences : [...].
Sur la croix se cachait le Dieu seulement,
Mais ici est caché l'homme également :
Je confesse ma foi aux deux tout ensemble ; [...].
Jésus, vous qu'à présent je vois sous un voile, [...]. »

5 On peut également lire dans les *Pensées*, L'obscurité de Jésus-Christ. Le mystère de l'Eucharistie. (Pascal, 2000a,, p. 798-803.

6 « Des figures l'ont annoncé : Isaac est sacrifié, l'agneau pascal est immolé, la manne nourrit nos pères. »

Jean Racine dans son *Abrégé de l'histoire de Port-Royal*, commente la signification mystique de l'habit des religieuses :

> Elles se dévouèrent donc avec une joie incroyable à l'adoration perpétuelle du mystère auguste de l'Eucharistie, et prirent le nom de filles du Saint-Sacrement : mais elles ne quittèrent pas l'habit de saint Bernard ; elles changèrent seulement leur scapulaire noir en scapulaire blanc, où il y avait une croix d'écarlate attachée par-devant, pour désigner par ces deux couleurs le pain et le vin, qui sont les voiles sous lesquels Jésus-Christ est caché dans ce mystère (Racine, 1966, p. 54).

Comme le souligne Philippe Sellier dans *Pascal et la liturgie* :

> Les *Constitutions* (du monastère) évoquent en termes très beaux la valeur de cette assistance permanente (au Saint-Sacrement), de ce repos à l'ombre du Bien-Aimé, comme dit le Cantique des Cantiques ; c'est donc sans cesse que les Religieuses vivaient en présence de ce mystère, et le christocentrisme ardent de Port-Royal trouve là sa source et son centre : aux pieds du tabernacle, elles rencontrent l'amour du Christ, sa Passion, sa Résurrection, sa présence cachée, que représente l'Eucharistie, son Incarnation qu'elle rappelle, son Retour en Juge et l'union à lui qu'elle promet (Sellier, 1966, p. 13-14).

Il n'est alors pas étonnant que la mère Angélique de Saint-Jean, lors de son enlèvement, lorsqu'elle quitta la chapelle de Port-Royal de Paris, afin de gagner le carrosse qui l'emmenait aux Annonciades, récita le verset suivant du chant du Salut du Saint-Sacrement *Ecce panis Angelorum*[7] :

> Je dis tout haut le verset *Bone pastor, panis vere*[8], comme nous étions convenues que nous ferions en sortant, afin que le prince des pasteurs prît sous sa protection et sa conduite les pauvres brebis d'occision [...] (Arnauld d'Andilly, *op. cit.*, p. 31).

Le martyre va fonder la résistance et permettre à la liberté de conscience de s'exercer et de pouvoir dire non au principe de l'obéissance aveugle. Le martyre n'est que la conséquence de l'imitation de Jésus-Christ :

> Jésus-Christ dans l'Eucharistie est immolé par les Prêtres et les Pasteurs : nous devons donc consentir que ce soient nos propres Pasteurs et ses Ministres qui nous sacrifient (*ibid.*, p. 4).

---

7 « voici le pain des anges ».

8 « bon pasteur, vrai pain ».

Un petit écrit que la mère Angélique de Saint-Jean d'Andilly rédigea en captivité, *Réflexions sur la conformité de l'état où étaient alors les religieuses de Port-Royal avec celui de Jésus-Christ dans l'Eucharistie*, témoigne du christocentrisme de Port-Royal.

Un ton prophétique biblique et un imaginaire johannique, qui oppose le monde mauvais persécuteur de la vérité aux disciples du Christ, l'imprègnent. On y découvre un Dieu silencieux, mais présent dans l'intimité du cœur par sa parole et par les sacrements. C'est un Dieu fragile, comme l'hostie, soumis aux outrages des hommes, car il s'expose sans protection. Sa vulnérabilité constitue un don qui unit les religieuses. Prisonnières, elles mènent une vie cachée en Jésus-Christ. La mère Angélique de Saint-Jean vit sa captivité dans le temps, non pas profane où vivent ses persécuteurs, mais dans le temps liturgique où se déroule le sacrifice permanent du Christ, auquel elle participe. Ce Dieu, qui exige un renoncement total, promet la victoire et la gloire aux justes qui accomplissent, dans l'obscurité et l'oubli du monde, ses desseins. La prison ne parvient pas à briser la chaîne de solidarité qui relie les disciples du Christ, amour qui transcende l'espace et le temps. Cette glorification des élus demeure secrète, elle ne se perçoit qu'avec les yeux de la foi. Deux couleurs mystiques marquent cet écrit : le blanc, symbole de l'innocence du Christ immolé, et le rouge, le sang de la passion, métamorphose du vin, viatique des temps d'épreuve. La religieuse pose sa communauté en victime injuste de la violence des hommes, comme le fut le Christ livré au pouvoir de ses ennemis. La mort du Christ, sa présence silencieuse et mystérieuse ensevelie dans l'Eucharistie, donnent sens à la captivité. En prison, les religieuses accomplissent par leur sacrifice l'esprit des *Constitutions* de Port-Royal. Dieu, présent dans le Saint-Sacrement, associe les religieuses à sa propre immolation, dans la solitude et le secret. Les captives sont oubliées du monde, dissimulées, comme est cachée la présence réelle du Christ sous les espèces du pain et du vin. Par leur épreuve et leur humiliation, elles participent aux souffrances du Christ. En effet, immolées par leurs propres pasteurs, qui les ont condamnées à l'exil, étrangères au monde, comme les premiers chrétiens et le Christ durant sa vie terrestre, elles sont privées de toute demeure, de toute assise stable. Quasi mortes, elles vivent une vie enfouie en Jésus-Christ. Loin de tout secours humain, dans un univers hostile, elles sont livrées aux mains de leurs persécuteurs qui refusent la paix.

Leurs armes, les prières au rythme de celles de toute la communauté : même si celle-ci a été dispersée, les religieuses maintiennent leur union spirituelle, en disciples du Christ, dans la charité.

Imitant le Christ, innocent et souffrant, dont elles sont de vivants emblèmes, elles boiront le calice de la douleur ; la souffrance doit être interprétée par les yeux de la foi : défaite pour le monde, la captivité multipliera les fruits de la justice, récompense future. L'épreuve est convertie en un acte d'amour de Dieu. En effet, souffrir pour la vérité est une grande grâce, une faveur divine exceptionnelle, un sujet d'étonnement. La souffrance offre la rédemption. Le sacrifice des religieuses accomplit le dessein mystérieux de Dieu qui exige la persévérance, car souffrir jusqu'à la fin, c'est être sauvé. Dieu, adoré dans l'Eucharistie, n'est donc pas muet ; accepter la persécution, c'est agir pour accomplir la volonté de Dieu. Le sacrifice demandé, qui peut aller jusqu'à la destruction du monastère, offre l'ivresse de l'amour total. Persévérer jusqu'au bout, souffrir jusqu'à la fin, c'est être sauvé. Suprême consolation : l'histoire de Port-Royal s'articule à celle du Golgotha. Au don de soi répond donc la gratuité de la grâce divine.

Cette interprétation de la captivité des religieuses rebelles permet à la mère Angélique de Saint-Jean d'innocenter sa communauté et de rendre la résistance légitime : en se plaçant dans une perspective eschatologique de quête du salut, elle justifie la rébellion de Port-Royal, au nom d'un Dieu incarné, souffrant dans sa chair, présent physiquement. Elle remet en cause de plein fouet, à son insu, le modèle de référence catholique : sa structure cléricale. Au Dieu visible et baroque de la Contre-Réforme, qui flamboie dans les ors et les fastes des églises, elle oppose, dans l'obscurité de sa prison, le Dieu secret et humble qui s'offre dans l'eucharistie pour les victimes de la violence humaine.

ÉTAPES ET MÉCANISMES

L'ÉTAU DU FORMULAIRE (1er FÉVRIER 1661)

Le 31 mai 1653, le pape Innocent X promulgua la bulle *Cum occasione*. Les cinq propositions[9] sont imputées de façon claire à Jansénius. Les quatre premières sont déclarées hérétiques et la cinquième fausse. Elle est enregistrée par la faculté de théologie de Paris le 1er août 1653.

Le formulaire est une exigence de Mazarin qui voulait condamner Jansénius. En effet, une quinzaine de prélats, réunis en conférence au Louvre, rédigèrent une circulaire aux évêques de France afin de faire recevoir et signer par tous les ecclésiastiques la bulle *Cum occasione*. Cette exigence demeura lettre morte. L'Assemblée du clergé, les 1er et 2 septembre 1656, prit le relais et rédigea le projet d'un formulaire où les cinq propositions seraient condamnées au sens de Jansénius. Le 16 octobre 1656, le pape Alexandre VII promulgue la bulle *Ad sacram beati sedem*. Elle affirme que les cinq propositions sont dans l'*Augustinus* et qu'elles sont condamnées au sens où Jansénius les avait entendues. Le 17 mars 1657, l'Assemblée générale du clergé accepte la bulle *Ad sacram* et décide qu'une formule de foi sera ajoutée à la nouvelle bulle. Pour qu'il y ait uniformité dans toute l'Église de France, elle rédige cette formule de foi, connue sous le nom de formulaire :

> Je me soumets entièrement à la constitution du Pape Innocent X du 31 mai 1653 selon son véritable sens, qui a été déterminé par la constitution de Notre Saint Père le Pape Alexandre VII du 16 octobre 1656. Je reconnais que je suis obligé en conscience d'obéir à ces constitutions, et je condamne de cœur et de bouche la doctrine des Cinq Propositions de Cornélius Jansénius, contenues dans son livre intitulé l'Augustinus, que ces deux papes et les évêques ont condamnées, laquelle doctrine n'est point celle de saint Augustin, que Jansénius a mal expliquée contre le vrai sens de ce saint Docteur.

---

9 Les cinq propositions condamnées par la bulle *Cum Occasione* sont : « Que certains préceptes de Dieu peuvent être impossibles à observer parce qu'il y manque la grâce qui les rendrait possibles. / Qu'on ne résiste jamais à une grâce intérieure. / Que pour le mérite et le démérite, il suffit que l'acte ait été libre de contrainte, et qu'il n'est pas indispensable qu'il ait été libre de nécessité. / Que les semi-pélagiens étaient hérétiques en voulant qu'il y eût une grâce à laquelle la volonté humaine pût, ou bien résister, ou bien obéir. / Que c'est une erreur semi-pélagienne de prétendre que le Christ est mort pour tous les hommes. »

La doctrine de Jansénius devait être condamnée « de cœur et de bouche[10] » et il fallait reconnaître que la doctrine de Jansénius n'était pas celle de saint Augustin, que l'évêque d'Ypres avait mal interprétée.

La signature du formulaire, après l'enregistrement en présence du roi, de la bulle *Ad sacram* par le Parlement, bulle qui devint ainsi une loi d'État le 19 décembre 1657, s'avéra inévitable. Le 7 juin 1659, une déclaration royale précise qu'« aucune communauté, séminaire et maison religieuse ne peut exister sans avoir observé les formes désirées par nos ordonnances ».

Les menaces de la cour et les pressions psychologiques allaient frapper Port-Royal. Elles se concrétisent par la visite du doyen, le 30 novembre 1660. Celui-ci, avec brutalité, transmet les propos de Le Tellier (le père de Louvois) :

> [...] qu'on mettrait dans la maison six ou huit religieuses pour être en charge et qu'on ôterait toutes celles qui auraient l'esprit plus fâcheux et plus difficile : si nous ne serions pas bien coupables si nous étions cause de la destruction de la maison [...] (*Histoire des persécutions*, 1753, p. 69).

Le doyen, avec honnêteté, évoque la servilité du haut clergé :

> Mr. Le Doyen répliqua qu'il ne le ferait qu'à regret[11], mais peut-être qu'on le forcerait ou bien qu'il ne serait plus en charge, et que le nouvel Archevêque mettrait des Grands Vicaires qui nous traiteraient d'une étrange façon et qui feraient tout ce que la Cour voudrait (*ibid.*,).

La liberté de conscience, le refus d'asservissement vont affronter le Léviathan, le doyen le reconnaît :

> Que nous voyions bien que c'était un piège que nos ennemis avaient dressé pour nous perdre, puisqu'en effet cette signature n'avait été faite qu'à cause de nous, et que la Cour ne s'était nullement mise en peine des autres Communautés, ni même des particuliers [...] que les choses iraient plus avant, et que la persécution irait assurément plus loin si nous demeurions arrêtées à ne point suivre ses avis (*ibid.*,).

Le premier février 1661, l'Assemblée du clergé ordonne la signature du formulaire par tous les ecclésiastiques et maîtres d'école, sous peine

10 Ce sont les termes du formulaire.
11 Détruire Port-Royal.

d'être déclarés hérétiques. Le couperet tomba sous la forme d'un arrêt du Conseil, avec une lettre circulaire du roi à tous les évêques, pour établir la loi générale de la signature. Le formulaire est reçu et adopté par la Sorbonne.

LE PREMIER COMBAT PERDU (23 AVRIL 1661)

Le mécanisme de la persécution est enclenché : la police frappe à la porte du monastère de Port-Royal de Paris. En effet, le lieutenant civil[12] se présenta le 23 avril 1661 à Port-Royal de Paris avec l'ordre de faire sortir, dans les trois jours, toutes les pensionnaires[13] et toutes les postulantes[14] ; la police organisa aussi une expédition à Port-Royal des Champs. Les moniales réagirent avec célérité et désobéirent à la cour :

> Les Religieuses malgré le grand feu de la persécution ne laissèrent pas de faire le Dimanche de Quasimodo 25 Avril quatre novices, et le lendemain trois autres. C'étaient des Postulantes qui sollicitaient depuis longtemps qu'on leur donnât le voile, et qui le demandèrent alors avec une nouvelle instance, de peur qu'on ne les mît dehors avec les autres pensionnaires (Besoigne, 1752, p. 409).

Il s'agissait bien de la mise en œuvre d'une stratégie collective de résistance qu'organisèrent les confesseurs et les abbesses, qui refusèrent de respecter les ordres de la cour ; le bras de fer avec le pouvoir fut engagé. Le monastère refusa de se laisser intimider : le grand feu de la persécution, image polysémique, n'évoque-t-il pas le bûcher des martyrs, l'idée de purification, ou encore l'enfer et ses damnés, les jésuites qui allument ce feu ?

UNE RÉSISTANCE SYMBOLIQUE AU POUVOIR (FIN AVRIL, MAI 1661)

La communauté vivait dans un état de tension extrême ; les sept dernières novices, qui avaient revêtu l'habit religieux après avoir prononcé leurs vœux d'urgence, les 25 et 26 avril, firent preuve de fermeté : la plupart d'entre elles refusèrent de quitter leur habit.

La réponse royale ne se fit pas attendre : le lieutenant civil apporta une lettre de cachet à Port-Royal de Paris, le 4 mai 1661. Toutes les postulantes et les jeunes pensionnaires (vingt et une pensionnaires à

12 Il s'appelait Dreux d'Aubray.

13 Le monastère perdait ainsi une part substantielle de ses revenus.

14 Une postulante se prépare au noviciat. Il s'agissait de supprimer les possibilités de recrutement pour Port-Royal qui, faute de sang neuf, vieillirait et disparaîtrait.

Port-Royal de Paris et vingt à Port-Royal des Champs) reçurent l'ordre de sortir de Port-Royal. Les seize novices, quant à elles, durent rendre leur habit et retourner dans leur famille. Le monastère subit l'interdiction d'accueillir de nouvelles postulantes. C'était la mort lente programmée[15] de Port-Royal. Les religieuses le savaient ; c'est pourquoi la mère abbesse, c'est-à-dire la mère Agnès Arnauld[16], écrivit au jeune roi une lettre demeurée célèbre[17], pour plaider la cause de la communauté.

Elle justifie son recours en soulevant un thème cher à Port-Royal : sa conscience. Celle-ci l'oblige à supplier le roi de lever les mesures prises à l'encontre du monastère menacé d'extinction. Elle rappelle la légitimité incontestable de Port-Royal : sa vocation, depuis des siècles, est de donner des servantes à Jésus-Christ. L'État ne peut donc pas remettre en cause cette obligation spirituelle : le service de Dieu prime. Bien plus, avec mesure, mais avec fermeté, la mère Agnès conteste la compétence juridique du pouvoir : l'État doit respecter le droit canon. Il faut un fondement légal aux ordres du roi, c'est-à-dire un jugement solennel de l'Église, après enquête et preuves, pour justifier des sanctions aussi lourdes. Pourtant, l'État n'a rien à reprocher au monastère, dont la mère Agnès souligne l'innocence. L'abbesse cite des miracles bien connus du public pour indiquer que Port-Royal bénéficie de la grâce divine. Sa démarche échoua.

Les mères, conscientes de la violence du pouvoir, organisèrent la sortie des dernières novices, qui durent obtempérer. Néanmoins, la mère Agnès, avec tact et discrétion, encouragea une forme de résistance symbolique :

> Les Mères ne crurent pas devoir résister pour ce qui est de la sortie, parce qu'elles croyaient bien qu'on l'exécuterait de force : mais pour l'habit, la mère Abbesse déclara encore une fois aux Novices, qu'il leur était libre de le quitter ou non ; que de sa part elle ne le leur ôterait pas (*op. cit.*, p. 417).

Ces novices, le jour de leur sortie du monastère, le 14 mai 1661, conservèrent donc leur habit de religieuses, ce qui était un défi aux ordres du roi, qu'elles respectèrent en apparence :

---

15 Il y avait alors plus de deux cents personnes dans les deux maisons de Port-Royal de Paris et des Champs.

16 La mère Madeleine de Sainte Agnès de Ligny, sœur de l'évêque de Meaux lui succéda le 12 décembre 1661. La mère Agnès Arnauld avait été élue abbesse le 17 décembre 1658, après la mort de l'abbesse Marie des Anges Suireau le 10 décembre 1658. Cette dernière avait succédé à la mère Angélique Arnauld le 26 novembre 1654.

17 Elle est datée du 6 mai 1661.

> Elles sortirent donc avec l'habit de Religieuses : mais par respect pour les ordres du Roi, on leur mit des écharpes sur la tête pour cacher leur habit (*ibid.*, p. 418).

On reconnaît dans ce détail vestimentaire tout l'esprit de Port-Royal ; la communauté obéit formellement, mais ne plie pas.

LE PREMIER MANDEMENT DU 8 JUIN 1661

Lorsque l'arrêt du Conseil d'État ordonne, le 13 avril 1661, l'exécution des mesures décidées par l'Assemblée du clergé, le cardinal de Retz, dont dépend Port-Royal, est en fuite ; deux grands vicaires, assez favorables à Port-Royal, le représentent. Ils élaborèrent un premier mandement.

Le 14 mai, Louis Bail, curé de Montmartre, est nommé supérieur de Port-Royal par lettre de cachet. Les religieuses protestent. Le 17 mai, les grands vicaires présentent le nouveau supérieur à la communauté ; les anciens confesseurs doivent se retirer : il s'agit de Toussaint d'Alençon, d'Antoine de Rebours, de Charles Akakia Du Mont, de Jean Bourgeois et d'Isaac-Louis Le Maistre de Sacy.

Le 8 juin 1661, les deux grands vicaires[18] du cardinal de Retz[19] promulguent un mandement, probablement rédigé par Pascal. Il fut publié le dimanche 19 juin au prône de toutes les messes paroissiales de Paris. Ce mandement reprend les positions d'Antoine Arnauld : il distingue le droit et le fait tout en ordonnant la signature. Les religieuses de Port-Royal le signent avec beaucoup de difficultés.

Ce mandement ne fut pas présenté à la mère Angélique Arnauld qui était à l'agonie. Sa dernière démarche fut d'écrire à Anne d'Autriche pour défendre son monastère. La lettre, datée du 25 mai, fut imprimée et diffusée. La mère Angélique Arnauld y défend l'innocence des sœurs qui ignorent la théologie :

> Quant à ce qui regarde, Madame, les erreurs contre la foi, dont on dit que cette maison avait depuis été infectée, je déclare devant Dieu à V.M. que nos directeurs ont eu au contraire un soin si particulier, de ne nous entretenir jamais, et de ne permettre point qu'on nous entretînt de ces matières contestées, qui sont si fort au-dessus de notre sexe, et de notre profession, que bien loin de nous en donner la moindre connaissance, ils nous ont toujours éloignées de

18 Il s'agissait d'Alexandre de Hodencq, curé de Saint-Séverin, et de Jean-Baptiste de Contes, doyen du Chapitre Notre-Dame.

19 Il était alors en exil à Rome.

> tout ce qui avait quelque apparence de contestation ; et que pour cette seule raison, on ne nous a jamais fait lire aucuns des livres mêmes, dont le sujet est plus édifiant ; comme entre autres, celui de la Fréquente communion [...] (Thomas du Fossé, 1876-1879, t. II, p. 76).

Les religieuses de Port-Royal acceptèrent de signer ce premier mandement[20]. Les historiographes de Port-Royal n'évoquent pas les dissensions que ce mandement suscita parmi les confesseurs et conseillers[21], bien que ce mandement eût l'aval du Grand Arnauld. En effet, ce premier mandement[22], qui précédait le texte du formulaire qu'il fallait signer, était favorable à Port-Royal :

> On leur présenta d'abord le premier mandement des Grands Vicaires, dont j'ai parlé, qui distinguait assez nettement le Fait et le Droit, et qui en exprimant la créance pour le Droit, n'articulait que le respect ou le silence respectueux pour le Fait (Besoigne, *op. cit.*, p. 429-430).

Les religieuses tentèrent de résister à cette obligation de signer ; elles trouvaient la formulation du mandement peu claire, trop alambiquée, pleine d'équivoque[23]. De plus, le texte même du formulaire leur semblait inacceptable. Ce sont bien les moniales qui refusent de signer le formulaire. Elles suivent leur premier sentiment : le rejet du mandement. Elles prouvent ainsi leur autonomie intellectuelle face au Grand Arnauld et à Singlin, partisans de la signature pure et simple.

Les religieuses ne suivaient pas leurs confesseurs aveuglément. Elles étaient moins enclines à accepter les accommodements que certains Messieurs et les amis qui les conseillaient. L'objectif du Grand Arnauld était de sauver le monastère ; à cet effet, il eut un rôle de modérateur et penchait pour des solutions de compromis. Les religieuses remarquèrent que, dans le formulaire, le fait et le droit n'étaient pas dissociés :

> Elles furent donc terriblement frappées de cette Formule qui confond entièrement le Fait et le Droit, et qui réunit tous les deux sous une même créance (*ibid.*, p. 430).

20 Sa rédaction est attribuée à Pascal.

21 Sainte-Marthe, Lancelot et Le Roy, abbé de Hautefontaine, étaient opposés à la signature de ce mandement. L'Abbé Le Roy publia à cette occasion une *Lettre sur la constance et le courage qu'on doit avoir pour la vérité*.

22 On peut consulter ce mandement assez long, dans Pascal, 1992, t. III, p. 1069-1072.

23 En effet, ce mandement paraît assez jésuitique, plein de sous-entendus, et manque de clarté. Son aspect politique est évident. On désobéit en semblant obéir.

Les religieuses de Port-Royal de Paris acceptèrent néanmoins de signer, le 23 juin 1661, ce premier mandement. Elles firent précéder le mandement d'un commentaire, une tête, qui expliquait la portée de leur signature : elles condamnèrent les cinq propositions, mais refusèrent d'aborder la question de fait. Cela revenait à rejeter le contenu du formulaire qui condamnait Jansénius. Le lendemain, les religieuses de Port-Royal des Champs signèrent le même texte en y ajoutant une queue, les réticences des religieuses de Port-Royal des Champs étant encore plus vives. Cette première signature ne satisfaisait pas la cour, qui menaça même les grands vicaires du cardinal de Retz de destitution. Subissant les pressions du nonce[24], les grands vicaires acceptèrent de révoquer leur premier mandement[25]. Ils en présentèrent un second[26] qui supprimait la distinction du fait et du droit[27] et qui imposait une signature pure et simple[28]. Refuser cette signature valait la perte du monastère : l'enjeu était de taille.

LE SECOND MANDEMENT (31 OCTOBRE 1661)

Le long discours que la mère Agnès Arnauld tint devant la communauté, le 20 novembre 1661, traduit une position médiane.

L'exorde du discours établit le constat suivant : les religieuses sont obligées de signer, alors qu'elles ne sont pas instruites, n'ayant pas la formation théologique adéquate ; elles doivent se prononcer, alors qu'elles ne sont pas capables, en l'état, de comprendre ce débat théologique.

La mère Agnès établit bien la distinction entre la question de fait et la question de droit.

Pour les questions de droit, il faut se soumettre à l'Église et au pape ; c'est donc à l'Église que revient le pouvoir de déclarer catholiques ou hérétiques les cinq propositions.

La question de fait consiste à répondre à la question suivante : ces propositions se trouvent-elles dans l'*Augustinus* ? Si elles y figurent,

24 Un bref du pape avait condamné ce premier mandement.

25 Le cardinal de Retz en exil ne les soutint pas, car il négociait avec la cour les conditions de son retour.

26 On peut le lire dans Pascal, 1992, p. 1157-1158.

27 Il fut rédigé par monseigneur de Marca.

28 Ce second mandement est daté du 31 octobre 1661. Il revêtit force exécutoire le 20 novembre 1661. Il fut remis au portier du monastère le 19 novembre avant publication le lendemain au prône des paroisses de Paris.

sont-elles exprimées dans le sens où elles furent condamnées ? Les réponses données sont un point de fait, point que les religieuses ne sont pas obligées de croire :

> [...] il est certain que cela étant un point de fait, on n'est point obligé de le croire, moins encore de le jurer, lorsque on ne l'a point lu, parce que c'est rendre un faux témoignage [...] (*Histoire des persécutions*, *op. cit.*, p. 57).

Puis, la mère Agnès en appelle à la liberté de conscience, dans un esprit, usuel chez elle, de grande tolérance et de respect des convictions d'autrui :

> Nous ne voulons point vous contraindre, ni gêner vos consciences, chacune doit suivre ce que Dieu lui fera connaître devoir faire en conscience (*ibid.*,).

Elle propose trois choix théoriques :

- le premier est d'approuver la condamnation du pape et de croire que les propositions condamnées se trouvent dans l'*Augustinus*, bien que les religieuses n'aient pas lu cet ouvrage ;
- le second est de rejeter la signature, comme chose déraisonnable et extraordinaire ;
- la troisième possibilité consiste en une voie médiane, qui a la préférence de la mère Agnès.

> [...] on se soumet en ce qui est de la foi, mais qu'on ne peut pas en conscience souscrire au reste, étant dans une entière ignorance de tout cela. Or il me semble que c'est la meilleure, parce que la conscience demeure en sûreté, et cela est plus respectueux pour les Supérieurs (*ibid.*,).

Une fois de plus, la mère Agnès attire l'attention des moniales sur l'importance de la signature car c'est une affaire qui engage le salut de chacune :

> [...] vous voyez assez, mes Sœurs, l'importance de cette affaire, chacune doit agir selon sa conscience, parce que chacune y est pour soi, et s'expose personnellement aux suites qui en pourront arriver (*ibid.*,).

Enfin, la plus longue partie de son discours est consacrée aux pièges, périls et tentations que les religieuses devront affronter. Elle dresse un véritable contre-argumentaire, face aux objections à affronter. On peut en dresser le tableau suivant :

Présomption.	Les religieuses s'attribuent des capacités sans respecter la hiérarchie.	L'ignorance ne permet pas de signer des choses qu'on ne connaît pas.
Rébellion.	Les religieuses désobéissent aux ordres du pape.	Il ne faut pas obéir aux hommes au détriment des commandements de Dieu.
La signature est de peu d'importance.	C'est un pur acte de soumission, on peut croire ce que l'on veut.	Le mandement exige une croyance sincère et de cœur. Croire le contraire de ce qu'on signe est un parjure.
La ruine du monastère.	Le monastère est nécessaire au salut des âmes.	On ne peut faire subsister le bien par de mauvais moyens.
D'autres ont signé ; le plus grand nombre a signé.	Des partisans de Jansénius ont signé.	Le désir de rendre les autres pécheurs est une conséquence du péché.

Les religieuses signèrent ce second mandement le 28 novembre. Elles le firent précéder d'une nouvelle tête[29] qui refusait de prendre parti sur la question du fait. En outre, elles ne voulurent pas se prononcer sur la présence ou non des cinq propositions dans l'*Augustinus*, invoquant la

29 Elle est l'œuvre commune du Grand Arnauld qui modérait les ardeurs des moniales et voulait préserver leur unité, et de la mère Angélique de Saint-Jean, qui était tentée par une résistance plus forte, par la générosité. Ils bénéficiaient du soutien de Le Maistre de Sacy.

faiblesse de leur sexe, leur obligation de silence et leur ignorance des débats théologiques, qui ne leur permettaient pas de prendre parti[30]. Elles contestèrent donc l'obligation pour les communautés de moniales de signer le formulaire. Cette obligation était une innovation du pouvoir politique ; l'égalité avec les ordres masculins était voulue par le roi. Elle avait pour objectif d'obliger les moniales à signer, sous peine de graves sanctions édictées par les constitutions[31] papales[32]. Elles se soumirent en ce qui concerne le droit, et témoignent de la pureté de leur foi :

> Nous Abbesse, Prieure et Religieuses des deux monastères de P.R. de Paris et des Champs, assemblées capitulairement en chacune des deux maisons, pour satisfaire à l'Ordonnance de MM. les vicaires généraux de Monseigneur le Cardinal de Retz du dernier Octobre de la présente année 1661 considérant que dans l'ignorance où nous sommes de toutes les choses qui sont au-dessus de notre profession et de notre sexe, tout ce que nous pouvons faire est de rendre témoignage à la pureté de notre foi, déclarons très volontiers par notre signature, qu'étant soumises avec un très profond respect à N.S.P. le Pape, et n'ayant rien de si précieux que la foi, nous embrassons sincèrement et de cœur tout ce que sa Sainteté et le Pape Innocent X en ont décidé, et rejetons toutes les erreurs qu'ils ont jugées y être contraires (Besoigne, *op. cit.*, p. 439).

Les religieuses s'opposèrent, par leur restriction, à leur directeur Singlin, partisan de la signature pure et simple.

Les grands vicaires, qui savaient que cette tête n'allait pas satisfaire la cour, tentèrent une conciliation. Jean-Baptiste de Contes proposa aux religieuses un modèle de signature pure et simple qu'elles refusèrent, après délibération de la communauté réunie au chapitre. Les moniales ne voulurent pas aller plus loin, et déclarèrent qu'elles étaient prêtes au combat. Elles pensaient bénéficier de la grâce divine, faire partie des élus :

> Lecture faite du papier de M. le Doyen en plein Chapitre, toutes répondirent d'une seule voix qu'elles ne pouvaient rien faire de plus que ce qu'elles avaient

30 Elles signèrent sans signer. Néanmoins, leur formule semble accommodante. Les religieuses refusent de condamner Jansénius et veulent témoigner de ce refus, même pour la postérité. *Cf.* lettre du Grand Arnauld à Angélique de Saint-Jean en date du 11 novembre 1661 (Pascal, 1992, p. 1167).

31 Terme de droit canon qui désigne les décisions des papes de caractère général en matière de foi ou de discipline. Elles sont publiées sous forme de bulles ou de brefs.

32 On ne saurait analyser cette obligation de signer comme le signe d'une émancipation féminine, une espèce d'égalité entre les hommes et les femmes. C'est un piège destiné à ruiner le monastère.

> fait ; et que Dieu leur ferait la grâce de souffrir en paix tout ce qu'on pourrait leur faire de mal : pleines de confiance, disaient-elles, dans le Seigneur, qui donne de grands combats à ses saints, afin qu'ils demeurent victorieux, suivant la parole de l'Écriture (*ibid.*, p. 440).

Les concessions des moniales préservent leur refus de porter atteinte à la vérité, car Jansénius n'est pas un hérétique. Leurs concessions sont bornées par la question de fait, qu'elles refusent de trancher[33]. L'État ne peut les contraindre à signer.

Les tentatives répétées du doyen, Jean-Baptiste de Contes, qui voulut faire fléchir les moniales, furent vaines. Il leur demanda de signer pour la forme et affirma que leur signature ne les engagerait pas : il leur déclara qu'elles pouvaient continuer de croire tout ce qu'elles voulaient. Alors que la cour se fit de plus en plus pressante, Jean-Baptiste de Contes proposa aux moniales de faire une déclaration écrite secrète, sur un papier séparé, que le doyen conserverait, en attendant des jours meilleurs. Il se proposa aussi d'assumer l'entière responsabilité de leur signature et même de porter le péché de la signature, en tant que supérieur hiérarchique. La nouvelle abbesse, la mère Madeleine de Ligny, qui avait été élue le 12 décembre 1661, refusa cette proposition, au nom de la « sincérité chrétienne » (*ibid.*, p. 441) et de la « loi de l'évangile » (*ibid.*).

La mère abbesse s'exprimait au nom de l'ensemble de la communauté, unanime. Afin de témoigner de cette unité au doyen, les religieuses lui envoyèrent une lettre en date du premier janvier 1662, qui exposait une nouvelle fois les fondements du refus de signer le formulaire :

> Car étant persuadées que nous ne pouvons rendre témoignage de choses que nous ne savons point, et qui sont entièrement au-dessus de notre intelligence, et ne pouvant croire aussi qu'on ne nous demande point ce témoignage, puisqu'on ne se contente pas de celui que nous avons rendu si simplement de notre foi et de notre soumission au Saint-Siège, l'exemple d'Ananie et de Saphire qui tombèrent morts aux pieds de saint Pierre pour un mensonge dont le sujet était beaucoup moins important que celui-ci, et qu'ils n'avaient pas assuré par un serment, comme on nous oblige de faire par la signature, nous donne une appréhension terrible que Dieu ne nous punisse de la même sorte invisiblement, si nous nous servions d'autres paroles que celles qui font connaître à toute l'Église la disposition de notre cœur à laquelle nous savons que ceux mêmes qui nous persuadent de signer simplement ne trouvent rien à redire (*Divers Actes de P.-R.*, 1724, *Divers Actes, Lettres et Relations*, p. 38).

33 Elles aimeraient se borner à un silence respectueux.

En fait, les religieuses redoutent l'utilisation qui serait faite de leur signature par les jésuites : elles ne veulent pas condamner la doctrine de Jansénius, la faire passer pour hérétique aux yeux du monde. L'enjeu de la bataille du formulaire devient manifeste : c'est un enjeu doctrinal, théologique. Les moniales n'acceptent pas de participer à la condamnation de l'*Augustinus*[34]. Elles le disent clairement à Félix Vialart, évêque de Châlons, qui tenta, le premier janvier 1662, de les faire signer : l'évêque insista beaucoup sur l'obligation d'obéissance qu'impose l'Église. Ce fut peine perdue.

Or, quelques jours plus tard, survint un événement qui galvanisa les moniales : la guérison miraculeuse de la sœur Suzanne, la fille du peintre Philippe de Champaigne[35]. La démarche, en date du 22 janvier 1662, de monsieur Contes qui apporta, de la part de la cour, un nouveau modèle de signature, fut rejetée par une communauté entrée en résistance ouverte. Ce modèle fut forgé par le père Annat, le confesseur du roi, et par le Tellier[36], à l'insu du Conseil royal; ce nouveau texte demandait aux religieuses d'inclure la question de fait dans leur signature.

L'influence du Grand Arnauld, conseiller spirituel de la communauté, demeure prépondérante ; néanmoins les moniales, soudées, refusent les avis et pressions des amis du monastère. Ce sont bien les religieuses qui entrèrent en résistance et les amis ne purent que s'incliner devant leur choix :

> Elles écrivaient aussi à M. Arnauld pour le supplier d'être toujours leur conseil, mais surtout de tenir ferme pour la signature qu'elles avaient donnée, contre tous les autres projets que les amis pourraient imaginer, et qui ne feraient que les embarrasser et les troubler (Besoigne, *op. cit.*, p. 447-448).

---

34 Il nous semble qu'on ne saurait en déduire qu'elles approuvèrent le contenu des cinq propositions (c'est la thèse que soutient Victor Cousin dans son *Jacqueline Pascal*).

35 Paralysée depuis quatorze mois, elle retrouva l'usage de ses membres, à l'issue d'une neuvaine de prières faite dans sa cellule par la mère Agnès. L'ex-voto peut être admiré au musée du Louvre.

36 Les termes nouveaux du préambule sont cités par Augustin Gazier dans son *Histoire générale du mouvement janséniste*, 1924, t. I, p. 131 : « Et puisque Sa Sainteté et le pape Innocent X ont décidé que ces erreurs se trouvent dans les cinq propositions au sens qu'elles ont dans la doctrine de Jansénius, nous nous soumettons sincèrement à cette décision, et rejetons de cœur et de bouche lesdites propositions et les sens qu'elles ont dans la doctrine de Jansénius. Ainsi signé. » Selon Augustin Gazier, ce préambule était un piège grossier tendu aux religieuses et un procédé déshonorant ayant pour objet de les exterminer.

Les moniales connurent alors deux années de répit : en effet, le cardinal de Retz démissionna de son archevêché de Paris, le 26 février 1662. De nouveaux grands vicaires, plus dociles aux injonctions de la cour, furent nommés[37].

LE TROISIÈME MANDEMENT (JUIN 1662)

Fin juin 1662, les grands vicaires émirent un nouveau mandement plus menaçant qui interdisait formellement la distinction du droit et du fait, et qui prévoyait la mise en œuvre de sanctions vis-à-vis des récalcitrants. Ce mandement fut signifié à la communauté de Port-Royal le 7 juillet 1662, soit une semaine après le décès de monseigneur de Marca, le nouvel archevêque de Paris. Le siège de l'archevêché de Paris fut de nouveau vacant, car Hardouin de Péréfixe dut attendre deux ans avant de recevoir ses bulles d'intronisation du pape[38].

Les religieuses ne restèrent pas inertes : très procédurières, elles firent appel de ce mandement, dès le 22 juillet 1662, en assemblée capitulaire, solennellement. Leur position n'a pas évolué, elles maintiennent la signature du second mandement, en date de fin novembre 1661. Leurs motivations : comme d'habitude, leur conscience leur interdit une signature pure et simple, mais, en plus, elles relèvent l'incompétence juridique des grands vicaires qui n'auraient pas le pouvoir, sans l'ordre de l'archevêque de Paris, d'imposer une nouvelle signature. Elles écrivirent également au roi, afin de protester contre l'élaboration de ce nouveau mandement. En effet, leurs conseillers juridiques estimèrent que cette mesure constituait un abus de droit. Elles demandèrent au roi l'autorisation de demeurer silencieuses jusqu'à l'entrée en exercice de leur nouveau supérieur, Hardouin de Péréfixe. Il convient de relever l'audace de cette communauté de femmes qui ose s'opposer à Louis XIV, attitude que le roi ne leur pardonnera jamais : seules, elles sont indociles, alors que le clergé et les grands vicaires font preuve de soumission, ayant la volonté de ne pas subir la répression de l'État. Le 29 avril 1664, le roi fit tenir un lit de justice au Parlement de Paris pour imposer la signature du formulaire. L'objectif est clair : il s'agit de venir

37 Ils détinrent l'autorité épiscopale durant la vacance du siège épiscopal. Il y en eut sept ; Jean-Baptiste de Contes et monsieur de Hodencq furent exclus de ce nombre.

38 Alexandre VII et Louis XIV étant en conflit, Hardouin de Péréfixe ne reçut ses bulles d'intronisation que le 10 avril 1664.

à bout des récalcitrants, des moniales tout particulièrement. Le roi fait enregistrer une déclaration qui interdit tout ouvrage, lettre ou écrit qui soutiendrait Jansénius ou contredirait le formulaire, sous peine d'être condamné comme fauteur d'hérésie et perturbateur du repos public ; enfin, l'ordre de signer le formulaire, qui sera présenté par l'évêque du diocèse, est renouvelé.

L'ENTRÉE EN SCÈNE D'HARDOUIN DE PÉRÉFIXE (8 JUIN 1664)

Le nouvel archevêque de Paris ne perdit pas son temps. Intronisé le 19 avril 1664, il publia un mandement, dès le 8 juin 1664, qui exigeait la signature pure et simple du formulaire.

Entre-temps, il avait reçu Lancelot qui lui avait exposé le point de vue des religieuses. Lancelot fera un compte rendu détaillé de cet entretien à la communauté. Les religieuses captives y puiseront ultérieurement leurs arguments. D'emblée Hardouin de Péréfixe se plaça sur le terrain politique : il fallait obéir au roi, afin de le contenter. Aux yeux du roi, il s'agissait d'anéantir cette nouvelle hérésie. La signature du formulaire était le seul moyen de la combattre. Hardouin de Péréfixe souligna la présomption des religieuses de Port-Royal qui s'opposent au pape, en mettant en cause son jugement. En effet, les moniales remettent en cause l'ordre politique et le pouvoir du pape. Elles ne respectent pas la hiérarchie et rejettent les ordres des autorités civiles et religieuses, en ne signant pas. Lancelot défendit la cause des religieuses. Il quitta le terrain politique, engageant un débat doctrinal. Les arguments des moniales purent alors être déployés.

Le premier argument, qui deviendra un classique, sera d'invoquer l'ignorance des moniales, peu au fait des débats théologiques : elles ne seraient pas au courant du sens de Jansénius, sens qu'elles doivent condamner. Le topos de l'ignorance féminine, les femmes étant exclues des débats théologiques et des connaissances réservées aux clercs, se retourne contre la hiérarchie ecclésiastique. On ne peut, en effet, demander à des ignorantes de se prononcer en matière théologique, domaine réservé aux hommes. Selon Lancelot, les religieuses ne sont pas des hérétiques : en effet, elles ont condamné les cinq propositions. On ne peut leur reprocher de refuser de se prononcer sur le sens de Jansénius et sur le contenu de l'*Augustinus*. Elles refusent de condamner Jansénius par délicatesse de conscience. L'archevêque exige la soumission à Rome et commente, y cherchant les propositions incriminées, le contenu de l'*Augustinus*. Il campe sur la position officielle de Rome : l'*Augustinus* fut bien étudié par la cour de Rome, et les propositions condamnées le furent dans le sens du livre. Lancelot le nie. Les propositions sont indépendantes de l'œuvre de Jansénius. Enfin, Lancelot plaide à nouveau la cause des religieuses, soulevant un argument traditionnel qui dispenserait les moniales de la signature : il n'y a pas lieu de faire entrer des filles dans ces disputes. Par ailleurs, citant l'histoire ecclésiastique, il tente de disculper la communauté, en prenant appui sur les condamnations de saint Jean Chrysostome et de saint Athanase par les évêques[39]. L'Église peut donc se tromper. L'archevêque fut sensible à ces arguments, puisqu'il voulut rechercher « quelque expédient pour sortir de ce mauvais pas » (*op. cit.*, p. 482). Or, le nouveau mandement n'ébranla pas la résistance des religieuses, en dépit des tentatives d'accommodement d'Hardouin de Péréfixe.

LES RELIGIEUSES REJETTENT LE NOUVEAU MANDEMENT DU 8 JUIN (5 JUILLET 1664)

Le mandement du 8 juin fut signifié le jour même aux religieuses de Port-Royal. Or, ce mandement exigeait toujours la signature pure et simple du formulaire, mais contenait une innovation, une tentative de conciliation d'Hardouin de Péréfixe. La question de fait devait toujours être crue, non seulement d'une foi divine, mais d'une foi humaine et ecclésiastique. La créance de la question de fait était donc affaiblie, elle n'était plus mise sur le même plan que le dogme. La question de fait était donc un problème d'obéissance : il fallait faire confiance à ses supérieurs, en respectant la discipline et la hiérarchie.

Les religieuses refusèrent ce compromis ; en outre, Pierre Nicole bondit sur l'occasion et fit diffuser, dès le 19 juin, sa *Quatrième Lettre* des *Imaginaires*[40] ; très virulente[41], elle renversa entièrement les vues

---

39 Les moniales feront souvent référence à saint Athanase, champion de la lutte anti-arienne, dans le cadre des polémiques.

40 Peu après, en août 1664, Nicole et Arnauld approfondirent ce problème théologique en publiant leur *Traité de la foi humaine*.

41 On appréciera l'esprit de polémique de cette lettre par un bref extrait, aux résonances presque voltairiennes : « Ce jour a donc changé la face de la dispute et en décidant le premier et le principal sujet de la contestation, il en a ouvert un autre qui paraît moins important. Il ne s'agit plus de foi divine, ni par conséquent d'hérésie et de secte ; mais

conciliatrices de l'archevêque. La polémique était mise sur la place publique.

Le lendemain de la publication de son mandement, Hardouin de Péréfixe se rendit à Port-Royal pour convaincre les religieuses et écouter chacune d'entre elles en particulier[42]. Besoigne résume le discours qu'il tint à la communauté, à la grille du chœur :

> Il débuta par l'obéissance aveugle, qu'il exalta autant qu'il put ; ensuite il proposa ses lieux communs pour exhorter à la signature ; que Jansénius avait lui-même soumis son Livre au Pape ; que le livre avait été examiné à Rome ; que de contester le Fait, c'était un faux-fuyant des jansénistes pour se réserver un moyen de contester aussi le Droit (Besoigne, *op. cit.*, p. 484).

Le prélat est dépeint défavorablement par l'historiographe, dans le cadre des entretiens que l'archevêque eut avec les moniales ; en effet, Hardouin de Péréfixe exige une obéissance aveugle. Il insista sur ses prérogatives et sur la soumission que lui devaient des religieuses qui lui étaient subordonnées. Il invoque son bon droit et tente de remettre en cause les compétences intellectuelles des religieuses. À bout d'arguments, il menace la maison. La violence irrigue les discours de l'archevêque, elle demeure toujours à l'arrière plan. Les religieuses savent qu'elles courent à leur perte en n'obéissant pas.

Hardouin de Péréfixe fait remonter l'origine de la persécution à monsieur de Saint-Cyran, qu'il considère comme un « hérésiarque ». Il affirme que les partisans de Jansénius[43] inspirent les moniales dans leur refus de signer le formulaire. En effet, l'archevêque ne peut concevoir

---

d'une autre sorte de foi que l'on appelle humaine et ecclésiastique. / Il faut reconnaître que l'on a fait en cela un grand pas vers la paix. On est descendu comme du Ciel en terre : Et il y a bien moins de distance de la foi humaine au silence, qui est l'unique moyen d'établir une véritable paix, qu'il y en avait de la foi divine à cette foi humaine, à laquelle on s'est réduit. On ne nous dit plus comme on faisait auparavant : croyez Dieu qui a révélé le fait au Pape ; mais on nous dit : croyez des hommes sujets au mensonge, parce qu'ils sont vos supérieurs. Mais comme il est assez difficile de comprendre que les hommes sujets au mensonge, et qui ne prétendent pas être infaillibles, ayant droit de se faire croire par leur seule autorité, en sorte qu'on ne puisse douter de la vérité de leurs décisions, ce qui serait être en vérité très infaillible : il n'y a pas d'apparence que le règne de cette foi humaine soit de fort longue durée [...] » (Nicole, 1692b, p. 102-103).

42 C'est ce qu'on appelait une visite.

43 Les augustiniens avaient encouragé les moniales à résister ; l'abbé Le Roy avait publié, en 1661, une fameuse *Lettre sur la Constance et le Courage*, destinée aux religieuses. Elle fit scandale à la cour.

que les moniales puissent avoir une opinion personnelle et se prononcer d'une manière autonome. Selon lui, les jansénistes attendraient des jours meilleurs et refuseraient alors de condamner les cinq propositions. En signant, les religieuses se détacheraient donc des partisans de Jansénius[44], ces habiles stratèges qui veulent rester au sein de l'Église tout en ne respectant pas les ordres des pouvoirs spirituels et temporels :

> Il déclamait contre les Partisans de Jansénius, de qui il supposait qu'on prenait conseil : c'est disait-il, une poignée de gens qui se sont avisés par une invention diabolique de nier le Fait en demeurant d'accord du Droit, afin de n'être pas traités d'hérétiques pour le présent, et d'attendre le temps favorable pour s'élever contre le Droit, quand il leur plairait. Vous êtes assez malheureuses pour avoir été prévenues par ces personnes ; et c'est ce qui vous perd aujourd'hui (*op. cit.*, p. 486).

L'archevêque exige un acte d'allégeance ; signer, c'est se soumettre au pape. Il tente d'éclairer le sens de la signature : signer, ce n'est pas condamner, c'est obéir. À bout d'arguments, Hardouin de Péréfixe propose même aux moniales de rechercher la première proposition dans l'*Augustinus*. Ce fut peine perdue, les religieuses se retranchant derrière leur ignorance du latin[45]. Elles exigent aussi qu'Hardouin de Péréfixe leur montre les autres propositions dans le texte de l'*Augustinus*[46]. Bien sûr, l'archevêque ne soupçonnait pas que les religieuses relevaient soigneusement l'ensemble de ses propos et dressaient procès-verbal de chacun de ses entretiens[47]. Les trois entretiens les plus significatifs se déroulèrent au parloir de Port-Royal de Paris, le 10 juin ; la sœur Gertrude Dupré, la mère Angélique de Saint-Jean et la sœur Christine Briquet[48] les transcrivirent.

Le lecteur y découvre que les religieuses ont réponse à tout et qu'elles contrôlent la situation. Nous assistons à un renversement des fonctions sociales : les religieuses font preuve de vertus traditionnellement considérées comme masculines, alors que l'archevêque manifeste son

44 La cause janséniste était devenue assez populaire notamment parmi les femmes qui se passionnèrent pour les débats consacrés aux cinq propositions. Elles participaient ainsi à la vie intellectuelle parisienne. Être janséniste, c'est un acte de sédition, de rébellion.

45 En fait, beaucoup d'entre elles entendaient le latin.

46 Elles savaient qu'elles n'y figurent pas stricto sensu.

47 Dans leur esprit il s'agissait de noter les actes de leur martyre.

48 Ces trois moniales rédigèrent un procès-verbal de leur entretien, qui figure dans l'*Histoire des Persécutions.* Toutes trois écrivirent aussi leur *Relation de captivité.*

émotivité et se laisse emporter. Elles sont rationnelles et déterminées, leur supérieur est dominé par ses affects[49]. La sœur Dupré ne manque pas de citer les propos assez décousus de l'archevêque qui égrène des lieux communs, souvent avec vulgarité[50]. Hardouin de Péréfixe veut imposer la signature au nom de sa supériorité hiérarchique : il incarne l'image du père, du pape et du roi, que les moniales ne semblent pas vénérer, d'où son irritation.

La polémique reprit de plus belle lorsque l'archevêque fut sur le point de quitter le monastère. En effet, le prélat ne pouvait pas comprendre que l'ensemble de la communauté lui résistât. Il rejeta la responsabilité de la rébellion sur la mère abbesse.

Avant son départ, l'archevêque imposa à la communauté Michel Chamillard comme nouveau confesseur. Les religieuses lui tinrent tête de toute leur force. La sœur Christine Briquet lui demanda des précisions quant à ce fameux concept de foi humaine que prescrivait le récent mandement de l'archevêque. L'entretien, qui suivit la confession de la moniale, est révélateur de l'état d'esprit des religieuses. En effet, la sœur Briquet démonte ce mécanisme de la foi humaine d'une manière imparable, non dépourvue d'humour, et témoigne de sa culture théologique et de sa vivacité d'esprit. Elle n'accorde aucune position de repli à Chamillard, alors qu'Hardouin de Péréfixe avait déjà tenté d'esquiver le débat consacré à cette fameuse foi humaine, dont tout Paris faisait des gorges chaudes. La sœur Briquet souhaite obtenir des précisions ; les réflexions de la moniale piègent Chamillard. Pour adhérer à la créance en matière de fait, la sœur Briquet exige des autorités des raisons rationnelles qui doivent la convaincre. Pour elle, accepter le principe de la foi humaine, c'est mettre sur un même plan les révélations divines, qui sont des mystères de la foi, et ses supérieurs, qui représentent des institutions d'essence humaine[51]. Elle refuse de placer sur un pied d'égalité les révélations divines et les créances qu'imposent les institutions :

49 Ce comportement des moniales heurtait l'anthropologie sexuelle occidentale ; on peut interpréter leur conduite comme une tentative d'émancipation collective, plus ou moins consciente, dont elles ne pouvaient pas assumer entièrement les contradictions.

50 Sainte-Beuve souligne qu'il fut dépassé par les événements et qu'il voulait régler ce conflit « à la papa ». Il se comportait comme un père face à ses filles, rôle prescrit par l'Église. Il ne se doutait pas que les moniales allaient le considérer comme un mauvais père.

51 La sœur Briquet ne se rend pas compte qu'elle remet en cause la sacralité du roi et du pape, représentants de Dieu sur terre, donc les fondements même de l'absolutisme, et ce au nom de la raison.

> Dans les mystères, dit-elle, je captive ma raison, et j'adore ce que je ne comprends pas : Veut-on que j'adore de la même force une créature ? (*op. cit.*, p. 492).

Chamillard exige une obéissance héroïque, politique, qui serait une soumission pour la forme. Il laisse la porte ouverte au doute. À ses yeux, même la foi humaine serait toute relative et suspendue aux décisions futures de l'Église. Ce langage opportuniste ne peut que heurter une communauté qui a soif de martyre et qui se sent investie d'une mission, la défense de la vérité. Les propos de Chamillard blessèrent la conscience de la communauté.

> [...] et qu'à présent on ne voit pas encore de Pape opposé à un autre Pape : qu'au reste si le cas arrivait, et que dans quelques années le Pape futur interprétât le sens de Jansénius autrement, il serait permis de douter de ce qu'en dit à présent celui-ci (*ibid.*,).

Le confesseur cherche de nouveaux accommodements pour rendre aux religieuses la signature plus aisée. Les réactions de la mère Angélique de Saint-Jean sont significatives : elle détourne le concept de foi humaine et le transforme en un argument contre la signature du formulaire. Selon la mère, il fallait croire intérieurement au fait, en signant : c'est ce qu'exigeait l'archevêque.

Le premier accommodement qui fut proposé à la communauté était formulé ainsi : « Je me soumets sincèrement aux deux constitutions des papes Innocent X et Alexandre VII. » Chamillard joue sur la portée du verbe soumettre :

> [...] le terme « je me soumets » signifierait la soumission de créance pour le Droit, et la soumission de respect pour le Fait (*ibid.*, p. 493).

La mère Angélique de Saint-Jean estime que se soumettre laisse le champ libre à de multiples interprétations qui ne reflètent pas forcément l'intention des signataires.

Chamillard proposa alors une autre formule : « Je me soumets de cœur et de bouche aux constitutions des papes. » (*ibid.*,). Selon lui, « la soumission du cœur sera pour le Droit, et celle de la bouche pour le Fait » (*ibid.*,). Les sœurs ne furent pas dupes de cette proposition qui reprenait les termes mêmes du formulaire.

La troisième formule ne connut pas davantage de succès, malgré le désir de Chamillard de tenter d'arracher aux religieuses la signature ; elle était libellée ainsi : « Je me soumets avec un respect sincère aux Constitutions. » (*ibid.*, p. 494).

Enfin, lors de sa visite du 8 juillet, Chamillard proposa un dernier projet de signature à la mère Angélique de Saint-Jean[52] et à la sœur Anne-Eugénie de Boulogne[53], madame de Saint-Ange dans le monde :

> [...] c'était de signer avec la distinction que l'on souhaitait, mais d'ajouter à la soumission de respect qu'on promettait pour le Fait, ces paroles, qu'on ne formait point de jugement contraire (*ibid.*, p. 496).

Il maintenait la distinction du fait et du droit. Pour le fait, les religieuses devaient ajouter « qu'on ne formait point de jugement contraire ». Il s'agissait d'une concession importante des négociateurs. La communauté n'accepta pas le terme de « contraire ». Celle-ci estimait qu'accepter ce terme, c'était adhérer à la condamnation de Jansénius par le pape et renoncer à toute autonomie de pensée. La communauté émit un dernier projet :

> Nous soussignées promettons une soumission et une créance sincère pour le Droit ; et sur le Fait, comme nous ne pouvons en avoir aucune connaissance par nous-mêmes, nous n'en formons point de jugement mais nous demeurons dans le respect et le silence conformes à notre condition et à notre état (*ibid.*,).

Toutes les négociations avaient donc échoué.

Pour se justifier, les religieuses firent parvenir à l'archevêque de Paris un acte capitulaire, en date du 5 juillet 1664, signé par toute la communauté. Elles remirent l'acte au peintre Philippe de Champaigne, qui le présenta à Hardouin de Péréfixe, Chamillard ayant refusé d'accomplir cette mission. Cet acte solennel avait pour objectif de justifier Port-Royal, d'exposer ses moyens de défense et de rendre sa cause publique, de la populariser. C'était un moyen de lutter contre l'oppression du pouvoir, en prenant la parole, alors que l'État et l'Église voulaient faire taire les religieuses.

Elles expliquent au public qu'elles ne peuvent signer le formulaire, car elles n'adhèrent pas au fait. Or, l'archevêque exige une créance

52 Chamillard avait reconnu en elle le leader de la communauté.

53 Besoigne note que Chamillard reconnaissait ses capacités intellectuelles.

intérieure en matière de fait. Elles ne possèdent pas cette créance. Donc elles ne signent pas le mandement, au nom de la vérité, leur conscience leur interdisant de prêter serment par la signature. Le mandement lui-même leur permettrait de se dispenser de la signature. Le concept de foi humaine justifierait en quelque sorte leur refus. Elles ne peuvent accepter de prêter serment en affirmant que les cinq propositions sont présentes dans l'*Augustinus*. Elles évoquent leur ignorance, argument classique, presque de bon sens, du moins aux yeux du public. Il permet de préserver leur image. Enfin, elles en appellent à la clémence de l'archevêque, évoquant l'image paternelle du supérieur bienveillant : qu'il se comporte, non pas en maître, mais en père.

Les religieuses n'ont pas seulement recours aux hommes, mais en appellent aussi à la grâce divine. Elles implorent l'aide de Dieu.

LES RELIGIEUSES VICTIMES DE LA VIOLENCE DES INSTITUTIONS

Quelle image les *Actes* donnent-ils des institutions ? Ils nous livrent indirectement le sentiment des religieuses : les puissances des ténèbres vont entrer en action. Les religieuses vont combattre l'esprit du mal ; les puissances démoniaques vont se déchaîner. C'est l'heure de vérité. La Passion du Christ se déroule à Port-Royal de Paris, les moniales la revivent. Le comportement de l'archevêque va confirmer cette interprétation de la persécution. Sa fureur, presque bestiale, rend tangible la violence du pouvoir dont il est l'instrument. Tout d'abord, Hardouin de Péréfixe adressa des reproches très durs à la communauté, puis lui ordonna de signer le formulaire purement et simplement. Il présenta à la communauté un nouvel argument qu'il considérait comme définitif. Ce fut un piège :

> Vous ne condamnez pas, dit-il, ceux qui signent le formulaire ; car vous m'avez dit que vous ne jugiez ni ne condamniez personne. Si vous ne les condamnez point, vous croyez donc qu'ils ne font point mal. Vous ne ferez donc pas mal vous-mêmes en faisant ce que vous en croyez pas mal fait dans les autres (*op. cit.*, p. 508).

LA PRIVATION DES SACREMENTS OU LE CHANTAGE À LA SIGNATURE

L'âpreté de la rébellion des religieuses qui en appelèrent au tribunal de Dieu, rejetant la justice de ce monde, ne doit pas être sous-estimée.

Très procédurières, elles soulevèrent la nullité juridique de la privation des sacrements au mépris du droit canon et affirmèrent leur innocence. En effet, après le départ de l'archevêque et la fin de l'office des vêpres, elles dressèrent un acte de protestation, témoin de leur indignation. Elles décidèrent de lutter au moyen de tous les actes juridiques possibles, prêtes à ébruiter les mesures de l'archevêque et à recourir aux tribunaux. Leur voix franchit la clôture : elle proclama la dureté de l'archevêque, son injustice et leur orthodoxie. En effet, le seul reproche que leur adressa Hardouin de Péréfixe fut leur refus de signer le formulaire ; leur crime : leur scrupule et leur délicatesse de conscience[54]. Elles relevèrent l'entêtement d'Hardouin de Péréfixe qui refusa d'entendre leurs concessions et leurs explications, qu'elles voulurent joindre à leur signature :

> [...] qu'il n'y avait aucun reproche à leur faire, et que la seule chose qui leur manquait était de signer le Formulaire ; qu'elles lui avaient offert de le signer dans une certaine forme, lui rendant compte des peines de conscience qu'elles auraient de donner leur signature pure et simple ; qu'ainsi le crime unique qu'il prétend punir en elles, c'est trop de scrupules et de délicatesse de conscience. Elles prennent ensuite Dieu pour Juge entre l'Archevêque et elles de l'injustice qu'il commet envers cent pauvres Religieuses en les arrachant du pied de l'autel, et leur interdisant le Sacrement de l'Eucharistie, à elles qui s'étaient consacrées par un Institut particulier[55] à l'adorer jour et nuit [...] (*ibid.*, p. 510).

Elles renversèrent les enjeux de la querelle du formulaire : ce n'est pas la communauté qui refusa la signature, c'est l'archevêque qui rejeta les concessions. Les moniales sont dépeintes comme de véritables combattantes, des femmes fortes qui refusent de se soumettre, sûres de leur bon droit et de l'appui de Dieu. Afin de les priver de réconfort, Hardouin de Péréfixe leur interdit toute communication avec le monde extérieur[56], leurs conseillers et confesseurs :

---

54 En signant, les religieuses avaient l'impression de commettre un péché ; leurs scrupules furent réels : il suffit de lire leurs *Relations de captivité* pour appréhender leurs troubles.

55 L'institut du Saint-Sacrement fut établi par les lettres patentes de Michel de Marillac, garde des sceaux, en septembre 1630. Ces lettres entérinèrent la bulle du pape Urbain VIII en date du 11 août 1627.

56 Les moniales sous bonne garde réussirent toujours à communiquer avec leurs amis ; *la Relation de captivité* de la sœur Briquet en est la meilleure preuve. Elle y justifie sa désobéissance.

> Je vous défends d'avoir communication avec aucune personne du dehors ; si vous me désobéissez, vous verrez ce qui vous arrivera (*ibid.*, p. 509).

En même temps, une circonstance malheureuse, la chute de la suspension du ciboire qui contenait les hosties, alimenta la campagne incessante de rumeurs et de médisances visant Port-Royal. L'incident remonta jusqu'à la cour, qui y lut une approbation du ciel :

> On conta la chose en cour, et on prétendit reconnaître par là que le Ciel autorisait l'interdiction des Sacrements prononcée par M. l'Archevêque. Pour rendre la chose plus sensible, on broda l'histoire, et on dit, ce qui était faux, que toutes les Hosties avaient été brisées en mille petits morceaux (*ibid.*, p. 511).

La privation des sacrements affligea fort les moniales ; elle engendra de profondes souffrances spirituelles dans la conscience et le cœur de ces religieuses qui, néanmoins, ne cédèrent pas. Elles ne prirent pas en considération le marchandage de leur supérieur : signer contre la restauration des sacrements. C'eût été une trahison. Relevons la lettre de la mère Angélique de Saint-Jean, très représentative des sentiments de la communauté, destinée à informer monsieur d'Alet[57]. Cette lettre, riche d'images et de réminiscences néo-testamentaires, évoque la communion spirituelle qui unit les religieuses au Christ. La mère Angélique de Saint-Jean considère que la hiérarchie ecclésiastique ne peut les priver de cette communion, nourriture spirituelle ; en effet, les religieuses partagent les souffrances du Christ[58] crucifié. La communion change de nature : elle devient spirituelle. Le monde condamne les moniales, comme il a condamné le Christ dont elles imitent l'humilité :

> Voilà donc, [...], où nous en sommes, c'est-à-dire, au rang des petits chiens qui mangent des miettes qui tombent sous la table de leurs Maîtres[59]. Pour cette place on ne peut nous en chasser, et nous nous y mettons avec le plus

57 Il s'agit de Nicolas Pavillon, évêque d'Alet, ami de Port-Royal, qui correspondait avec la mère Angélique de Saint-Jean. Celle-ci le sollicitait et l'informait des démêlés du couvent avec l'archevêque de Paris. Monsieur d'Alet refusait le principe de la déférence aveugle aux ordres du roi. Il avait interdit la signature du formulaire dans son diocèse.

58 La thématique de la Passion est omniprésente.

59 Il s'agit du miracle qu'opéra Jésus en faveur d'une femme syro-phénicienne qui répondit à Jésus : « [...] les petits chiens sous la table mangent les miettes des enfants. » *Cf.* Mc 7, 24-30 et Mt 15, 21-28, dont la mère reprend fidèlement la parabole, en des termes identiques. En effet, la mère Angélique de Saint-Jean connaît parfaitement la Bible dont elle apprécie le style. Elle se plaît à filer des métaphores inspirées des récits bibliques.

> d'humilité qu'il nous est possible, en nous prosternant toutes par terre aussi longtemps que dure la Communion de la Messe à laquelle nous assisterons en la même manière que le bon Larron au sacrifice de Jésus-Christ, par la part que nous avons à ses opprobres et à ses souffrances (*ibid.*, p. 512).

Cette lettre de la mère Angélique de Saint-Jean est prémonitoire puisque, bientôt, les religieuses les plus influentes seront enlevées de leur monastère et emmenées en captivité. Des religieuses étrangères vont être introduites dans le monastère pour le diriger et surveiller la communauté.

L'ENLÈVEMENT DES RELIGIEUSES (26 AOÛT 1664)

Les cinq derniers jours que partagea la communauté, avant l'enlèvement de ses mères et la tentative de prise en main du groupe par les autorités, lors de la fameuse journée du 26 août 1664, furent vécus dans un état d'extrême tension. Les parties adverses parachevèrent leur stratégie et entamèrent les derniers préparatifs. En effet, le 26 août, les forces armées du roi occupèrent la cour du monastère de Port-Royal de Paris, violant un espace sacré. Hardouin de Péréfixe entama une double tâche : il rechercha des couvents susceptibles de recueillir et de garder prisonnières les sœurs qui seraient enlevées et recruta des religieuses étrangères à Port-Royal. Celles-ci devraient remplacer, à la tête de la communauté, les mères enlevées pour la reprendre en mains et obtenir la signature du formulaire. Besoigne n'omet pas d'indiquer que l'ombre menaçante de la cour recouvrit le monastère et que les religieuses furent prises dans les lacs de l'intrigue que tissèrent les jésuites. Il mit en cause le confesseur du roi, le père Annat, qui donna ses dernières instructions à l'archevêque, ce qu'apprirent les moniales bien informées :

> Le 25 du mois on apprit à P.R. que M. l'Archevêque avait été en Cour le 23. avec le Père Annat, qu'il avait dîné avec lui le 24. À la maison Professe où il avait fait le sacre de M. Abelli évêque de Rodez, et qu'il avait ensuite tenu un Conseil à l'Archevêché, que le 25. il était sorti en carrosse de grand matin pour aller de Couvent en Couvent marquer les logis et retenir des places pour les filles de P.R. On comprit que le temps était proche [...] (*op. cit.*, p. 513).

De leur côté, les religieuses ne restèrent pas inactives : après le temps des prières et des adieux, elles songèrent aux mesures à mettre en œuvre et à protester contre les futures menées du pouvoir. Toute la communauté se réunit à une heure de l'après-midi pour se fortifier : on relut les lettres d'encouragement des amis du monastère. Enfin, à l'annonce de l'arrivée de l'archevêque, la communauté fondit en larmes. La consternation submergea les religieuses. Durant ces heures sombres, la mère Agnès joua un rôle-clé, car elle représentait l'autorité morale de la communauté. Son attitude va orienter le comportement des religieuses. La mère Agnès Arnauld est l'héroïne qui domine la scène. Elle fait preuve non seulement de vertus chrétiennes, silence et piété, mais encore d'une fermeté imprégnée de stoïcisme, c'est-à-dire de maîtrise de soi et de constance, vertu prétendument masculine. Elle alterne silence et discours, les traits de son visage exprimant plus qu'un éloquent discours :

> Elle demeura ainsi pendant quelque temps environnée de tout ce troupeau désolé, consolant les unes par des discours pleins de foi, soutenant les autres par son air de tranquillité et de constance, inspirant aux autres par son silence un courage et une générosité parfaite (*ibid.*, p. 514).

Arrive l'archevêque au cœur d'un mouvement de carrosses qui préfigure les enlèvements. Les carrosses sont vides : ils sont destinés à transporter les futures sœurs enlevées pour les conduire en captivité. L'archevêque incarne l'institution ecclésiastique, dans son éclat et son apparat :

> L'Archevêque était dans son carrosse en rochet et en camail, avec sa croix Archiépiscopale arborée devant lui (*ibid.*, p. 515).

Rapidement, l'archevêque désigna les moniales qui seraient menées en captivité[60]. Il s'agit de :

- la mère abbesse, Madeleine de Sainte-Agnès de Ligny
- la mère Agnès Arnauld
- la sœur Angélique-Thérèse Arnauld d'Andilly qui accompagne sa tante, la mère Agnès
- la sœur Marie-Charlotte de Sainte-Claire Arnauld d'Andilly
- la sœur Angélique de Saint-Jean Arnauld d'Andilly
- la mère prieure, Dorothée de l'Incarnation Le Conte

60 Ultérieurement, furent enlevées la sœur Christine Briquet (le 19 décembre 1664), et les sœurs Eustoquie de Flécelles de Brégy et Melthide du Fossé (le 29 novembre 1664).

- la sœur Gertrude Dupré
- la sœur Agnès de la Mère de Dieu Chouy de Pensières
- la sœur Madeleine de Sainte-Candide Le Cerf
- la sœur Anne de Sainte-Eugénie de Boulogne, madame de Saint-Ange
- la sœur Hélène de Sainte-Agnès de La Savonnières[61]
- la sœur Anne de Sainte-Cécile de Boiscervoise ; elle prit la place de la sœur Françoise-Louise de Sainte-Claire Soulain[62], cellérière.

En dépit de ces émotions, la communauté, très procédurière, n'oublie pas de faire appel des ordres de l'archevêque. Une fois de plus, les religieuses se rebellent ouvertement et n'acceptent pas les ordres de la cour.

La communauté des religieuses de Port-Royal se veut actrice de son destin. Elle se trouve au centre de la résistance à la signature et devient par là-même un symbole. L'esprit de libre examen, la liberté de conscience constituent les pierres angulaires de ce refus. Les religieuses se sentent élues, ont établi un lien personnel avec Dieu, que les autorités ne parviennent pas à détruire. Leur relation avec l'autorité et l'Église s'en trouve bouleversée. Leur message, par essence, devient et est interprété par les autorités comme une remise en cause des institutions, qui perdent leur fonction de médiatrices entre les hommes et le divin. En effet, les religieuses affirment leur autonomie, au nom de la liberté chrétienne et des valeurs augustiniennes, celles qu'elles assimilent à l'Église primitive des martyrs. Le jansénisme, à l'origine débat théologique sur la grâce, devient alors un débat politique qui mobilise une importante fraction des élites. Les religieuses de Port-Royal, par leur rébellion, constituent le cœur et le centre de ralliement de cette polémique sur la signature du formulaire. Leur lutte revêt alors une dimension sociologique et politique : le bras de fer avec les autorités perdurera jusqu'à la destruction de Port-Royal des Champs.

61 Après avoir signé le formulaire, elle retourna en son monastère d'origine de l'Eau, près de Chartres.

62 Elle mourut en captivité chez les ursulines, le 15 avril 1665. Dans son agonie elle signa le formulaire, ce qui fit couler beaucoup d'encre.

UNE ÉCRITURE LIBÉRATRICE

Les *Relations de captivité* s'insèrent dans la série des écrits offensifs de Port-Royal durant la période de la grande persécution. Ces écrits polémiques sont destinés au public. Ils défendent l'orthodoxie du monastère, réfutent l'étiquette de jansénisme que les adversaires imposent aux augustiniens. Tous les talents sont mis à contribution pour répondre à la propagande hostile et combattre la noire image que les jésuites veulent imposer. Les *Relations de captivité* sont les pièces maîtresses de ces plaidoyers passionnés. En effet, au plus fort de la persécution, les religieuses enlevées ne cessent de clamer leur innocence et leur plume transcrit un double combat : elles luttent pour la vérité et contre leurs propres doutes. Leur écriture, que marque cette urgente nécessité, se veut un témoignage collectif, mais aussi l'expression d'une aventure personnelle qui engage le salut de l'âme.

La singularité des *Relations de captivité* résulte de cette conjonction : littérature d'engagement spirituel, ces narrations traduisent à la fois le cheminement personnel de chaque âme et une lutte politique et théologique, celle d'une communauté menacée. Les *Relations de captivité*, tout en mettant en mémoire la résistance individuelle et collective des religieuses, contribuent à la catharsis d'une communauté blessée, mais victorieuse.

UNE EXPLOSION D'ÉCRITS OFFENSIFS 1664-1665

UN BRÛLOT : L'*EFFUSION DE CŒUR* DE LA SŒUR BRIQUET (OCTOBRE 1664)

Après la rédaction du procès-verbal de la journée du 26 août 1664, qui circula dans le public sous forme de factum, la sœur Briquet composa son *Effusion de cœur*, datée du 11 octobre 1664. Diffusée tout d'abord au sein du réseau janséniste sous forme de copies, l'*Effusion de cœur* fut imprimée, malgré l'avis défavorable de la mère du Fargis, prieure de Port-Royal : en effet, la sœur Briquet, dans un style qualifié d'élevé, y répand son cœur. Ce petit écrit, truffé d'images baroques et bibliques, constitue un véritable brûlot qui vise le roi. Desmarets de Saint-Sorlin[1] l'attaqua immédiatement.

Alors que Desmarets s'en prend au style enflé et à l'absence de modestie de son auteur, Nicole, dans ses *Visionnaires*, défend l'*Effusion de cœur*, un acte de protestation de la communauté. Nicole expose les circonstances exceptionnelles de sa genèse, la persécution :

> Une Religieuse est priée par ses Sœurs dans l'état le plus effroyable qui fut jamais de les justifier devant l'Église. Elle ne se porte pas d'elle-même à cette entreprise : Elle suit seulement avec simplicité l'inclination de ses Sœurs en un temps où elle n'avait point d'autre lumière ni d'autre conseil. Elle s'applique à cet écrit dans la vue de Dieu, et se trouvant l'esprit rempli d'expressions de l'Écriture, et de versets de Psaumes qui étaient les seules idées qu'elle avait dans sa mémoire, qu'elle s'en sert pour représenter son affliction [...] (Nicole, 1692b, p. 146 et 147).

Pour Nicole, il est tout à fait compatible d'informer le public et d'avoir fait vœu de silence, puisqu'il s'agit d'édifier. Il cite, pour justifier la sœur Briquet qui s'adresse au public, le grand modèle, les *Confessions* de saint Augustin :

1 Ancien conseiller du roi Louis XIII, membre autrefois du célèbre salon de Rambouillet, il se piquait de littérature. Protégé de Richelieu, membre de l'Académie française, il avait écrit un poème épique, *Clovis ou la France chrétienne*, qui décrivait l'origine divine de la monarchie française.

> Il y a cent ouvrages dans les Pères qui s'adressent à Dieu, qui sont faits pour les hommes. Et sans en chercher plus loin des exemples, saint Augustin s'adresse continuellement à Dieu dans ses confessions, quoiqu'il ait fait ce livre si plein d'onction pour l'édification de ses frères [...] (*ibid.*, p. 144-145).

Dans son *Effusion*, la sœur Briquet en appelle au tribunal de Dieu, car il n'y a pas de justice sur terre. Elle y justifie la révolte des religieuses de Port-Royal et affirme que leur résistance est inspirée par le Saint-Esprit. Leur refus de signer le formulaire se heurte à la dureté des hommes et des ministres de Dieu qui tentent de leur imposer des actions injustes, de les pousser au parjure en les incitant à offenser Dieu. La pureté de la communauté, son refus des valeurs du monde et de la compromission, sont des témoignages de femmes en quête du royaume de Dieu qui veulent demeurer dans la communion de l'Église. Ce royaume se dévoile dans le secret de l'âme sous l'effet de la grâce divine :

> Nous cherchons sans cesse la beauté de votre visage : et nous ne vous demandons qu'une seule grâce qui est de ne nous laisser jamais séparer de votre sainte Maison. Ne permettez pas que les Pasteurs de votre Église nous chassent extérieurement de ce bercail divin, comme par votre grâce nous n'en sortirons jamais intérieurement. Ne permettez pas que nos Frères et nos Sœurs nous regardent comme des étrangères dans ce Royaume que vous avez conquis au prix de votre sang (*Vies intéressantes et édifiantes des religieuses de Port-Royal*, 1750-1751, t. III, p. 103-104).

Seul Dieu est détenteur de la vérité, seule la majesté divine est digne d'adoration : Dieu est le vrai roi. Il s'agit d'un Dieu libérateur. Il va délivrer, par sa parole toute puissante, ses servantes, les restaurer dans leurs droits. La sœur Briquet, pour décrire l'action de la grâce, utilise les images bibliques du feu : l'incendie ravageur de la persécution est opposé à la calme lumière divine. Celle-ci nimbe spirituellement la communauté qui entrevoit l'éternité réservée aux élus. Les métaphores végétales confèrent au texte un rythme vif : l'image du cerf allègre qui court dans la forêt, l'âme ardente qui s'élance vers Dieu, symbolisent la victoire d'une communauté que la dispersion ne parvient pas à détruire ; bien au contraire, les arbres les plus altiers, les cèdres, sont brisés, car la voix de Dieu anéantit les orgueilleux. La sœur Briquet vise les persécuteurs, et indirectement le roi, lorsqu'elle fait appel à l'action divine toute puissante, destructrice pour les puissants, protectrice et douce pour les élus. Ceux-ci accèdent avec empressement et allégresse aux mystères de l'amour divin :

> Vous n'avez qu'à faire éclater cette voix de vertu et de magnificence, qui brise la hauteur des Cèdres, qui sépare les flammes et qui empêche que les plus grands embrasements ne nuisent à vos serviteurs. Vous n'avez qu'à faire entendre cette voix qui ébranle les arbres des forêts, qui donne aux âmes une ardeur et une agilité aussi grande que celle des cerfs pour vous suivre, et qui leur découvrant les mystères les plus cachés de votre loi et de votre grâce, les réunit par cette divine lumière dans l'unité d'un même corps et d'un même esprit, en sorte qu'elles chantent toutes dans votre temple : la vérité du Seigneur demeure éternellement (*ibid.*).

L'*APOLOGIE POUR LES RELIGIEUSES DE PORT-ROYAL* (FÉVRIER 1665)

Lancée dans le public dès février 1665, l'*Apologie pour les Religieuses de Port-Royal* justifie leur désobéissance, le non-respect du vœu d'obéissance. Antoine Arnauld minimise leur refus de signer. Ce refus signifie simplement que les religieuses suspendent leur jugement, parce qu'elles sont incapables de se prononcer, alors que des docteurs, qu'elles estiment, contestent le fait de Jansénius :

> Quoique les Religieuses soient fort éloignées de former un jugement positif que ces Propositions ne sont pas dans le livre de Jansénius, il est vrai qu'elles n'ont pas de jugement formé qu'elles y soient ; et que, considérant d'une part ce qu'elles ne peuvent ignorer des contestations qui sont arrivées dans l'Église touchant ce point, et d'une infinité de circonstances fâcheuses capables de douter de la vérité des faits, et de l'autre que cette matière ne les regarde en aucune sorte, et n'est point du nombre des choses qu'elles soient obligées de savoir, elles croient que la sûreté de leur conscience consiste à ne former aucun jugement sur ce différend, et à demeurer dans l'état d'humilité où Dieu les a mises, puisqu'en ne jugeant point du tout, elles sont hors de danger de juger mal (Arnauld, 1775-1783, t. XXII, p. 124 et 125).

Arnaud expose les enjeux de la question de fait. Il démontre que les religieuses conservent leur libre-arbitre en matière de fait, ainsi que leur liberté de conscience, ce que leur refusent les autorités :

> On n'appelle fait dans l'Église que ce qui n'est point dans l'Écriture et dans la Tradition, qui composent comme le droit dans l'Église (Cognet, 1950b, p. 242).

Il est presque établi que les religieuses de Port-Royal de Paris, en dépit de l'étroite surveillance dont elles furent l'objet, purent lire l'*Apologie*.

La partie la plus intéressante de cette *Apologie* est la réponse apportée à l'accusation qui frappe la communauté de Port-Royal : selon les jésuites, les principales religieuses qui gouvernent le monastère sont dans l'erreur et dogmatisent comme les hommes.

Or, le Grand Arnauld affirme que les religieuses ont été, par nécessité, obligées de s'instruire en très peu de temps. Deux motivations justifient cette nécessaire instruction. Tout d'abord, elles doivent éviter les pièges que leur tendent leurs interrogateurs (leurs interrogatoires démontrent que, sous couvert d'une apparente spontanéité, elles ont pesé chaque mot), ensuite, elles ne doivent pas mentir en affichant une ignorance grossière et affectée.

> Je crois que tous ceux qui liront sans préoccupation ce que nous avons rapporté de la disposition des Religieuses de Port-Royal à l'égard de la Signature avoueront facilement qu'il est arrivé peu de chose plus extraordinaire dans l'Église que celle-là.
>
> Ce n'est pas une compagnie d'hommes savants qui se soutiennent par la doctrine. C'est une compagnie de filles ignorantes qui ne se sont un peu instruites des matières présentes que par une nécessité indispensable et qui ne se sont soutenues que par le cœur. [...]
>
> Dans toutes ces contestations elles n'ont eu part qu'aux souffrances. Pendant que l'on disputait avec le plus de chaleur dans les Écrits, elles étaient dans un parfait repos et dans une entière ignorance de tout ce qui se passait, à la réserve peut-être de trois ou quatre qui ne pouvaient pas l'ignorer absolument, et qui n'en parlaient jamais aux autres, mais à présent qu'il s'agit de souffrir tout l'orage tombe sur elles (Arnauld, 1665b, 1re partie, p. 71).

Il n'appartient pas à la hiérarchie ecclésiastique d'obliger les religieuses à signer en les forçant à agir contre leur conscience. Dieu n'exige pas la signature : cette obligation résulte de la volonté des hommes. L'obéissance n'absout pas la signature non sincère. En signant, les religieuses agiraient contre la volonté de Dieu. Enfin, le Grand Arnauld cite l'évangile : *Noli judicare* ! « Ne jugez pas ! » Il vaut donc mieux obéir à Dieu qu'aux hommes.

Antoine Arnauld oppose trois arguments-clé aux partisans de la signature : la Tradition de l'Église, la liberté de conscience s'appuyant sur la raison, et la justice. Intraitable, Arnauld refuse de céder à la menace, à la force, causes de scandale dans l'Église. Pierre Nicole partage ce sentiment :

> C'est pourquoi c'est un sentiment honteux à des Chrétiens, que celui des personnes qui s'imaginent que ceux qui n'ont pas cru devoir signer lorsqu'on les a seulement menacés de leur faire perdre leurs bénéfices, doivent renoncer à leur sentiment, lorsqu'on les menace de les excommunier. S'il fallait signer, il faudrait signer sans menace, parce que l'on croit la chose juste. Mais si l'on est persuadé que la signature est injuste, cent excommunications ne doivent pas nous faire changer de résolution tant que l'on demeurera dans ce sentiment [...]. Car nul commandement humain ne peut obliger des Catholiques de tromper et de scandaliser la plus grande partie de l'Église, et de leur donner lieu de les prendre pour des trompeurs et des fourbes. Or la signature simple de ceux qui ne croient pas le fait, produit cet effet à l'égard de tous ceux qui la prennent pour une marque de créance; c'est à dire à l'égard de la plus grande partie de l'Église. Elle les trompe, elle les scandalise, en les faisant juger que ceux qui signent de cette sorte y trahissent leur conscience. Donc nul commandement humain ne peut obliger des Catholiques, qui doutent si des propositions sont dans Jansénius, à signer le formulaire sans restriction [...] (Nicole, 1692a, *Cinquième Lettre*, p. 120 et 121).

Pour Antoine Arnauld, la vérité ne peut être mise en balance avec les vérités changeantes du monde.

LES IMAGINAIRES (SEPTEMBRE 1665)

Les Imaginaires de Nicole ont renforcé l'image favorable du monastère auprès du public, partie prenante des débats théologiques. Sous forme de dix lettres, à l'instar des *Provinciales*, les *Imaginaires* furent lancées dans le public au fur et à mesure du déroulement des persécutions. *Les Imaginaires*, comme le souligne leur auteur dans le très intéressant *Avertissement* de l'édition de 1692, bénéficièrent d'un large écho, tant à Paris qu'en province et firent l'objet de débats quant à leur qualité littéraire, leur ton, leur contenu.

Comme l'opinion se passionnait de plus en plus pour le sort des religieuses et pour les débats théologiques liés à la signature du formulaire, Nicole, dans sa *huitième Lettre*, datée du 12 septembre 1665, va se faire l'ardent avocat du monastère et des religieuses persécutées. Il y défend à la fois le ton de l'*Apologie*, et un petit factum, imprimé, le procès-verbal de la journée de l'enlèvement qu'avaient composé les sœurs Briquet et Brégy. Il approuve leur initiative au nom de la liberté de l'information et loue le style polémique de ces écrits :

> On doit supposer que quand les choses ont éclaté au point qu'a fait le différend d'entre M. l'Archevêque et les Religieuses de Port-Royal par le

procédé extraordinaire dont il a usé envers elles, il est impossible que les esprits demeurent neutres et indifférents; et il faut par nécessité qu'ils se partagent et que les uns forment des jugements favorables à M. l'Archevêque de Paris en condamnant ces Religieuses, et que les autres au contraire en forment de favorables aux Religieuses en condamnant la conduite de M. de Paris. S'il est donc vrai que l'injustice soit toute du côté de M. l'Archevêque, comme on l'a fait voir dans ces écrits, les jugements qu'on ferait en sa faveur seraient téméraires, injustes, et contraires à Dieu [...] (*ibid.*, *Huitième Lettre*, p. 174).

Nicole en appelle à la postérité qui lira les écrits de Port-Royal. La production de Port-Royal s'inscrit clairement dans une perspective historique :

[...] l'on ne parle pas seulement aux gens du monde dans ces écrits, ni même à ceux qui les lisent présentement, mais [...] l'on parle à toute la postérité et à toute l'Église future.

Ce différend est assez considérable pour croire qu'elle y prendra quelque sorte d'intérêt et l'on a d'autant plus de raison de l'en instruire que l'on est assez persuadé que les paroles et les écrits ne sont pas de grande utilité pour le temps présent. On a donc dû aussi avoir égard à la disposition où l'on doit croire que la postérité sera à l'égard de ces affaires, et à la manière dont elle jugera de ces écrits... C'est bien peu de chose qu'un monastère de filles sans appui et sans crédit, dont la défense ne peut que nuire à ceux qui la voudraient entreprendre... Mais on ne saurait croire quel changement la mort et le temps apportent dans ces impressions et ces idées [...] (*ibid.*, p. 182-183).

La *neuvième Lettre* décrit la captivité des religieuses recluses à Port-Royal des Champs. Nicole condamne la dureté de la répression et son caractère policier qui viole les règles de la clôture ; le public ne pouvait qu'être ému par cette situation :

Qu'est-ce que les Religieuses de Port-Royal n'ont point souffert et ne souffrent point encore pour ne se pas rendre à cette Signature qu'on leur demande ? Elles ont enduré ou dans leur propre monastère ou dans des monastères étrangers une captivité si pénible, qu'il n'y a presque rien qui égale la dureté de cet état. Elles voient devant leurs yeux la ruine et le renversement de leur maison, et leur monastère de Paris occupé par un petit nombre de leurs Sœurs dont les principales n'ont point d'autre but que de les perdre pour dominer avec plus de sûreté. Elles sont environnées de soldats qui sont jour et nuit dans leur Clôture même. Et ce qui leur est le plus sensible, elles sont privées des Sacrements, et de toutes les consolations spirituelles, n'y ayant dans leur monastère que deux prêtres du diocèse de Genève, dont le principal est un jeune homme de vingt-huit ans[2], qui n'avait pas encore dit sa première messe quand on l'y a

2 Il s'agit de monsieur du Saugey.

> mis, et qui n'y a pas d'autre emploi que de rendre compte à M. Chamillard de ce qui s'y passe. Qui aurait jamais cru que des filles eussent été capables de résister à un traitement si rude ? aussi n'est-ce que dans l'espérance de les abattre que l'on s'y est engagé ; ceux qui y ont porté M. de Paris s'étant toujours servis de cette raison, que pourvu qu'on usât encore de telle et telle rigueur ces Religieuses ne manqueraient pas de se rendre. C'est ainsi qu'on s'est acharné contre elles, et que l'on a porté peu à peu les choses aux dernières extrémités. Cependant elles ne se sont point rendues, parce qu'elles étaient soutenues par un motif qui est au-dessus de tous les mauvais traitements et de toutes les rigueurs, qui est la crainte d'offenser Dieu, et de blesser leur conscience [...] (*ibid.*, *Neuvième Lettre*, p. 186-187).

Nicole entame ensuite un débat crucial quant à l'obéissance qu'exigent les supérieurs. Sa réflexion rejoint les considérations de la mère Angélique de Saint-Jean Arnauld d'Andilly. Le nœud du problème est le suivant : peut-on violer la loi de Dieu pour obéir à la hiérarchie ? Nicole, en s'appuyant sur la patristique et sur les écrits de saint Bernard, répond négativement. L'obéissance doit être guidée par deux inspiratrices : la raison et la foi. De plus, l'obéissance aveugle au pape est idolâtre. Il remet ainsi en cause toute l'ecclésiologie de la Contre-Réforme :

> Ce serait donc sans doute une vertu fausse, et une véritable illusion, qu'une obéissance qui nous détournerait de la pratique de ces devoirs, pour nous rendre non seulement esclaves, mais adorateurs d'un homme mortel, en ne voyant que par ses yeux, en ne jugeant que par son esprit, et en renonçant à toutes les lumières de Dieu, pour ne suivre que les siennes (*ibid.*, p. 194).

Nicole met à jour la raison profonde de la persécution des augustiniens : le pouvoir ne veut accorder aucune liberté de conscience et d'appréciation à ses sujets. C'est pourquoi Nicole remet en cause l'infaillibilité pontificale concernant les questions de fait. Il polémique avec la mère Eugénie de Fontaine chargée d'anéantir la rébellion des sœurs de Port-Royal de Paris :

> C'est le principe de la R.M. Eugénie, qui a dit souvent aux Religieuses de Port-Royal, qu'elles faisaient fort bien de refuser de signer en ne croyant pas ce fait, mais qu'il la fallait croire puisque le Pape l'avait jugé, et qu'il ne pouvait pas se tromper : qu'ainsi c'était à cause de leur incrédulité, et de leur pertinace[3] qu'on les punissait [...] (*ibid.*, p. 199).

3 Obstination.

Nicole attaque durement la crédulité des visitandines qui faisaient office de geôlières à Port-Royal de Paris et leur soumission inconditionnelle aux jésuites :

> Pourquoi n'ont-elles eu aucun soin de s'instruire de la vérité en consultant des personnes habiles [...]. Mais pourquoi faut-il qu'elles n'aient point d'autres oracles que les Jésuites, et qu'elles approuvent sans discernement leurs plus extravagantes imaginations ? [...] (*ibid.*, p. 200).

La *dixième Lettre*, en date du 20 novembre 1665, clôt les *Imaginaires.* Elle analyse l'état de l'Église et applique à la conjoncture la parabole des mauvais pasteurs, un topos abondamment utilisé : il ne faut pas se soumettre aux mauvais pasteurs. La portée politique de ces propos est considérable, Nicole affirme que l'Église est corrompue :

> Or l'état de l'Église est que tous les pasteurs ne sont pas saints : que tous leurs commandements ne sont pas justes ; que la doctrine de tous les docteurs n'est pas saine et véritable ; qu'il y en a qui avancent des erreurs pernicieuses dans le sein même de l'Église, et qui sont si téméraires que de les vouloir autorisés de son nom ; qu'il y a des séducteurs et de faux prophètes ; que la vérité y est encore quelquefois étouffée ; que l'iniquité semble triompher ; que la paille couvre le froment, en sorte qu'on croit presque qu'il n'y en a point [...] (*ibid., Dixième Lettre*, p. 225).

LA DIFFUSION DES ÉCRITS DES RELIGIEUSES (1665-1666)

Le public put découvrir deux ouvrages rédigés par les religieuses. Il s'agissait de deux plaidoyers pour Port-Royal : *L'Image d'une Religieuse Parfaite et d'une Imparfaite*, et les *Constitutions du monastère de Port-Royal.*

Le traité *L'image d'une Religieuse Parfaite et d'une Imparfaite* parut en janvier 1665, à Paris, chez Savreux, sans nom d'auteur. Une seconde édition, preuve que l'ouvrage avait rencontré la faveur du public, vit le jour en 1666, et était donc concomitante des *Visionnaires.*

Ce traité, attribué à la mère Agnès et auquel avait collaboré Jacqueline Pascal, dépeint, sous la forme de la religieuse parfaite, l'idéal monastique de Port-Royal. D'inspiration augustinienne, il présente la religieuse imparfaite, attachée à la cité terrestre, et la parfaite, qui vit déjà dans la cité de Dieu. Aucun compromis n'est possible entre ces deux cités. Trois allusions, très discrètes, au contexte de la persécution y figurent.

La religieuse parfaite est indifférente à « la manière dont Dieu la traite », elle accepte « la privation de lumière », elle est disposée à souffrir la privation d'exercices spirituels, « elle se met dans l'esprit de la foi qui a toujours assez de lumière dans les obscurcissements mêmes qui arrivent pour lui découvrir à quoi elle doit tendre » (Arnauld, 1665a, p. 15). L'esprit même de la résistance des moniales y est justifié. En effet, la quatrième partie, consacrée à l'obéissance, remet en cause l'obéissance aveugle à la hiérarchie :

> Si néanmoins elle eût un juste sujet de se défier des personnes de qui elle dépend, pour les voir manifestement portées au relâchement, elle ferait tout ce qui serait en elle pour maintenir les saintes pratiques de la religion [...] (*ibid.*, p. 136-137).

La même année parurent les *Constitutions*. On y joignit le *Règlement pour les enfants de Port-Royal*, un traité d'éducation pour les petites filles, composé par Jacqueline Pascal et un petit traité de la mère Agnès, *L'Esprit du monastère de Port-Royal* ; elle y présentait le monastère au public et aux postulantes.

Étant donné le climat de la persécution, ces écrits furent imprimés à Mons, en Flandres, par les bons soins de monsieur de Pontchâteau. L'impression à l'étranger est liée aux tracasseries policières ; comme l'évoque Racine, les religieuses, par précaution, confièrent « deux ou trois coffres de papiers à M. Arnauld lorsqu'elles furent dispersées. C'est par ce moyen qu'on a eu les *Constitutions de Port-Royal*, et d'autres traités qu'on a imprimés [...] » (Racine, 1966, p. 151).

LA *LETTRE AUX RELIGIEUSES DE PORT-ROYAL SUR LE JANSÉNISME* (1665) OU L'ÉCHEC DE BOSSUET

À la demande d'Hardouin de Péréfixe, Bossuet, qui faisait alors partie de son cercle, écrivit aux religieuses de Paris, au début de l'année 1665, une *Lettre* destinée à les convaincre de signer le formulaire. Cet écrit ne fut pas divulgué[4]. Il fut communiqué à Hardouin de Péréfixe.

4 Cette *Lettre* fut imprimée bien plus tard, en 1709, alors que Bossuet y avait apporté quelques changements. Il avait supprimé tout ce qui regardait la foi humaine et des remarques aux directeurs de Port-Royal. Le cardinal de Noailles l'adjoignit à son mandement du 15 avril 1709 qui ordonnait aux religieuses de Port-Royal des Champs de se soumettre à l'Église.

Bossuet reprend l'ensemble du dossier en détail. En effet, il indique qu'il a bien étudié les arguments des religieuses et relu leurs *Actes*. Son objectif : convaincre les religieuses qu'elles peuvent obéir sans péché et lever leurs scrupules.

Tout d'abord, il affirme que la signature du formulaire n'implique pas une soumission de foi divine en ce qui concerne la question de fait. En effet, la question de fait n'est pas une question de foi, même si le fait est lié à la question du dogme. La foi humaine suffit pour la question de fait. Il s'agit d'une foi ecclésiastique, une soumission aux jugements des supérieurs. C'est une affaire d'humilité, qui ne concerne pas l'entendement. Le mandement d'Hardouin de Péréfixe est bien un jugement canonique en matière de fait. Il est conforme aux constitutions du pape, reçues et approuvées. Ce jugement ecclésiastique doit lever les doutes des religieuses. Son autorité s'impose d'autant plus que l'archevêque ne fait qu'exécuter la décision du pape.

Puis, Bossuet expose son ecclésiologie et sa conception de l'autorité. Elles excluent tout jugement individuel, car des opinions personnelles ne peuvent pas remettre en cause la discipline ecclésiastique. L'Église a pour mission d'éliminer l'hérésie ; c'est pourquoi elle doit connaître certains faits et les juger. Elle seule a compétence pour examiner les ouvrages suspects et condamner publiquement leurs auteurs qui propagent les mauvaises doctrines. Personne ne peut dépouiller l'Église de ce pouvoir, ce serait la priver de ses moyens de lutte contre l'hérésie.

Bossuet s'appuie sur la tradition de l'Église ; dès la plus haute antiquité, l'Église a joint la question de fait et de droit :

> L'antiquité est pleine de pareils exemples : et vous voyez, mes Sœurs, de quel poids étaient les jugements de tels faits, puisqu'ils faisaient une partie si considérable de la profession de foi de l'Église : non qu'elle ait jamais prétendu mettre le dénombrement de ceux qu'elles condamnaient au rang des vérités révélées ; mais parce qu'on ne peut mieux témoigner son aversion contre les dogmes pervers, qu'en condamnant avec eux, par une même déclaration, ceux que l'Église regarde et réprouve comme en étant les auteurs ou les défenseurs [...] (Bossuet, 1821-1823, t. XXVI, p. 349).

Bossuet justifie la privation de la communion qu'Hardouin de Péréfixe a infligée à la communauté rebelle. En effet, l'Église a toujours refusé l'accès aux sacrements à ceux qui refusaient de souscrire à la condamnation des personnes. Néanmoins, Bossuet tente de sauver l'honneur de Jansénius ; il opère une distinction entre sa personne et son ouvrage, l'*Augustinus*, pour faciliter la signature aux religieuses. Puis il dévoile la stratégie des hérétiques, visant certainement les Messieurs de Port-Royal : les hérétiques dissimulent leurs pensées, parlent comme les orthodoxes, se plaignent d'être calomniés, affirment que le sens de leurs écrits n'est pas compris. Bref, ils donnent le change. Si la question de fait était entièrement détachée de la question de droit, l'Église serait menacée et elle laisserait la porte ouverte à la rébellion.

Bossuet tente de démontrer que l'affaire du formulaire n'est pas une innovation. Il faut se reposer sur la tradition ; l'Église a souvent demandé un témoignage public quant aux questions de fait. Si les évêques ont signé le formulaire, les religieuses, qui sont sous leur dépendance hiérarchique, sont tenues de signer par obéissance et pour ne pas causer de scandale public. La signature du formulaire est avant tout un acte d'obéissance, l'ignorance qu'invoquent les religieuses quant aux faits contestés ne constitue pas une excuse recevable. Seuls les supérieurs ecclésiastiques ont une obligation de s'informer, d'être éclairés.

Ne pas se soumettre, c'est prendre part aux contestations. Pour obéir, il n'est nul besoin de recourir à l'intelligence, il suffit d'être humble et docile. C'est une vertu chrétienne que d'anéantir son jugement propre et de s'éloigner des intrigues et cabales :

> Peu à peu vous vous verriez détachées de la conduite ordinaire de la sainte Église, et attachées à des conduites particulières de personnes, desquelles je ne veux rien dire, sinon qu'ils sont à plaindre plus que je ne puis l'exprimer, d'en être réduits à ce point, qu'ils semblent mettre toute leur défense à décrier hautement, et de vive voix, et par écrit, tout le gouvernement présent de l'Église (*ibid.*, p. 370).

Bossuet, pour convaincre les religieuses, en appelle en quelque sorte à la foi du charbonnier, à celle du peuple qui suit aveuglément les préceptes de l'Église. Or, les religieuses en appellent à la raison, à l'observation empirique des enjeux de pouvoir et des manœuvres, qui ont abouti à l'élaboration du formulaire. Pour elles, le formulaire est une œuvre humaine, trop humaine. Elles refusent de mettre leurs capacités intellectuelles, leur culture sous le boisseau, au nom de la soumission aux vertus d'humilité et au nom de la tradition. En même temps, elles revendiquent leur appartenance à l'Église et veulent témoigner de leur orthodoxie, tout en préservant leur liberté de jugement et finalement leur esprit critique. Elles sont certainement en avance sur leur temps, tout en demeurant attachées à l'Église et au gallicanisme de leur milieu parlementaire. Cette contradiction, rester dans l'Église, tout en préservant la liberté de jugement, explique la violence de la persécution qu'elles subirent.

Comment les religieuses de Port-Royal reçurent-elles les arguments de Bossuet ? La réponse est contenue dans la *Relation de captivité* de la sœur Angélique de Sainte-Thérèse à laquelle Bossuet rendit visite à maintes reprises, au monastère de Sainte-Marie du faubourg Saint-Jacques, où elle était détenue avec sa tante, la mère Agnès :

> M. l'abbé Bossuet vint nous voir ce même jour[5]. C'est assurément une personne savante, qui ne s'emporte point ; mais il est néanmoins plus embarrassant qu'un autre. Car il semble qu'il veuille surprendre les personnes. Il nous fit beaucoup de visites, et de très grands discours dont il m'est impossible de me ressouvenir, parce que rien de ce qu'il nous dit ne fit impression sur mon esprit, quoiqu'il m'embarrassât assez souvent : mais comme je m'en défiais, j'étais toujours sur mes gardes (*Divers actes de P.-R.*, 1724, *Relation de sœur Marie-Angélique de Ste Thérèse Arnauld d'Andilly*, p. 33).

LES *RELATIONS DE CAPTIVITÉ* : LE PENDANT DE L'*HISTOIRE DES PERSÉCUTIONS*

Comme le souligne Marc Fumaroli dans son ouvrage, *L'âge de l'éloquence*, l'éloquence chrétienne des moniales, unie à celle des Solitaires, se déverse sur le siècle. Il s'agit d'une éloquence de la fidélité chrétienne, de l'exil qui renonce aux valeurs du monde, mais aussi de la polémique. En effet, l'art oratoire s'exerçait de longue date au sein de la communauté, art encadré par la tradition cistercienne, telle que la révèlent les *Constitutions* du couvent.

Or, la persécution a fait éclore une nouvelle forme de rhétorique, qui fait songer à des interrogatoires policiers, à caractère inquisitoire et accusatoire, les religieuses y étant les défenderesses : les entretiens avec les persécuteurs qui interrogeaient les moniales dans le but de vérifier leur orthodoxie et qui voulaient les convaincre de signer le formulaire. Les adversaires utilisent non seulement les armes intellectuelles que donne la parole, mais ont encore recours aux pressions psychologiques. La violence des institutions dessine l'arrière-plan des échanges, bien souvent rugueux.

---

5 Ce jour du mois de septembre 1664 ne peut être daté.

À leur tour, les religieuses font preuve d'une certaine agressivité, et n'épargnent pas leurs adversaires, que leur plume ridiculise. En effet, la communauté nous a laissé le récit exhaustif de ces interrogatoires depuis la reprise des persécutions en 1661. Ces comptes-rendus ont été regroupés dans l'*Histoire des persécutions* diffusée par le réseau janséniste en 1753. Une anthologie – des choix de ces confrontations – a été éditée dans la fameuse édition in-4 de 1724 : elle précède les textes de huit *Relations de captivité* et s'intitule *Divers actes, lettres et relations des religieuses de Port-Royal du Saint-Sacrement, touchant la persécution et les violences qui leur ont été faites au sujet de la signature du Formulaire.*

On y découvre les relations très précises des interrogatoires qui se déroulaient au parloir. On peut ainsi lire la relation de l'entretien houleux qu'eut la sœur Gertrude Dupré avec Hardouin de Péréfixe, en date du 10 juin 1664, et le dialogue plus courtois entre ce dernier et la mère Angélique de Saint-Jean, daté du même jour. La *Relation* de la sœur Briquet, très longue, livre les moindres détails de l'entretien du 13 juin 1664. Le lendemain, 14 juin, la bataille reprend de plus belle entre l'archevêque et la mère abbesse de Ligny, secondée par Angélique de Saint-Jean d'Andilly. La joute verbale entre Chamillard et la sœur Briquet, en date du 21 juin, succéda aux précédentes. Chamillard reproche à la sœur Briquet ses connaissances théologiques et son goût pour l'histoire ecclésiastique, obstacles à la signature du formulaire. Secondé par le père Esprit, il joue le tout pour le tout et convoque la communauté le 4 juillet 1664. L'abbesse, la mère de Ligny, et la mère Angélique de Saint-Jean leur tiennent tête à tel point que Chamillard leur reproche de « prêcher ». Les religieuses parviennent à neutraliser leurs adversaires masculins en invoquant la faiblesse de leur sexe et leur devoir monastique, qui les voue au silence. Personne n'était dupe. Interrogées, elles parviendront à prendre la direction des débats, occupant souvent la fonction masculine du magistère.

La mère Angélique de Saint-Jean d'Andilly excella dans cet exercice. Elle était parfaitement entraînée aux polémiques, quasi routinières pour elle, habituée à déjouer les pièges des adversaires. Les escarmouches et interrogatoires piégés, où les religieuses doivent défendre leur orthodoxie, sont périlleux. Chaque religieuse interrogée prend la mesure de son interlocuteur. L'intensité dramatique des interrogatoires va crescendo ; les arguments puisés dans l'histoire de l'Église et dans la patristique servent à étayer la polémique. Trois thèses majeures sont reprises par les religieuses :

- les propositions condamnées, concrètement, ne sont pas dans l'*Augustinus*
- de toutes façons, ces Propositions peuvent être interprétées de diverses manières, l'interprétation pouvant être orthodoxe ou hérétique
- le pape, mal éclairé, peut se tromper sur les questions de fait. Il s'est trompé.

L'essentiel de l'enjeu demeure enseveli dans le non-dit : même si les augustiniens admettent le silence respectueux quant à la question de fait, pour des raisons politiques et pour gagner l'appui de l'opinion publique, ils remettent en cause l'autorité du pape et refusent de reconnaître son infaillibilité, qu'appuient les jésuites. La liberté critique de la raison peut s'exercer sur la question de fait.

Comme le formulaire est un serment, il exige, aux yeux des religieuses, la créance intérieure, créance qui leur fait défaut :

> [...] selon saint Bernard, c'était mentir non seulement d'assurer une chose qu'on sait être fausse, mais même d'en assurer une qu'on doute qui soit vraie, quand même elle le serait effectivement, parce que c'est blesser la vérité de donner pour certaine une chose dont on n'a pas la certitude (Arnauld d'Andilly, 1954, p. 80).

Cet argument fut, durant toute la persécution, un leitmotiv des religieuses. On constate donc que la rhétorique des religieuses s'appuie sur un véritable catalogue communautaire, qui fournissait les munitions appropriées aux circonstances.

Or, les religieuses vont dérouler avec une précision et un savoir-faire redoutables cet argumentaire en captivité. Ces polémiques relatives à la signature occupent une place privilégiée dans leurs *Relations de captivité.* Sainte-Beuve négligea totalement cet aspect, car il n'appréciait guère le juridisme et les tendances procédurières de ces filles de robins qui livrèrent à la postérité le contenu de ces débats animés.

Les religieuses, qui ont été poussées à la signature, retracent le déroulement intellectuel et le cheminement psychologique de cet acte, un péché à leurs yeux. Elles détaillent avec précision les entretiens avec leur archevêque, qui semèrent le doute en elles. Elles dévoilent au lecteur leurs failles morales et leurs défaillances intellectuelles. Elles se désignent elles-mêmes comme des victimes : de leur aveuglement, de leur faiblesse, de leur présomption, de leurs lacunes, qui ont permis à leurs adversaires de triompher. Elles ont cédé à la rhétorique ennemie qu'elles transposent fidèlement dans leurs *Relations*.

Ainsi, les *Relations de captivité* sont bien un complément de cette *Histoire des persécutions*, la poursuite de récits chronologiques, commencés en 1661, et qui continuent en prison. Pour preuve, les *Relations de captivité* de l'abbesse, la mère de Ligny, et de la prieure, la mère Le Conte, ne furent livrées au public que dans l'*Histoire des persécutions*.

Tout comme l'*Histoire des persécutions*, les *Relations de captivité* constituent le témoignage d'une communauté assaillie par ses ennemis, éprouvée par ses divisions internes, mais qui demeure unie grâce à des liens spirituels puissants. L'écriture et un souci de témoigner cimentent la communauté entrée en résistance.

LES *RELATIONS DE CAPTIVITÉ* : LA DÉFENSE DE JANSÉNIUS ET DE L'AUGUSTINISME

Les débats sur la signature du formulaire et la condamnation de Jansénius, qui sont le cœur de l'*Histoire des persécutions*, poursuivent le cours des *Relations de captivité* : seul le décor a changé. Ce ne sont plus le parloir ou la salle capitulaire de Port-Royal de Paris qui en recueillent les échos, mais les parloirs des différents couvents où sont enfermées les religieuses enlevées. Ces âpres controverses illustrent l'esprit sans concession de Port-Royal : les religieuses prisonnières s'appuient sur la rationalité et invoquent la liberté chrétienne, fondée sur les droits de la conscience. Cette innovation, qu'une communauté de femmes mit en œuvre, est mâtinée de tradition : ainsi, la mère Angélique de Saint-Jean défend, dans sa *Relation*, une conception traditionnelle de l'Église, teintée de gallicanisme.

En effet, les augustiniens, rejetant l'infaillibilité du pape, faisaient figure, aux yeux de Rome, d'opposants. Les captives rebelles endossèrent sans hésitations ce rôle, défiant, dans leurs duels verbaux avec Hardouin de Péréfixe, l'ordre établi, l'alliance du trône et de l'autel. Dans leurs *Relations de captivité*, les religieuses les plus pugnaces s'appuient sur des valeurs qui, a priori, sembleraient inconciliables : la tradition des Pères de l'Église et la raison, la liberté de conscience et la théologie de Jansénius, l'intellectualisme et la règle monastique cistercienne. Elles refusent que le pouvoir leur impose des créances qu'elles n'ont pas, que leur moi et leur conscience rejettent au nom de la vérité. Elles luttent pour leur autonomie intellectuelle et leur intégrité morale, en refusant de condamner Jansénius, un juste à leurs yeux. L'argumentation de la sœur Briquet, telle qu'elle la transcrit dans sa *Relation de captivité*, s'avère significative. Ses échanges s'appuient entièrement sur l'exercice de la raison. Elle exige de ses adversaires des raisons, des arguments raisonnables ; elle estime qu'ils ne sont pas en mesure de les lui fournir. En effet, les autorités ne parviennent pas à démontrer l'hérésie de Jansénius et ne font appel qu'à l'obéissance aveugle, indigne d'un sujet chrétien.

La mère Angélique de Saint-Jean parvient à réaliser une osmose entre art oratoire et combat janséniste, dans le cadre des controverses où elle affronte madame de Rantzau. Le heurt entre l'idéal janséniste de pureté, de non-compromission avec le monde, et une papauté soumise aux intérêts temporels, ne remet pas en cause le respect dû à l'interlocuteur, madame de Rantzau, qui prend toujours l'initiative de l'attaque. Celle-ci est attentivement écoutée, puis réfutée point par point, grâce à une érudition hors pair. L'art de la persuasion, qui s'appuie sur une analyse historique des pratiques ecclésiastiques pour les relativiser, devient une nécessité éthique, puisqu'il s'agit de neutraliser la condamnation de Jansénius.

L'horizon spirituel de la mère englobe l'éternité et la vérité, condition du salut, alors que le monde, représenté par madame de Rantzau, est dominé par le principe de l'obéissance aveugle et la soumission au pouvoir. Le dialogue s'avère impossible, aucune concession ne pouvant être accordée au monde. Pourtant, même en renonçant à soi et au désir de plaire, la mère cherche à convaincre les lecteurs de sa *Relation*, l'Église et la postérité, de la justesse de son combat. Elle y parvient en conciliant convictions intérieures et civilité chrétienne, maîtrise de soi et esprit de charité. En effet, la mère Angélique de Saint-Jean cultive l'art de l'honnêteté, qui imprègne ces entretiens : elle se pose en égale face à madame de Rantzau, en dépit de son statut de prisonnière et de religieuse privée de la communion, sur ordre de son archevêque. La sincérité de son expression allie goût de la spontanéité et naturel. La force de ses convictions n'empêche pas la retenue, la mère refusant de pousser son adversaire dans ses derniers retranchements. Cette maîtrise de soi, malgré la tentation de l'emportement, et cette politesse, lui permettent de dominer les échanges. En effet, elle impose le silence à son adversaire en décidant de se retirer du champ de la controverse. Elle met ainsi en œuvre une véritable dialectique de la parole et d'un éloquent silence.

LES *RELATIONS DE CAPTIVITÉ*, L'HISTOIRE D'UN COMBAT

UNE ÉCRITURE SOUS SURVEILLANCE POLICIÈRE

La captivité des religieuses enlevées prit fin les 3 et 4 juillet 1665 ; en effet, le roi et Colbert ne voulurent plus verser la pension des prisonnières, perçue très irrégulièrement par les communautés qui les détenaient. En outre, les mesures répressives d'Hardouin de Péréfixe avaient échoué. La plupart des religieuses ne signèrent pas le formulaire, en dépit de la bulle *Regiminis apostolici* du 15 février 1665, qui imposa la signature pure et simple du formulaire. La cour décida de regrouper les anciennes captives[6] et la communauté rebelle de Port-Royal de Paris à Port-Royal des Champs, monastère exigu et insalubre pour une communauté forte de 73 religieuses de chœur et de 17 converses. La mère Agnès, au courant des intentions de l'archevêque de Paris, avait négocié la translation des religieuses avec lui. La mère dut mettre toute sa force de conviction et son autorité en œuvre pour convaincre les religieuses de Port-Royal de Paris d'accepter ce transfert : en effet, cette démarche entérinait la main-mise sur Port-Royal de Paris par les signeuses, que dirigeaient les sœurs Flavie Passart et Dorothée Perdreau. Il s'ensuivit la perte du titre d'abbesse pour la mère de Ligny, retenue à Meaux et arrivée à Port-Royal des Champs trois semaines après ses compagnes : le pouvoir reconnaîtra comme seule abbesse la supérieure de Port-Royal de Paris, Dorothée Perdreau, qui sera élue le 6 novembre 1666, à la tête de 11 religieuses de chœur et de 2 converses. Port-Royal des Champs s'appauvrit considérablement, manquant même du nécessaire.

En dépit de cette scission définitive, le 3 juillet fut un jour d'intense bonheur pour la communauté en révolte, à nouveau réunie. Dès 7 heures du matin, 30 religieuses de Paris furent placées dans six carrosses et transférées à Port-Royal des Champs. En chemin, elles croisèrent le carrosse qui ramenait de captivité la mère Agnès, Angélique de Saint-Jean, ses deux sœurs et Christine Briquet. La mère du Fargis, prieure de Port-Royal des

6 Seules deux captives manquèrent à l'appel : la sœur Françoise-Claire Soulain, cellérière, qui mourut en captivité le 15 avril 1665 et la sœur Hélène de La Savonnières qui, après avoir signé le formulaire, demanda à retourner dans son ancien monastère de l'Eau.

Champs, accueillit les transfuges avec joie, tout en protestant et interjetant appel auprès du grand vicaire présent, pour conserver les droits de la communauté. Le lendemain, les religieuses parisiennes volontaires furent emmenées aux Champs et rencontrèrent, en pleine campagne, le carrosse qui emmenait à Port-Royal des Champs la prieure de Paris, la mère Le Conte, les sœurs Dupré, Anne-Eugénie de Boulogne, de Brégy, Le Cerf, Chouy de Pensières et Villume Barmonté.

Le même jour arrivèrent un exempt, quatre gardes armés de carabines et leur valet pour saisir, sur ordre du roi, les clés de toutes les portes, empêchant ainsi toute communication avec l'extérieur. L'exempt prit aussi les clés du jardin. Sous peine de potence, il fut interdit aux domestiques et hommes de service de communiquer avec les religieuses. Le 4 juillet, les religieuses non-signataires de Port-Royal de Paris furent accueillies par des gardes à leur descente du carrosse. Ils les menèrent à l'Église dont le sacristain fut congédié. La mère prieure protesta auprès de l'archevêque, car les gardes avaient libre accès à la clôture et au jardin, où ils passaient les nuits, ce qui occasionnait une gêne considérable pour les religieuses qui y puisaient l'eau de la fontaine et y récoltaient herbes et légumes. Le soir du 4 juillet, un officier se présenta à la mère prieure sur ordre de la cour : il l'informa que le lendemain, il allait inspecter l'abbaye. Le lendemain, avec l'aide d'architectes, il examina les bâtiments. Les religieuses, jusqu'à la Paix de l'Église, furent soumises à une étroite surveillance : les gardes occupaient le jardin, patrouillant jour et nuit au-dessous des fenêtres des cellules, qui ne pouvaient être ouvertes, et fouillaient tous les ouvriers, ainsi que le personnel de service du monastère. Les religieuses rédigèrent leurs *Relations de captivité* sous le regard de la police. Mesure répressive supplémentaire : Hardouin de Péréfixe imposa une nouvelle tourière étrangère. Il nomma également un nouveau confesseur sans expérience, monsieur du Saugey[7], qui tourmenta les religieuses.

UNE COMMUNAUTÉ RESSOUDÉE ET OFFENSIVE

Quelques jours après son arrivée de Meaux, où elle avait été captive, la mère abbesse de Ligny réunit le chapitre. Le 29 juillet se déroula une

7 Sainte-Beuve le décrit ainsi : « au-dedans, on avait donné aux religieuses pour confesseur un prêtre né en Savoie, jeune et rude, dénué de lumières et d'expérience, le sieur Du Saugey ; sans être précisément méchant, il fit du mal, et exagéra ses ordres plus qu'il ne les tempéra. On ne laissait pas de le tromper » (Sainte-Beuve, 1952-1955, t. II, p. 750).

cérémonie empreinte de solennité : les sœurs qui avaient signé le formulaire se rétractèrent publiquement l'une après l'autre. Cette confession leur permettait de réintégrer pleinement le groupe. Elles-mêmes interprétaient l'aveu de leur faute comme le retour de l'enfant prodigue au bercail.

La sœur Goulas[8], octogénaire et paralytique, inaugura le rituel de la coulpe. Les deux sœurs Arnauld d'Andilly, puis les sœurs Candide Le Cerf et Robert[9] lui succédèrent. En pleurs, elles estimèrent que Dieu leur avait donné la grâce de se repentir. Un coup de théâtre se produisit lorsque la mère Agnès, à la suite de ses cinq consœurs, s'agenouilla pour demander pardon à l'ensemble de la communauté : elle regrettait d'avoir promis l'indifférence sur la question de fait. Elle évoqua son manque de discernement et de lumières et s'excusa d'avoir dû séparer la communauté entre les signeuses de Port-Royal de Paris et la communauté de Port-Royal des Champs. Puis la prieure de Port-Royal de Paris, la mère Le Conte avoua ses faiblesses : elle reconnut qu'elle avait été ébranlée par la tentation de la signature, qu'elle s'était vue au bord du précipice. La sœur Anne-Eugénie de Boulogne demanda également pardon d'avoir suivi la position de la mère Agnès quant à ce terme d'indifférence. D'autres religieuses remercièrent leurs consœurs de les avoir soutenues dans leurs faiblesses, en leur témoignant de la charité.

La sœur Dupré fit sa rétractation publique plus tardivement : le 30 juillet 1665. Elle lut, en pleurs, les deux actes officiels qu'elle avait dressés. La mère-abbesse lui demanda de faire acte d'humilité pour se purifier d'une trop forte confiance en soi : en effet, la sœur Dupré, selon la communauté, s'était trop reposée sur ses propres forces. La mère Agnès, par charité, demanda à la communauté de se joindre à la sœur Dupré : chaque sœur fit pénitence pour elle. Puis les religieuses récitèrent ensemble un *Miserere*.

La communauté était réunifiée : pas une religieuse ne céda, aucune ne tint compte des exigences de la bulle *Regiminis apostolici*. Début septembre, Hardouin interdisait aux religieuses de célébrer l'office en chant ; l'office se tint à voix basse.

---

8 Elle avait signé le formulaire le 28 janvier 1665 et s'était rétractée le 21 mars 1665. Son acte de rétractation figure dans les *Vies intéressantes et édifiantes des religieuses de P.-R.*, *op. cit.*, vol. II, p. 476-478.

9 Il s'agit de la sœur Anne de Sainte-Gertrude Robert qui avait accepté de signer le formulaire en septembre 1664 sur injonction d'Hardouin de Péréfixe. Elle refusa le formulaire d'Alexandre VII, suite à la bulle *Regiminis apostolici* et s'éloigna des signeuses.

Immédiatement, les religieuses qui avaient été enlevées rédigèrent leurs *Relations de captivité.*

LES POLÉMIQUES CONTINUENT : LES DOSSIERS DE LA MÈRE ANGÉLIQUE DE SAINT-JEAN, LES *VISIONNAIRES* DE NICOLE

La polémique publique continua après la réunion des religieuses rebelles à Port-Royal des Champs. La lutte pour défendre l'image de Port-Royal reprit de plus belle. L'adversaire à abattre : la sœur Flavie, nouvelle sous prieure de la communauté des signeuses demeurées à Port-Royal de Paris. Elle avait été nommée dans cette fonction le 24 septembre 1664. Après avoir trahi ses compagnes en livrant des informations à Desmarets de Saint-Sorlin[10] et à Chamillard, elle collabora activement avec Hardouin de Péréfixe et la mère Eugénie de Fontaine. C'est pourquoi elle endossa, pour l'ancienne communauté et le milieu de Port-Royal, le rôle de Judas.

Dès son retour de captivité, la mère Angélique de Saint-Jean prit l'affaire en main et composa deux mémoires demeurés inédits[11], intitulés *Informations de la vie et des miracles de sœur Flavie*[12] et *Relation de quelques circonstances de la vie des sœurs Flavie et Dorothée*, au style très juridique, où elle amoncela les preuves du déséquilibre psychologique et de la noirceur de la sœur Flavie. Elle insiste sur le goût immodéré de la sœur Flavie pour les miracles et sur son imagination débridée. En effet, la sœur Flavie pensait bénéficier de révélations divines particulières. Dans ses *Mémoires*, la mère Angélique de Saint-Jean écrit sa propre défense : les accusations que la sœur Flavie avait portées à son encontre avaient été reprises par Desmarets de Saint-Sorlin dans sa *Réponse à l'insolente Apologie des Religieuses de Port-Royal*. Aux dires de la sœur Flavie, la mère serait responsable de la rébellion des religieuses et aurait affirmé qu'elle ne condamnait pas sincèrement la question de droit. La mère Angélique de Saint-Jean réussit à communiquer rapidement ces *Mémoires* à l'extérieur. Nicole les exploita dans ses *Visionnaires.*

En effet, après avoir diffusé les *Imaginaires* dans le public, Nicole écrivit sur sa lancée, de décembre 1665 à avril 1666, huit autres lettres,

---

10 Elle lui avait remis le manuscrit de Barcos, abbé de Saint-Cyran, *Sentiments de l'abbé Philérème sur l'Oraison mentale.*

11 Ils avaient été achevés à la fin de l'année 1665.

12 ms. P.-R. 38, p. 13.

Les Visionnaires ou Seconde partie des lettres sur l'hérésie imaginaire. Il y ferraille avec le nouveau directeur qu'Hardouin de Péréfixe a imposé à Port-Royal, le jésuite Jean Desmarets de Saint-Sorlin, qui s'était déjà attiré les foudres de Port-Royal, car il avait publié une *Réponse à l'insolente Apologie pour les Religieuses de Port-Royal.*

Selon Nicole, il était en grande communication avec la sœur Flavie, qui avait trahi ses compagnes et qui militait pour la signature du formulaire :

> Il paraît de plus par divers endroits de cet écrit, qu'il a de grandes communications avec la sœur Flavie ; qu'elle l'instruit de tout ce qu'elle a cru capable de décrier dans le monde la conduite de ses mères et de ses sœurs [...] (Nicole, 1692b, p. 21-22).

Nicole ridiculise les rêveries mystiques de Saint-Sorlin et le décrit comme un fanatique qui s'érige en prophète visionnaire. En effet, Desmarets de Saint-Sorlin prétend avoir reçu des révélations divines particulières concernant le jansénisme ! Il accuse les jansénistes d'avoir créé une nouvelle Église réformée. Dans sa *Réponse à l'insolente Apologie pour les Religieuses de Port-Royal*, il répand les calomnies suivantes, citées par Nicole :

> Ces nouveaux docteurs ont tellement persuadé ces Religieuses qu'ils ont fait une Église nouvelle, qu'ils ont établi d'entre eux des Prélats de création nouvelle, auxquels seuls elles obéissent, et un Pape ou Moyse, car le nom de Pape leur est trop odieux. Ce Pape ou ce Moyse fait leurs constitutions, leurs catéchismes, leurs oraisons, et les canonisations de leurs Saints sans aucune information de miracles, et elles les appellent les Saints modernes, comme leur Église est l'Église moderne [...] (*ibid.*, p. 83).

Dans sa quatrième lettre des *Visionnaires*, lancée dans le public le 9 mars 1666, Nicole eut recours aux *Mémoires* de la mère Angélique de Saint-Jean pour attaquer la sœur Flavie[13]. En effet, cette dernière avait affirmé que, pour Angélique de Saint-Jean, la célèbre distinction du fait et du droit n'était qu'une tactique provisoire et que les jansénistes vouaient un culte superstitieux à leurs défunts[14] et canonisaient monsieur de Saint-Cyran, allant jusqu'à porter ses reliques en procession.

13 La trahison de la sœur Flavie fit même l'objet de chansons qu'on chantait sur le Pont-Neuf.

14 La mère Angélique de Saint-Jean avait analysé l'ouvrage de Desmarets de Saint-Sorlin dans une *Relation de quelques circonstances de la vie des sœurs Flavie et Dorothée.*

Dans ses Éclaircissements qui clôturent les huit Lettres des *Visionnaires*, Nicole prend la défense de la mère Angélique de Saint-Jean, qui semble être une cible privilégiée pour le jésuite. En effet, Desmarets l'accuse d'avoir raillé le livre de dévotion de monsieur Bail, docteur de Sorbonne. Nicole livre alors des traits de caractère de la mère Angélique de Saint-Jean :

> Ceux qui connaissent la Sœur Angélique de Saint-Jean savent que ce n'est pas son défaut que de n'être pas assez sérieuse. Mais le Sieur Desmarets a crû que c'était un coup sûr de médire d'elle dans l'impuissance où elle est de se défendre de ces calomnies [...] (*ibid.*, p. 257).

UNE RÉDACTION RAPIDE

La sœur Dupré commença sa *Relation de captivité* le 17 juillet et l'acheva le 27 juillet 1665, Marie-Charlotte de Sainte-Claire data la sienne du 18 août 1665, et la sœur Marie-Angélique de Sainte-Thérèse finit la sienne le 20 août. La prieure de Port-Royal de Paris, la sœur Le Conte, mit un terme à sa *Relation* le 12 novembre 1665. Elle fut suivie par Angélique de Saint-Jean qui mit un point final à sa *Relation* le 28 novembre. Ce sont les seules *Relations* datées avec précision. L'abbesse de Ligny nous laissa une *Relation* inachevée : sa maladie, (elle fut victime de plusieurs attaques de paralysie) et sa mort, le 11 mai 1675, interrompirent sa rédaction. En outre, la mère, qui visiblement manifestait peu d'enthousiasme à rédiger le récit de sa captivité, prit la plume à la demande de sa communauté. En fait, la mère de Ligny aurait préféré le silence, réservant ses souffrances à Dieu seul, par humilité.

UNE LITTÉRATURE DE CRISE

Pour qui écrivent les religieuses ?

La question des destinataires des *Relations de captivité* peut être élucidée par la lettre de Le Maistre de Sacy, en date du 20 décembre 1664, destinée à la sœur Élisabeth Le Féron. Il y expose les objectifs de Port-Royal : lutter contre les faux-bruits que répandent les ennemis du monastère dans l'opinion publique et réfuter les accusations d'hérésie. Il faut également faire connaître les violences que subit un monastère innocent. Les *Relations* constituent les pièces maîtresses d'une véritable stratégie de communication. La cause de Port-Royal doit être entendue, même si elle fait du bruit dans le monde :

> Je souhaiterais que vous fissiez une lettre adressée à qui vous voudrez qui contînt une relation de l'état où est maintenant votre maison. Il faudrait y décrire en votre manière, et selon l'impression que vous en ressentez dans le cœur, la dure captivité où vous êtes, le renversement qu'on a fait dans votre monastère, ce qu'on a demandé aux Converses, qu'elles avouassent sous peine d'être privées de la Communion, que la maison jusqu'à cette heure avait été conduite par l'esprit du Diable. [...]. Mais il me semble que ce serait le dernier service que vous pourriez rendre à la maison, qui pourrait être fort utile en son temps, car après vous et la sœur Briquet vous voyez bien qu'il ne restera pas de personnes dont on puisse attendre ces choses [...] (Delassault, 1959, p. 125).

Les *Relations* traduisent aussi une autre ambition, qui fut constamment celle de la mère Angélique de Saint-Jean d'Andilly, inscrire le monastère dans l'Histoire, pour que les hommes puissent appréhender la véritable image de Port-Royal :

> Afin que ceux qui pourront travailler un jour à l'Histoire générale de ce qui s'est passé en notre temps, sachent exactement la vérité des choses, nous marquerons ici quelle fut l'occasion d'une affaire qui a fait tant de bruit (*Mémoires d'Utrecht*, 1742-1744, *Relation de l'origine et de la querelle du Chapelet secret du très Saint-Sacrement*, t. I, p. 456).

Ainsi, les *Relations de captivité*, même si certaines d'entre elles rentrent dans le moule de la confession augustinienne, dépassent ce genre littéraire : ce sont des tribunes qui veulent rendre justice à Port-Royal. Leur vocation première : rapporter la véritable histoire du monastère, rappeler la justesse de son combat, démontrer que Dieu a choisi Port-Royal pour défendre la vérité, les conceptions augustiniennes de la grâce. Les sœurs, plume à la main, luttent en leur cellule pour clamer cette vérité, qu'elles veulent restaurer. Ce dessein va libérer leur parole. Écrire le journal de leur persécution constitue une ardente obligation, un devoir de défendre une communauté en danger, assaillie et dépouillée de son temporel par les signeuses.

Les *Relations de captivité* répondent à une double préoccupation : pour les religieuses qui avaient cédé à la signature, il fallait retracer les affres de leur chute, sous forme d'un douloureux aveu, et pour les religieuses demeurées fermes, retracer leur résistance victorieuse, protester de la pureté de leur foi. Dans tous les cas, il fallait exposer les embûches et pièges tendus par les ennemis de Port-Royal. Il incombait aussi aux religieuses de restaurer la réputation de leurs confesseurs, de Saint-Cyran et de Jansénius. La révolte face à l'archevêque éclate, et le feu d'une indignation, plus ou moins maîtrisée, incendie ces écrits.

L'innocence opprimée inspire l'écriture des religieuses qui ont pu, au moment de la rédaction de leurs *Relations*, reconstruire l'édifice spirituel de leur communauté. La plume, avocate de l'innocence du monastère, se libère, échappe à l'oppression policière. L'entrée dans la matière est immédiate. Le « je » entame sa narration.

Seules les religieuses les plus érudites justifient leur prise de parole et exposent leur « moi ». En effet, ce dévoilement du « moi » pourrait paraître impudique, loin des obligations de silence monastique. C'est pourquoi, la mère Angélique de Saint-Jean, la sœur Dupré, l'abbesse de Ligny et la sœur Anne-Eugénie de Boulogne, madame de Saint-Ange dans le monde, justifient leur recours à l'écriture. La mère Angélique de Saint-Jean assimile sa *Relation* à une confession écrite par obéissance. Elle va décrire ce qui s'est passé dans son cœur et minimise, par modestie, la portée de son acte : elle n'écrit rien d'important. On peut considérer cet incipit comme de pure forme, les intentions de la mère étant de célébrer les tribulations victorieuses de la captivité et la grâce divine dont bénéficie Port-Royal. À ses yeux, son combat rentre dans un plan divin qu'il faut déchiffrer.

La sœur Anne-Eugénie de Boulogne entreprend la composition de sa *Relation* par obéissance, obtempérant à l'injonction de la mère Angélique de Saint-Jean elle-même, qui avait déféré aux ordres de la mère Agnès. Madame de Boulogne fait assaut de modestie : elle voulait ensevelir les événements de sa captivité dans le silence, les réservant à Dieu seul. Elle évoque aussi le peu d'intérêt qu'offre son récit. La sœur Dupré intitule sa relation *Confession*. Elle s'adresse directement à Dieu, selon son modèle, les *Confessions* de saint Augustin. Dieu sera son interlocuteur, un miroir qui lui renvoie l'image de sa conscience. Elle déclare s'adresser également à sa communauté et à l'Église : il s'agit d'une confession à la fois intime et publique. Son écriture traduit son attachement à ses racines, l'acte d'écrire constitue un aveu et un témoignage de réconciliation. La sœur réintègre spirituellement sa communauté après sa faute, la signature. C'est la plus apprêtée de toutes les *Relations*. En effet, la solennité de son écriture, son formalisme et son style soigné prouvent ses préoccupations.

L'abbesse de Ligny justifie la rédaction de sa *Relation* par la demande de la communauté qu'elle dirige : il faut laisser une trace pour défendre son monastère, alors qu'elle aurait préféré offrir son expérience à Dieu seul.

Ainsi, nous constatons que le destinataire de ces *Relations* est bien, au-delà du cercle des amis de Port-Royal, l'opinion publique et l'Église même. En effet, la vérité ne doit pas être cachée, mais doit faire l'objet de témoignages publics. Les religieuses, sous bonne garde, échappent par le récit de leurs souffrances, à l'emprisonnement censé étouffer leur voix. Face au pouvoir, elles continuent leurs luttes.

L'éclatement du genre hagiographique : *les* Relations de captivité*, de la confession à la révolte*

Ces *Relations de captivité* revêtent la forme d'un journal de prison et s'insèrent dans un cadre chronologique qui mentionne des événements précis : cette attitude historique fait éclater le genre traditionnel de l'hagiographie. Les traits personnels de chaque narratrice subsistent et sont accentués par un sentiment de révolte. Les religieuses ne revendiquent nullement le statut d'héroïnes ou de saintes. Au contraire, elles décrivent leurs tourments spirituels et leurs souffrances. Celles qui ont signé le formulaire détaillent leur faute et s'en repentent. L'isolement de la prison et la répression des autorités ont parfois déclenché une écriture qui met en scène, d'une manière dramatique, d'intenses tourments spirituels.

L'expression du « moi » pécheur qui doute, le corps souffrant, et les larmes solitaires échappent à la sphère de l'intimité et sont jetés à la face du monde : le « je » martyrisé s'affiche ostensiblement. L'indignation des religieuses brise le cadre de la discrétion monastique et leur vœu de silence. Les religieuses écrivent par nécessité, sous la pression de la persécution : les ennemis de Port-Royal ont forcé les religieuses à prendre la parole publiquement, à exposer leurs souffrances intimes qui ne peuvent plus être tues.

Ainsi, l'exemplaire *Relation de captivité* de la mère Angélique de Saint-Jean révèle la sensibilité, la personnalité profonde de son auteur, avec authenticité. Alors que l'humilité monastique aurait pu l'en dissuader, la religieuse se livre, décrivant même ses rêves, que les premiers éditeurs censurèrent. La mère Angélique de Saint-Jean justifie ainsi cette exposition de sa personnalité et de ses pensées secrètes : la vertu d'obéissance – obéissance due à la mère Agnès et à ses confesseurs – l'oblige à décrire sa captivité et son combat spirituel. Or, la mère Angélique de Saint-Jean avait pris la tête de la résistance à la signature et son intelligence ne la portait pas à la docilité. De même, elle minimise son expérience de la captivité, expérience déterminante, car elle modela le destin et l'image de Port-Royal :

> Ce que l'on demande de moi en m'ordonnant d'écrire une relation exacte de ce qui s'est passé dans ma captivité me paraît une chose assez superflue. Si l'obéissance ne me la rendait nécessaire, je croirais que, n'ayant point agi et ayant fort peu parlé dans tout ce temps-là, il ne serait point encore besoin de paroles pour apprendre à ceux qui ne l'ont pas expérimenté ce que c'est qu'une retraite de dix mois dans les circonstances qui ont accompagné la mienne (Arnauld d'Andilly, *op. cit.*, p. 25).

En fait, c'est le modèle augustinien qui a permis aux religieuses d'exposer leur « moi » profond et leurs souffrances en totale liberté et franchise, livrant au lecteur leur intimité. Saint Augustin a offert un moule et une justification à leur narration. Se confesser à Dieu par l'écriture, c'est non seulement avouer ses fautes, c'est aussi exposer sa misère, c'est se dévoiler. La reconnaissance de son péché, en l'espèce la signature, permet de se réconcilier avec Dieu, de lever l'obstacle à la grâce. L'aveu consenti librement est honorable. Ainsi, la liberté de ton des religieuses ne doit pas seulement être interprétée comme de la naïveté, ce que fait Besoigne, mais comme une condition de la restauration du dialogue avec Dieu, donc de son pardon. La double fonction de la confession confère son rythme à l'écriture : aveu des fautes et louange à Dieu qui sauve. Ainsi dans la *Relation* de la mère Angélique de Saint-Jean, la louange s'amplifie après les épreuves spirituelles. Les *Relations* de la sœur Dupré et des deux sœurs Arnauld d'Andilly, Marie-Angélique et Marie-Charlotte, revêtent la forme d'une longue déploration qui évoque leur chute et leur intense désespoir. Ces deux dernières religieuses sont embarquées dans une tragique aventure spirituelle, passant de l'ombre à la lumière, de la signature à la rétractation. La sœur Thomas du Fossé décrit l'abîme de la faute qui l'engloutit, la signature, puis célèbre la miséricorde de Dieu qui l'éclaira et la sauva : l'exposition, par l'écriture, de sa faute contribue à son rachat. Les *Relations* de la mère Agnès et de madame de Saint-Ange, plus sereines, dévoilent une intériorité qu'habite une tendre charité, et que nimbe la mélancolie de l'exil.

Il s'agit, en parlant à Dieu comme saint Augustin, de s'adresser à tous les hommes. Le recours au modèle augustinien justifie une prise de parole publique, politique, peu usuelle pour des femmes cloîtrées.

Le refus de signer le formulaire et la rédaction de *Relations de captivité* constituent bien un témoignage, un acte d'éloquence, qui jaillit hors des murs de la clôture. Cet envol de la parole libératrice imite celle de Dieu, du Dieu des psaumes, dont la voix et le souffle brisent les hommes mauvais. Les écrits des religieuses répondent aux paroles divines. Les psaumes que cite la mère Angélique de Saint-Jean, évoquent bien la promesse divine du salut que Dieu accorde aux serviteurs fidèles dans les épreuves : « *Non obliviscar verba tua*[15], *Erige me secundum verbum tuum*[16]. » Le Dieu secourable parle et écoute : « *Inclina aurem tuam mihi, audi verbum meum*[17]. » Il inspire l'écriture des captives. Ce Dieu consolateur, l'interlocuteur dans la solitude de la prison, est le Dieu de justice. Sa puissance va restaurer la vérité, que défend la plume de religieuses privées de toute assistance spirituelle. Le premier psaume que la mère Angélique de Saint-Jean cite au début de sa *Relation de captivité*, dans son avant-propos, évoque ce ferme espoir : « *Adjutor in tribulationibus quae nos invenerunt nos nimis*[18]. » Le psaume si cher à Port-Royal et à Blaise Pascal, le psaume 118 *Beati immaculati* qui condamne le parjure, est lu par les moniales comme un encouragement, une justification de leur refus de signer. En effet, l'amour de la vérité exige de la confesser à Dieu et aux hommes. Selon saint Augustin, la vérité se manifeste selon l'amour qui l'accepte, mais la vérité engendre la haine de ceux qui la refusent. C'est la conception de Pascal, « la vérité est si obscurcie en ce temps et le mensonge si établi, qu'à moins d'aimer la vérité, on ne saurait la connaître » (Pascal, 2000b, § 617, p. 402). Les religieuses possèdent une profonde connaissance des psaumes, qu'elles méditent durant l'Office divin. Ils leur suggèrent de ne pas laisser le monde au pouvoir des hommes persécuteurs, qui ne respectent pas la loi de Dieu :

> Les principes sur lesquels nous agissons, pour ne vouloir pas préférer l'obéissance humaine à l'obéissance de la loi de Dieu qui défend partout le mensonge et l'injustice, étant si établis dans toutes les Écritures, que, quand je ne saurais que *Beati immaculati*, j'apprendrais de chaque verset qu'il n'y a point de véritable obéissance que celle que l'on rend au commandement

15 Psaume 118, 16 : « Je n'oublierai point vos paroles » (Le Maistre de Sacy, 1990).

16 Psaume 118, 28 : « Fortifiez-moi par vos paroles » (*ibid.*,).

17 Psaume 44, 11 : « Écoutez (ma fille, ouvrez vos yeux et) ayez l'oreille attentive » (*ibid.*,).

18 Psaume 45, 2 : « Le Seigneur est notre secours dans les tribulations qui nous ont submergés. »

> de Dieu et que l'on ne doit obéir aux supérieurs qu'en tant qu'ils sont ses ministres et qu'ils ne nous commandent que les choses conformes à sa loi, que plus j'allais en avant et plus je voyais clair dans cette affaire [....] (Arnauld d'Andilly, *op. cit.*, p. 204).

D'autres religieuses échappent au modèle de la confession augustinienne, car elles n'ont aucune faute à avouer. Elles livrent un récit combatif, sans que le doute ne les effleure : c'est le cas des sœurs Briquet et de Brégy, habiles polémistes, qui terrassent leurs adversaires avec entrain. Il en est de même pour une religieuse de l'ancienne génération, la sœur Chouy de Pensières, qui a laissé à la postérité une narration très spontanée, pleine de saveur. Un sentiment de révolte y éclate. La religieuse ne supporte pas l'injustice de sa captivité. Hardouin de Péréfixe, Chamillard et les geôlières qui oppriment les religieuses n'ont aucune crédibilité. Cette colère, contenue non sans mal, anime une plume énergique, parfois brutale. Pour les captives, les religieuses qui les surveillent font preuve d'une obéissance aveugle qui ne les exonère pas de leurs responsabilités. Une guerre d'images, de communication, se déroule en prison.

La défense de Port-Royal

La lutte pour défendre l'image de Port-Royal se poursuit. Comme elles se réclament de saint Augustin, affichant leur soutien au docteur de la grâce efficace, les prisonnières expriment leur détestation des jésuites, ces partisans de Molina, du relâchement moral. Elles affirment avec vigueur leur orthodoxie, leur attachement à l'Église universelle et aux décrets du Concile de Trente. Elles refusent avec véhémence cette dénomination de jansénistes, que leur imposent leurs adversaires. Cette image, celle des partisans de Jansénius, est déjà ancienne. Elle avait pris corps dès la publication de l'*Augustinus* et s'était renforcée dans les années 1650 ; les jésuites reprochent alors aux jansénistes d'être des calvinistes et ils sont déjà considérés comme un parti. Les clichés répandus par le père Brisacier dans son ouvrage *Le jansénisme confondu*, paru en 1651 se sont répandus dans l'Église : les jansénistes sont accusés d'abolir les indulgences, le culte de la Vierge et des images, l'usage de l'Eucharistie. Les religieuses de Port-Royal, des vierges folles, résident dans la caverne de l'hydre, haut lieu de l'hérésie. Elles y fondraient une nouvelle religion.

La *Relation de captivité* de la sœur de Brégy offre un aperçu de cette image des jansénistes, malhonnêtes, abusant les personnes simples, fabriquée par les jésuites :

> Je ne crois pas qu'il y ait de maison en France plus dévouée aux jésuites, que les Ursulines de Saint-Denis. Elles les regardent comme les colonnes de l'Église. Elles s'appellent avec grande satisfaction les jésuitesses. Elles ont l'*Almanach du Jansénisme foudroyé*, comme une image de dévotion, à la porte de la galerie de la sainte Vierge. Elles disent que tous nos amis sont francs hérétiques, sans le reste. La mère Supérieure m'a dit savoir de bonne part qu'ils tronquent tous les passages des Pères, qu'ils les tirent aux cheveux, l'un d'un côté, et l'autre de l'autre, et font revenir à tout leur dessein pour tromper les simples par le nom des saints auxquels ils attribuent ces sentences mal fabriquées [...] (*Divers Actes de P.-R.*, *op. cit.*, *Relation de sœur Anne-Marie de Ste Eustoquie de Flécelles de Brégi*, p. 6).

La religieuse chargée de gouverner la sœur Briquet en prison, la mère Chevalier, lui dépeint les jésuites dont la mission est de combattre ces nouveaux hérétiques, les jansénistes, pour le plus grand bien de l'Église :

> Elle ne se séparait quasi jamais de moi, qu'elle ne me dît en sortant que les méchantes gens (c'est ainsi qu'elle nommait toujours les disciples de saint Augustin) brûleraient bien dans l'enfer pour nous avoir enseigné une si mauvaise doctrine, et nous avoir perverties et mal impressionnées sur le sujet des jésuites, qui sont de si bons religieux, qu'ils n'ont point leurs semblables en toute l'Église, n'y en ayant point dont elle tire plus de service que ceux-là, qui lui sont plus utiles que ceux de tous les autres ordres, à cause de leur zèle contre les nouveaux hérétiques (*op. cit.*, *Relation de la sœur Madeleine de Ste Christine Briquet*, p. 102).

La sous-maîtresse des novices est sous la coupe des jésuites et inculque leurs principes à ses futures religieuses :

> D'autres fois elle m'entretenait de l'estime qu'elle avait des jésuites, et du soin qu'on prenait chez elles de bien fonder les novices dans les sentiments de ces pères et de les purger de toute mauvaise doctrine, avant que de leur rien enseigner (*ibid.*, p. 101).

La *Relation de captivité* de la mère Angélique de Saint-Jean nous livre sa perception des jésuites, des loups, menés par un instinct de domination sur les âmes. Confesseurs et directeurs omniprésents tissent leur toile, sèment l'effroi :

> [...] je lui demandai qu'étaient ceux dont elles se servaient d'ordinaire. Elle me dit que c'étaient des Pères jésuites entre lesquels elle me nomma le P. Nouet[19]. Je ne saurais dire quelle impression cela me fit tout d'un coup ; j'en tremblai depuis les pieds jusques à la tête, autant de surprise que de crainte. [...] Je crois que ce fut ce qui me causa cet effroi, m'étant aperçue tout d'un coup que j'étais comme une brebis au milieu des loups, car, dans l'idée que j'avais de leurs maximes, me voyant toute seule étrangère et abandonnée au milieu de personnes inconnues, et que cette conduite me fit imaginer qu'elles pourraient être telles que leurs directeurs, je ne saurais dépeindre quelle image ce fut dans mon esprit (Arnauld d'Andilly, *op. cit.*, p. 39).

La sœur Candide Le Cerf, le lendemain de son arrivée à la Visitation de Saint-Denis, s'emporta contre les diffamations des mères, qui s'en prenaient aux amis de Port-Royal. Elle constata que les mères qui occupaient des fonctions de responsabilité étaient sous l'emprise des jésuites et contrôlaient parfaitement leurs subordonnées. Elles leur imposaient une absolue soumission et leur déniaient toute liberté intellectuelle, ce qui choquait sœur Candide Le Cerf :

> [...] car elles se laissent conduire comme des enfants, et elles seraient fort capables de prendre d'autres impressions que celles qu'on leur donne : mais elles sont si persuadées des opinions des jésuites et de leurs maximes, qu'elles n'estiment rien toutes les autres conduites, et leurs supérieurs qui pour l'ordinaire, sont toutes à ces bons Pères, donnent si bon ordre pour éloigner d'elles tout ce qui est contraire à l'esprit de ces nouveaux directeurs, que ces pauvres filles n'oseraient seulement témoigner d'envie de savoir autre chose ; ce serait un crime parmi elles, et qui les rendraient suspectes de jansénisme (*Divers Actes de P.-R.*, *op. cit.*, *Relation de sœur Madeleine de Ste Candide Le Cerf*, p. 143).

Pour ces religieuses de la Visitation, les jansénistes sont de dangereux hérétiques, qui prêchent une fausse doctrine, sous couvert de réforme. Attachés à leurs sentiments particuliers, ces fourbes veulent introduire l'hérésie dans l'Église :

> Cette mère s'emporta sur cela avec une telle colère contre moi, qu'elle se mit à me parler avec tant d'insulte et de mépris contre ceux qu'on nomme jansénistes, que cela ne se peut exprimer, et elle me dit avec beaucoup d'emportement : On voit bien, on voit bien, que vous tenez de l'esprit des jansénistes, et que vous êtes une artificieuse ; vous en seriez bien à croire de

19 Il avait violemment prêché contre la *Fréquente communion* du Grand Arnauld.

> nous dire que ce n'est que la crainte de Dieu qui vous empêche de signer. Vous êtes une adroite et une dissimulatrice, ce n'est rien moins que cela : êtes-vous plus éclairée que toute l'Église ? C'est un bel orgueil ! Ah ! que je vous plains, ma chère sœur, d'être dans le plus malheureux état où vous êtes (*ibid.*, p. 132).

Selon la mère supérieure des Annonciades, où était prisonnière la mère Angélique de Saint-Jean, l'hérésie janséniste s'était largement diffusée et il était trop tard pour l'endiguer :

> Elles étaient fort importunées, les premiers mois, de la quantité de personnes qui venaient pour savoir de mes nouvelles, dont pourtant elles ne me témoignaient rien que par des discours généraux [...]. À quoi la Mère ajouta une fois que ce qui était arrivé chez nous avait servi à révéler le secret de bien des cœurs, me faisant entendre qu'il y avait plus de jansénistes qu'on ne pensait. Elle me dit une autre fois qu'elle avait toujours bien cru qu'il en faudrait venir à ce qu'on nous avait fait, mais que le mal était qu'on avait trop attendu et que cela rendrait peut-être le remède inutile, et qu'il y avait bien des années qu'elle s'en tourmentait, [...] (Arnauld d'Andilly, *op. cit.*, p. 90-91).

Néanmoins, les religieuses captives, en dépit des précautions prises par Hardouin de Péréfixe, qui les plaça dans des couvents sûrs, purent bénéficier de discrètes solidarités, tant féminines que masculines. Ces solidarités se manifestèrent plus ou moins secrètement, car beaucoup de religieuses qui témoignèrent de la sympathie aux captives étaient elles-mêmes surveillées par leurs supérieures. L'emprisonnement des religieuses de Port-Royal était loin de faire l'unanimité.

Les divisions à propos du jansénisme

La *Relation de captivité* de la sœur Chouy de Pensières nous révèle que, parmi ses visiteurs, certains renforcèrent ses convictions. En effet, la religieuse note que tous ses interlocuteurs ne condamnaient pas Port-Royal. Ainsi, la première supérieure de la Crèche, la mère Thérèse, assure la sœur Chouy de son amitié ; une amie de la supérieure, madame de Porigny, lui témoigne beaucoup de sollicitude et l'encourage à résister. Il en est de même pour Claude Grenet[20], curé de Saint-Benoît qui

20 Claude Grenet, (1605-1684) docteur de Sorbonne, avait signé le formulaire. Il sera nommé supérieur de Port-Royal par Hardouin de Péréfixe, le 14 juillet 1669. Il soutiendra toujours les religieuses de Port-Royal.

rend visite à la sœur et la fortifie. Pour lui, Dieu ne condamne pas les religieuses de Port-Royal ; il ne s'agit que d'un opprobre social. La sœur relève aussi les propos de monsieur Imbert, l'un des principaux directeurs de la Crèche :

> [...] pourvu que du reste nous fussions bonnes Religieuses, [...] l'affaire dont il était question ne pouvait pas nous perdre (*Divers actes de P.-R.*, *op. cit.*, *Relation de sœur Agnès de la mère de Dieu de Chouy*, p. 33).

L'ecclésiastique qui devait introduire la mère Angélique de Saint-Jean dans le couvent des Annonciades, monsieur Fourcault, lui fit part de son déplaisir d'être mêlé à cette affaire. Ce dernier exprima clairement son point de vue à la mère supérieure qui l'accueillit au parloir :

> Ma mère, je vous amène une sainte, car dans leur Port-Royal il n'y a que des saintes (Arnauld d'Andilly, *op. cit.*, p. 33).

La mère Angélique de Saint-Jean d'Andilly, bien que soumise à un total isolement, bénéficia des attentions des religieuses des Annonciades. En effet, celles-ci s'appliquèrent à soulager leur captive, dans la mesure de leurs possibilités. Elles ne firent pas d'excès de zèle, tout en respectant les consignes d'Hardouin de Péréfixe, qu'elles n'approuvaient pas en leur for intérieur. La mère Angélique de Saint-Jean fut même favorisée par la complicité passive d'une religieuse dont elle tut le nom. En effet, à la fin de sa captivité, alors qu'elle préparait ses affaires, elle constata avec angoisse qu'elle ne retrouvait pas un petit écrit de dévotion qu'elle avait composé. Avec l'aide de cette religieuse, qui l'éclairait à la chandelle, elle tenta de retrouver son écrit, craignant qu'il ne tombât aux mains des jésuites :

> Mais Dieu se contenta que j'en eusse eu la peur tout entière, et, dans le moment que je parlai à cette Mère, je mis la main dans un autre paquet où se trouvaient mes papiers ; elle me les vit prendre, mais elle ne m'en dit rien (*ibid.*, p. 256-257).

La sœur de Brégy, quant à elle, bénéficia d'un accueil charitable chez les ursulines de Saint-Denis, qui ne respectèrent pas les consignes d'Hardouin de Péréfixe. Celui-ci voulut la dompter en la faisait jeûner au pain et à l'eau. La supérieure repoussa cet ordre jugé trop cruel.

LES *RELATIONS DE CAPTIVITÉ*, AFFIRMATION DU SUJET ET SURVIE DU GROUPE

L'AFFIRMATION DU SUJET DANS LA LUTTE

Dans le cadre de leurs narrations, les religieuses exposent leur « moi », confient au lecteur leur parcours spirituel, décrivent et justifient leur résistance. Celles qui ont chuté s'expliquent, commentent leur faute, puis leur rétractation de la signature. Les religieuses de Port-Royal se sentent privilégiées par Dieu et l'expriment clairement. Or, elles n'identifient jamais l'exposition de leur âme, de leurs souffrances spirituelles, à de l'amour-propre, ce mal, pierre d'achoppement de la vie spirituelle, qui éloigne de Dieu. Le thème de l'anéantissement du moi, si caractéristique de la littérature spirituelle du XVIIe siècle, déserte les *Relations de captivité.* Le souci des religieuses, au contraire, est de préserver leur « moi », leur personnalité, face aux pressions destructrices de leurs adversaires. Elles n'évoquent jamais comme modèles, dans leurs *Relations*, les figures traditionnelles de l'humilité : la Vierge et Marie-Madeleine. Les religieuses ne s'identifient pas à l'image humble et soumise de la femme, telle que la dépeignait l'idéal spirituel de l'Église. L'absence de culture, la modestie, la soumission, et le silence total, topoï qu'épousent les femmes auteurs spirituelles, ne concernent pas les religieuses de Port-Royal. Leurs écrits et leur captivité font du bruit dans le monde et troublent l'opinion publique. Elles échappent au contrôle et à la surveillance de leur hiérarchie masculine. La persécution les affranchit de cette tutelle. Elles défendent elles-mêmes, en prison, la cause de Jansénius et l'honneur de leurs confesseurs et directeurs. Elles veulent imiter les chrétiennes martyres de l'Église primitive, leurs modèles. En affirmant leur conviction, non seulement elles ne renoncent pas à elles-mêmes, mais leurs écrits reflètent leur rencontre avec Dieu. C'est leur amour de Dieu qui leur permet d'aborder une terre inconnue : écrire pour la postérité et l'histoire.

Leurs *Relations* ne peuvent donc être assimilées au genre de l'autobiographie spirituelle traditionnelle, champ d'expression et d'exhibition de l'anéantissement, voire de la négation de soi. Les religieuses de Port-Royal ne détruisent pas leur moi (seule la sœur Dupré confesse son orgueil et sa présomption que sa faute anéantit), il s'exprime avec force et ne s'oppose pas à Dieu. Il n'est pas manifestation d'un amour-propre démesuré, mais témoignage de la liberté chrétienne face à la persécution. En effet, seul un « moi » renforcé par la persécution permet de devenir un fidèle disciple du Christ, de persévérer jusqu'à la fin. C'est le monde qui devient haïssable, non le moi qui écrit et se révolte. Les religieuses brisent par leur plume, et l'exposition de leurs souffrances, les codes traditionnels de la civilité, au nom du combat pour la justice. Leurs écrits sont avant tout des écrits politiques qui refusent le totalitarisme et de l'Église et du roi.

C'est en demeurant fidèles à leur conscience, aux valeurs qui fondent leur existence, donc en ne renonçant pas à elles-mêmes, que les religieuses de Port-Royal affirment leur identité. Dans la résistance, elles se découvrent, s'approprient leur combat. Leur drame leur offre la possibilité de choisir et de construire leur destin. De victimes, comme les dépeint l'historiographie, elles deviennent des actrices, des femmes autonomes et responsables, qui n'acceptent pas que l'absolutisme domine leur âme et les souille par le mensonge. Il convient de relever que leur écriture ne se place pas sous la protection et le contrôle d'une autorité masculine. La rhétorique de la prudence qui marque les écrits de sainte Thérèse d'Avila est absente des *Relations de captivité* qui échappent à la tutelle habituelle des confesseurs et théologiens. Les religieuses de Port-Royal ne quêtent aucune licence d'écrire, ne s'abaissent pas, mais abordent des polémiques théologiques, brisant par-là un tabou. Paradoxalement, la captivité, qui est enfermement quasi-permanent dans une cellule, n'anéantit pas l'esprit de résistance, ni la conscience : elle revigore le moi. L'économie monastique de la pénitence, de l'anéantissement est subvertie, mise au service de la résistance, qui affronte ses ennemis.

LE SENS DE LA CAPTIVITÉ : VIVRE POUR ET PAR LE CHRIST

L'exil des brebis de Dieu

La captivité, temps de l'ascèse, que marque la privation de la communion, symbolise l'enfouissement dans le désert. C'est aussi une période de purgation des âmes. En effet, l'immersion dans un monde hostile oblige l'esprit à se tourner vers l'essentiel : Dieu. Ce temps aride est donc un passage obligé pour entrer dans la gloire des élus. La douloureuse mélancolie de l'exil, loin de Port-Royal, monastère pleuré comme une mère nourricière, nimbe la plupart des *Relations de captivité*.

La sœur Dupré évoque son exil et son bannissement très fâcheux à cause de la privation de tous les secours spirituels, madame de Boulogne[21] décrit le paysage de sa captivité :

> La situation de Chaillot est fort agréable : la rivière passe au pied, ce qui me donna dévotion au Psaume : *Super flumina Babylonis*[22]. Le bâtiment est vis-à-vis de celui de Port-Royal de sorte que je vous avoue que ce m'était un sujet de consolation très particulière, de pouvoir regarder souvent un lieu où mon cœur était toujours (*Divers Actes de P.-R.*, *op. cit.*, *Relation de la captivité de ma sœur Anne-Eugénie*, p. 16).

Lors de son retour, dans la nuit, à Port-Royal des Champs, la mère Angélique de Saint-Jean, en entendant la cloche des Chartreux, se réjouit de la fin de sa captivité et évoque à cet effet le psaume 136 :

> [...] et cela me réjouit de me reconnaître par-là si proche de notre pauvre Sion désolée, dont je n'avais rien vu ni entendu pendant que j'avais pleuré sur les fleuves de Babylone (Arnauld d'Andilly, *op. cit.*, p. 262).

La sœur de Brégy répond à un ecclésiastique qui lui décrivait la richesse et la beauté de la maison des ursulines où elle allait passer sa captivité :

> M. on ne cherche pas la beauté dans l'exil, et un chrétien à qui le monde est un exil, ne saurait craindre les incommodités de la prison (*Divers Actes de P.-R.*, *op. cit.*, *Relation de sœur Anne-Marie de Ste Eustoquie de Flécelles de Brégi*, p. 4).

En prison, les captives vivent par Dieu et pour Dieu seul, au pied de la croix. Elles s'identifient au Christ souffrant, humilié et méprisé par les hommes. Leur mystique est celle de la passion douloureuse du Christ. Ainsi, dès son arrivée au couvent des Annonciades, la mère Angélique de Saint-Jean se donne totalement à Dieu :

> Aussitôt que je fus seule, je me prosternai devant celui qui est présent partout et qui m'avait conduite dans cette solitude pour ne vivre plus que pour

21 Sœur Anne-Eugénie, dite madame de Saint Ange dans le monde.

22 Psaume 136.

> lui et avec lui. Je le remerciai de la grâce qu'il me faisait, et lui recommandai le succès de mon combat (Arnauld d'Andilly, *op. cit.*, p. 35).

De même, la sœur Briquet place sa détention sous l'égide du crucifié. Elle s'abandonne, pleine de joie, à la volonté divine :

> J'aperçus d'abord dans cette chambre une image de la passion de notre Seigneur, devant laquelle m'étant mise à genoux, je reconnaissais avec joie qu'il n'y avait plus pour moi que Jésus, et Jésus crucifié (*Divers Actes de P.-R.*, *op. cit.*, *Relation de sœur Madeleine de Ste Christine Briquet*, p. 95).

Beaucoup de captives se sentent élues par Dieu pour témoigner, souffrir au nom de la vérité ; elles en ressentent de la joie, parfois même de l'exaltation. Dans son carrosse qui la mène en prison, la mère Angélique de Saint-Jean loue Dieu qui l'a choisie pour défendre la vérité :

> J'étais si fort remplie de l'admiration de la conduite de Dieu ; de nous avoir rendues dignes de souffrir un tel opprobre et un si extraordinaire traitement pour la vérité, que je ne pus faire autre chose tout le long du chemin que de lui chanter dans mon cœur des cantiques et des hymnes [...] (Arnauld d'Andilly, *op. cit.*, p. 32).

La sœur Dupré manifeste son ardent souhait d'être enlevée :

> [...] et que quand je m'entendis nommer, ce n'était que joie et jubilation dans mon cœur d'avoir été trouvée digne de souffrir quelque chose pour votre nom, et pour la justice [...] (Dupré, 1718, p. 137).

La sœur Briquet est partagée. D'une part, la séparation d'avec sa communauté l'afflige, d'autre part, elle loue Dieu qui la comble de sa faveur :

> Pendant que je fus en chemin, je me trouvai dans un assez fort combat de la joie et de la tristesse, qui n'étant pas victorieuses l'une sur l'autre, me surmontaient en quelque sorte moi-même. Car si d'une part j'avais le cœur déchiré en autant de parties qu'il y a de personnes qui composent la communauté dont on me séparait ; de l'autre j'étais ravie d'admiration de la grâce que Dieu me faisait de souffrir pour la vérité : et j'aurais témoigné ma joie aussi volontiers que ma douleur, si je n'avais cru devoir renfermer l'une et l'autre par le silence (*Divers Actes de P.-R.*, *op. cit.*, *ibid.*, p. 94).

La sœur de Brégy exulte :

> On nous mit ma sœur Melhilde et moi dans un même carrosse [...]. Ma compagne était fort gaie, et paraissait bien courageuse. Pour moi, je trouvais la grâce que Dieu nous faisait si grande, qu'elle me transportait de joie ; mais la crainte de n'en pas faire un saint usage l'accompagnait de tremblement (*ibid.*, *Relation de sœur Anne-Marie de Ste Eustoquie de Flécelles de Brégi*, p. 3).

La captivité, c'est aussi un cheminement spirituel, un retour sur soi qui s'enracine dans la foi. Ainsi, la *Relation* de Marie-Angélique Arnauld d'Andilly, détenue avec la mère Agnès, nous livre les sentiments de sa tante. Celle-ci envisage sa détention comme un passage nécessaire dans son parcours spirituel : c'est le temps de la purification que marquent l'humiliation, l'affliction et la douleur. Elle est seule face à Dieu, morte pour le monde, déjà ensevelie :

> [...] et quand nous étions seules, elle me disait, que c'était sortir de notre état de nous plaindre, que nous devions nous humilier sous la main de Dieu, qu'il nous était tout à fait nécessaire d'être méprisées, que pour elle, elle connaissait tous les jours que c'était la plus grande miséricorde que Dieu lui eut faite, qu'elle ne savait ce qu'elle serait devenue sans cela, que jamais elle n'avait si bien vu toutes ses fautes.
>
> Un jour en autres elle me dit qu'elle appréhendait de sortir de cette affliction, qu'elle désirait de mourir dans cette Maison, séparée, abandonnée, et cachée à tout le monde, et qu'elle n'aurait qu'un regret, qui était de me laisser dans le lieu où nous étions (*ibid.*, *Relation de sœur Marie-Angélique de Ste Thérèse Arnauld d'Andilly*, p. 30-31).

La mère Agnès, dans sa *Relation*, livre la clé de sa captivité : c'est le temps du bilan spirituel de toute une vie, des regrets, des aveux. Elle passe en revue les fautes qu'elle a commises dans l'exercice de ses fonctions d'abbesse et de directrice des consciences :

> Mais pour marque que sa miséricorde nous aide en nous délaissant, c'est que j'étais plus forte en ces temps-là, pour ne point donner lieu aux répugnances que la nature produisait pour les sujets extérieurs qui pouvaient me donner de la joie ; et de plus ces angoisses étaient fort souvent suivies d'une fort grande paix, qui me rendait parfaitement contente de l'état où j'étais, jusqu'à savoir gré aux personnes qui m'y avaient réduite, dans la vue que j'avais que cette épreuve m'était tout à fait nécessaire, pour satisfaire Dieu du peu d'usage que j'avais fait des moyens si particuliers qu'il nous avait donnés de nous avancer dans la vertu, que je reconnaissais n'avoir jamais pratiquée solidement : surtout j'avais fort présentes les fautes que j'avais

> faites dans la conduite des âmes, et ce m'était une grande souffrance de ne les pouvoir réparer, quoique je crusse en même temps qu'il m'était meilleur de porter cette confusion devant Dieu [...] (*ibid.*, *Relation de la captivité de la mère Catherine-Agnès de St Paul Arnauld*, p. 65-66).

Pour la mère Angélique de Saint-Jean, ce temps de l'épreuve permet de vivre la plénitude de la vocation, de l'union avec le Christ crucifié. Les épreuves vécues revêtent également une fonction pédagogique :

> [...] et je commençais à discerner la beauté de sa justice dans les peines dont Dieu punissait mes infidélités, et la sagesse de sa conduite dans les moyens dont il se servait pour nous faire entrer comme par nécessité dans les devoirs de notre vocation que nous n'avions jamais bien compris, quelque soin qu'on eût pris de nous instruire, parce que la science de la croix ne s'apprend qu'aux pieds de la croix, qui est la chaire d'où Jésus-Christ l'enseigne à ceux qui veulent bien l'y suivre et s'y attacher avec lui (Arnauld d'Andilly, *op. cit.*, p. 67-68).

La captivité vécue comme un sacrifice, une épreuve initiatique, est sublimée. Dans leur imaginaire, les religieuses suivent le bon pasteur. Sous la houlette du Christ, elles résistent à la destruction de leur communauté. En effet, même séparées par les mauvais pasteurs, elles demeurent unies et forment le troupeau du Christ. L'image de la brebis revêt une double fonction : symbole d'innocence, elle se pare d'une éloquence muette, accusatrice pour l'archevêque, ce mauvais pasteur qui disperse ses protégées et qui ne remplit pas son office sacerdotal. Les religieuses le lui écrivent clairement, même si elles respectent les normes de la civilité. La mère Agnès conclut ainsi sa lettre en date du 10 décembre 1664, adressée à Hardouin de Péréfixe :

> [...] afin que sortant de cette vie avec la paix de Dieu, et celle de mon Prélat, mon âme ne se plaigne point à celui qui étant le bon Pasteur a tant d'amour pour ses brebis, de l'extrême sévérité de celui qui me tenait sa place en terre (*Divers Actes de P.-R.*, *op. cit.*, *Relation de la captivité de la mère Catherine-Agnès de St Paul Arnauld*, p. 68).

L'incipit de la *Relation de captivité* de la sœur Candide Le Cerf cite le prophète Ézéchiel[23], ce qui permet de stigmatiser les mauvais pasteurs qui égarent leur troupeau et de s'insurger face à l'injustice de sa captivité.

---

23 Chap. XXXIV.

Sans défense, attaquées par les loups, les brebis vont être immolées. Elles s'offrent en holocauste. Sur cette thématique du sacrifice se greffe une vision apocalyptique : celle du jugement. Les martyrs en sont les vainqueurs, l'enlèvement et la captivité en sont l'imitation, des signes tangibles de la grâce divine. Ainsi, la mère Angélique de Saint-Jean d'Andilly revit l'arrestation du Christ :

> [...] voyant que nous étions environnées d'officiers de justice et d'archers, qui venaient nous enlever *cum gladiis et fustibus et armis*[24], je ne pensai plus qu'à m'unir à Jésus-Christ pour souffrir comme lui (Arnauld d'Andilly, *op. cit.*, p. 28).

Elle se réjouit d'être digne du martyre, « *gaudeo plane quia hostia Christi effici merui*[25] » (*ibid.*,). La scène de l'enlèvement préfigure le jugement dernier. Aux yeux de la mère, l'évangile selon saint Matthieu[26], éclaire cette dispersion et délivre un message d'espoir. La justice divine anéantira les injustices de ce monde, rétablira les opprimés dans leurs droits et les persécuteurs seront eux-mêmes jugés :

> Il revint à la porte et commença à faire la séparation de son troupeau, appelant chacune de nous par son nom, pour les faire sortir dans le rang qu'il avait marqué sur son mémoire. Et, comme j'étais du dernier carrosse, j'eus le temps de faire mes réflexions sur cette image que je voyais devant mes yeux, qui me représentait le discernement que le souverain pasteur fera dans ce terrible jour qui est appelé le Jour de Dieu, où il rassemblera ses brebis de tous les lieux où elles avaient été dispersées et les séparera des boucs, sans que les conditions ni les dignités puissent empêcher que chacun ne soit placé selon le mérite de ses œuvres ou à la droite ou à la gauche, par un dernier jugement dont il n'y aura pas d'appel [...] (*ibid.*, p. 29-30).

La prison, tombeau du Christ

Dans leurs *Relations*, les religieuses assimilent la prison à la nuit où rôde la tentation. Leurs ennemis ne cessent de les harceler, de leur tendre des embûches. Cet univers obscur est celui des psaumes qui hantent l'imaginaire des prisonnières. Ce monde sublunaire est constellé d'images angoissantes qui évoquent la chute, la descente dans l'abîme, dans le gouffre happant l'âme que la signature risque d'anéantir. L'univers

24 « avec des glaives et des bâtons et des armes ».
25 « vraiment heureuse que je méritais de devenir une victime du Christ ».
26 Mt. 25, 31-46.

de la prison est clos, silencieux, sans perspective : la solitude y règne. Néanmoins, celle-ci demeure ambivalente : c'est à la fois un lieu de pénitence, où les captives deviennent des ermites, et un lieu de perdition. Elles vivent, comme le souligne la mère Angélique de Saint-Jean, dans une thébaïde et retrouvent l'esprit du désert, qui les raffermit dans leur résistance. En même temps, les religieuses souffrent de leur délaissement qu'elles comparent à la mort. La solitude qui afflige Marie-Charlotte d'Andilly est marquée par l'ennui et l'accablement, car elle reconnaît avoir fait un mauvais usage de cet isolement qui ne la rapproche pas de Dieu. Au contraire, l'emprisonnement est une occasion de dispersion, car elle recherchait consolation et conseils humains. De même, la sœur Dupré est tourmentée par l'abandon de Dieu qui s'est retiré d'elle. Elle ignore le repos de sa conscience. Les sœurs qui ont signé en prison ont provoqué l'abandon de Dieu en recherchant un soulagement trompeur, preuve de leur présomption.

Les religieuses vivent l'humiliation des prisonnières. Ainsi, la mère Anne-Eugénie de Boulogne évoque « la fournaise de l'humiliation ». Les religieuses décrivent leur emprisonnement comme un ensevelissement. En effet, elles revivent la mort du Christ selon le déroulement des Écritures : après le temps de la passion, leur enlèvement, vient le temps de la mise au tombeau du Christ, avec le Christ, dans l'attente de la résurrection, de la gloire. En captivité, les religieuses mènent une vie secrète, une vie cachée en Jésus-Christ, porteuse d'espérance :

> [...] je me regardais ensevelie dans ce même tombeau, ne trouvant point de plus grande consolation que de me voir véritablement par mon état au rang de ceux à qui saint Paul dit qu'ils sont morts et que leur vie est cachée avec Jésus-Christ en Dieu (*op. cit.*, p. 107).

Pour la sœur Briquet, la prison est le lieu privilégié où Dieu parle au cœur. La prière et la pénitence l'embellissent ; la religieuse y accomplit la volonté de Dieu et y trouve de nouvelles croix à porter. La prison devient pour la mère Angélique de Saint-Jean un lieu sacré, le temple des martyrs. Le monde nocturne est métamorphosé en monde lumineux, solaire et les valeurs ténébreuses sont converties en normes positives. L'empire de la mort est dénoué, vaincu par le Christ ressuscité, jailli du tombeau. L'image de la tombe, de la mort, est renversée. Une prison civile, puisque les religieuses connaissent le même régime juridique que les prostituées, devient pour la mère Angélique de Saint-Jean, un espace divin où se déploie le temps cyclique, celui de la liturgie.

Ainsi, un monde hostile et inconnu est transfiguré et sublimé ; il permet aux religieuses de ne pas sombrer dans le désespoir et de résister aux pressions et manœuvres de leurs ennemis. Les religieuses les moins aptes à cette sublimation, à ce retournement psychique, seront fragilisées. Victimes de dépression, sensibles aux arguments et au chantage d'Hardouin de Péréfixe, privées de la communion, elles vont signer le formulaire.

L'exploration du cœur

La réclusion, c'est l'heure de vérité. Les doutes vont inquiéter l'esprit, le cœur va connaître la tentation qui impulse toute une dynamique : un balancement de l'esprit, mis en branle par le doute, une affectivité en crise qui rompt les liens spirituels avec le reste de la communauté. La conscience oscille entre deux pôles opposés : soit elle va porter ses préoccupations vers l'extérieur, se dissipe et va être entraînée à la signature, soit elle demeure ferme, ancrée dans l'humilité, et refuse l'influence du monde.

Or, des pensées secrètes presque imperceptibles, nées dans les replis du cœur, vont influencer d'une manière insidieuse le comportement des captives. Elles les poussent à se renier. En effet, une dissipation qui détourne de Dieu va ouvrir la porte de l'esprit aux arguments des adversaires et des visiteurs, mettant fin au recueillement. Celles qui vont signer vont s'abandonner à cet esprit de distraction. Dans les replis obscurs de l'âme, l'orgueil va se déployer. Dieu se retire alors d'une âme qui ne trouve plus de repos en lui. C'est pourquoi, la religieuse va s'occuper de choses terrestres. Le recueillement lui devient pénible. Infidèle à sa vocation, elle est livrée au péché qui la mine dans le secret.

Ainsi, les religieuses qui ont signé sont les victimes de leur propre obscurcissement. Aveuglées, elles goûtent alors un repos provisoire et trompeur. Des images spatiales décrivent leur faute : c'est la chute dans l'abîme, dans les précipices où règnent les ténèbres.

La sœur Dupré explique sa chute par son orgueil, sa présomption, son activité passée désordonnée. Elle manquait d'humilité, sa foi n'avait pas de fondements solides. Son apparente fermeté rend sa signature d'autant plus troublante, sa chute est sujet d'étonnement pour elle-même :

> [...] je n'avais pas suivi le précepte de votre évangile, qui nous avertit, que quand nous voulons édifier une tour, nous devons voir si nous avons de quoi fournir aux dépenses, de peur qu'en ayant posé le fondement, et n'ayant pas de quoi l'achever, tous ceux qui la verront se moquent de nous (Dupré, *op. cit.*, p. 134-135).

La sœur Dupré fut victime des exhortations du monde qui la prive de la présence divine :

> Le diable, qui dès longtemps avait conjuré ma ruine, ne me mettait que l'obéissance à la tête. Il semblait que tout ce que je lisais, et ce que je pensais n'était qu'obéissance. Le mal qui me pressait me rendait moins soigneuse de recourir à vous, mon Dieu, qui en punition de mon orgueil, non celui que j'avais commis dans toute cette affaire, où toutes mes sœurs, qui ont soutenu jusqu'aujourd'hui, se sont comportées si humblement et si discrètement, et moi au contraire si indiscrètement ; mais aussi en punition de tout l'orgueil de 47 ans de ma vie si négligente et si peu religieuse, vous vous retiriez de moi et me laissiez à moi-même. Et comme vous m'aviez laissé bâtir la tour de mon orgueil bien haut, vous vous retirâtes de moi avec justice dans ce même temps ; afin que ma chute fût plus grande, et que les effets de votre grâce me fussent plus sensibles au temps que vous aviez ordonné de me la faire. Toutes mes lumières commencèrent à s'obscurcir [...] (*ibid.*, p. 162).

La sœur Marie-Charlotte de Sainte-Claire d'Andilly explique sa signature par son amour-propre. Elle se reproche sa trop grande complaisance vis-à vis d'elle-même :

> Mais en quoi j'ai manqué, et ce qui a été, comme je crois, la cause de ma chute, c'est que je me suis trop regardée moi-même et ma propre faiblesse : j'ai manqué de foi et de confiance en Dieu, et au lieu de lui demander la force de lui être fidèle jusqu'au bout, comme je le devais espérer de sa bonté, je ne lui demandais presque autre chose que la délivrance de ma captivité [...] (*Divers Actes de P.-R.*, *op. cit.*, *Relation de sœur Marie-Charlotte de Ste Claire Arnauld d'Andilly*, p. 157).

La sœur Candide Le Cerf goûte un faux repos où l'a plongée l'aveuglement de son esprit. S'étant abandonnée à elle-même, Dieu la délaisse et elle s'égare dans les ténèbres de l'erreur, étant, sans Dieu, incapable de distinguer la vérité du mensonge. Au silence de Dieu répond le consentement à la chute :

> Je tombais ainsi dans un obscurcissement si grand, que je ne discernais plus rien, et ne voyais plus autre chose, sinon qu'on était obligé de se soumettre à

> l'Église ; et dans cet aveuglement je ne laissais pas d'avoir au fond du cœur un témoignage que ma conscience me rendait, que Dieu voyait bien que je ne voulais pas l'offenser, et une pleine confiance que si j'avais manqué par ignorance, il ne me l'imputerait pas, et que sa bonté ne m'abandonnerait pas dans le péché s'il y en avait. Sur cette persuasion je demeurai dans un faux repos et dans un aveuglement entier, ne pouvant plus trouver de raisons pour me défendre de la signature. Ce qui m'a bien fait connaître ce que j'étais et que nous ne sommes capables que de tomber, quand Dieu nous abandonne à nous-mêmes ; qu'il ne faut point nous assurer sur nos lumières, ni même sur notre bonne volonté, et que Dieu fait miséricorde à qui lui plaît ; puisque après la force que je sentais et la bonne disposition où il m'avait mise, il a permis que je tombasse (*ibid.*, *Relation de sœur Madeleine de Ste Candide Le Cerf*, p. 141).

La douleur de la sœur Marie-Angélique Arnauld d'Andilly est indicible, car les fondements de sa foi sont ébranlés. Elle ne parvient plus à prier. L'effroi et le désespoir se sont emparés d'elle :

> J'ai éprouvé pendant plus d'un mois des peines d'esprit si grandes, que je me suis trouvée souvent en doute si je croyais en Dieu, ou si je n'y croyais pas : il me semblait que je n'avais point de foi, et que je doutais s'il y avait une éternité. L'accablement de mon esprit était si grand, que je ne pouvais quasi prier Dieu [...] j'étais dans des doutes et des obscurités si effroyables disant : mon Dieu, ayez pitié de moi, vous connaissez mon état, éclairez mes ténèbres : si je suis dans le bon chemin, faites-moi la grâce d'y marcher ; si je n'y suis pas, faites le moi connaître. Je passais les jours et les nuits en larmes [...] (*ibid.*, *Relation de sœur Marie-Angélique de Ste Thérèse Arnauld d'Andilly*, p. 35).

La crise qui accabla la mère Angélique de Saint-Jean d'Andilly est connue ; Sainte-Beuve la commenta longuement[27], Pierre Magnard[28] et Jean Orcibal[29] l'analysèrent. Il convient toutefois de préciser que ses mécanismes correspondent aux épreuves spirituelles que traversèrent ses consœurs captives. Elle présente des spécificités : la mère fut tentée par une crainte excessive, elle pensait subir le châtiment de Dieu pour ses péchés. Cette crainte excessive la conduisit à un grand abattement, cause d'indicibles peines. Une confusion intérieure fit germer le doute en son esprit ; des pensées presque imperceptibles, sous-jacentes à la

---

27 Sainte-Beuve, *op. cit.*, t. II, p. 714-721.

28 « Angélique de Saint-Jean ou l'esprit de résistance » *Chroniques de Port-Royal*, n° 34, 1985, p. 16-20.

29 *Port-Royal entre le miracle et l'obéissance*, 1957, p. 43-45.

conscience, firent leur chemin et la menèrent vers le désespoir qu'elle entrevit et à la sécheresse spirituelle. Elle demeura au seuil de cet enfer[30].

UNITÉ ET DIVERSITÉ DES *RELATIONS* : ODYSSÉE DU SALUT ET COMBAT PERSONNEL

Les *Relations de captivité* présentent des caractéristiques communes. En effet, ce sont des narrations, comme l'indique leur titre. Ces journaux de prison partagent tous les mêmes objectifs : témoigner, comme le firent les martyrs de l'Église primitive, imiter les *Actes des martyrs* au caractère souvent procédurier, livrer à la postérité le témoignage d'une injuste persécution et restaurer l'image de Port-Royal. Il s'agit aussi de plaidoyers *pro domo.*

Leur spontanéité, leur sincérité, leur style le plus souvent sans apprêt, mêlant franchise et parfois humour, les distinguent des arides et âpres ouvrages de controverses jansénistes, qui manient une lourde érudition. Leur vivacité souvent ironique et leur réalisme ont traversé les siècles et ont entraîné la faveur du public, lors de leur édition au début du XVIIIe siècle. En effet, ces récits sont accessibles au plus grand nombre. De leur lecture se dégage une première impression d'homogénéité qui se fonde sur une certaine unité de style. On peut qualifier ce style de classique. Une spontanéité non dénuée d'humour, le naturel, dont Sainte-Beuve se délectait, un réalisme psychologique manifeste, un sens aigu de l'observation, un esprit procédurier hérité du Grand Arnauld et des familles de robins, dont étaient issues la plupart des captives, le recours à la raison, fondent cette analyse.

Autre point commun de ces *Relations* : un sentiment de révolte face à l'oppression des ennemis et des geôlières. Il jaillit vigoureusement : il offre aux *Relations* dynamisme et cohérence. L'esprit de Port-Royal, celui d'une communauté unie, proclamant sa liberté de conscience et son refus de la tyrannie, s'y affirme avec force. Il renie les valeurs mondaines : gloire, honneur, réputation, obéissance aveugle aux supérieurs, ces faces hideuses d'une cité terrestre corrompue. La captivité, un retour à la vie érémitique, va renforcer l'intériorité des religieuses. Mettre à l'épreuve l'authenticité de leurs convictions va déclencher une prise de conscience. La prison, c'est une aventure, un voyage initiatique personnel, parsemé

30 *Cf.* Arnauld d'Andilly, 1954, p. 62-66.

d'embûches, une véritable odyssée du salut. La plume de chaque captive la décrit, retrace un périple finalement victorieux, sans triomphalisme. Ce cheminement douloureux, fil conducteur, confère au corpus des *Relations* son unité profonde. L'atmosphère mélancolique et poétique qui enrobe les narrations des exilées renforce cette impression : le clair-obscur baigne des journées mornes qui défilent, alors qu'un avenir incertain, chargé de menaces, n'empêche pas le déroulement des offices monastiques, qui rythment les heures et les jours.

Parfois, le plaisir de l'écriture s'épanouit chez ces religieuses qui s'interdisent toute joie esthétique. On décèle une vivacité ironique dans la mise en scène des adversaires croqués, dans le comique des propos ennemis. Ce piquant maintient en haleine un lecteur que les polémiques incessantes sur la signature pourraient lasser. Même la chute de certaines religieuses, attendue mais repoussée, retient l'intérêt du lecteur. Dans toutes les *Relations* règne une grande liberté de ton, une liberté de jugement par rapport aux institutions, à l'Église, au pape, au clergé, et aux adversaires.

Néanmoins, chacune de ces *Relations* conserve son cachet propre, rend son auteur visible. Le lecteur peut dresser un portrait psychologique et intellectuel de chaque captive : la fermeté côtoie l'irrésolution et la fragilité, la naïveté et la véhémence de certaines plumes peuvent être confrontées à la culture et à la douceur de leurs consœurs. Sainte-Beuve fut sensible à cette diversité :

> Il y eut jusqu'à douze ou treize de ces Récits de captivité, presque autant que de captives ; de ce nombre il en est d'assez différents de ton et d'inspiration, et, bien que tous entrepris sous prétexte de docilité et par l'ordre des supérieurs, quelques-uns ont tout l'air de chercher la lumière et d'être faits en vue du public (Sainte-Beuve, *op. cit.*, t. II, p. 705).

En effet, chaque *Relation* reflète la personnalité, la culture et la sensibilité de chaque religieuse. Les propos de révolte, l'agressivité face aux autorités n'ont fait l'objet d'aucune censure. Il en est de même des propos sur les geôlières, terme qui heurtait Le Maistre de Sacy. Il n'obtint pas le retrait de cette dénomination. Il semble donc peu probable que la mère Angélique de Saint-Jean d'Andilly ait amendé, adouci, voire censuré ces textes. En outre, ils correspondent à sa propre révolte et épousent totalement ses sentiments. Par ailleurs, l'ampleur de la chute de certaines religieuses, leur désespoir et leur colère sont exposés avec franchise. Ils ne correspondent pas à l'image lisse de la résistance qu'offrent les *Relations* de la mère Agnès et de la sœur Anne-Eugénie de Boulogne. Enfin, chaque *Relation* conserve sa propre écriture, son rythme et sa rhétorique. Chaque religieuse expose sa manière de lutter, de s'adapter à un environnement hostile. À l'ardeur guerrière et polémique des *Relations* d'Angélique de Saint-Jean, des sœurs Briquet et de Brégy, répondent la douceur paisible des mères Agnès et Anne-Eugénie. La naïveté agressive et la force de la sœur Chouy de Pensières font contre-poids au désespoir violent, aux larmes des sœurs Marie-Charlotte et Marie-Angélique Arnauld d'Andilly. L'éloquence recherchée de la sœur Dupré s'oppose à la simplicité de l'écriture des sœurs Le Cerf et Thomas du Fossé. La gravité et les soucis du devenir de son monastère pondèrent la révolte et l'ironie de l'abbesse de Ligny, alors que la *Relation* de la prieure, la mère Le Conte, évoque ses peines d'esprit et son trouble qu'elle vainquit.

Ainsi, ce corpus est loin de dégager une morne impression d'uniformité comme si les *Relations* étaient fondues dans une espèce de terne homogénéité. Chaque *Relation* retrace une aventure individuelle et un parcours collectif. Une extrême tension dramatique, provoquée par la pression des adversaires, parcourt ces écrits et balise un itinéraire qui engage le salut de l'âme. En effet, des femmes ayant fait vœu d'obéissance osent se révolter contre les autorités. Nous ne partageons donc pas le point de vue de Catherine Maire commentant brièvement ces *Relations*, en relevant leur banalité :

> [...] ces relations n'ont rien d'extraordinaire, elles offrent aux fidèles des formes de vie auxquelles s'identifier, des exemples réussis de résistance à l'intérieur de l'Église (Maire, 1998, p. 480).

Ces *Relations de captivité*, composées dans la fièvre de l'urgence, se veulent avant tout une apologie du monastère et de la justesse de sa cause. Œuvres à la fois intimes et polémiques, ces journaux de prison sont les témoins d'un combat spirituel et d'une résistance qui engage le salut des captives. Ils témoignent de la phase la plus intense de la grande persécution, de la période la plus difficile. Ces créations littéraires, témoins d'une grande liberté d'expression, naissent dans un cercle étroit et manifestent indirectement leur hostilité aux autorités.

La fin de la captivité – une amère victoire – permet à la communauté ressoudée de panser ses plaies, en composant ces écrits, alors que Port-Royal des Champs est devenu une prison cernée par la milice. L'épée des religieuses en révolte, leur plume, veut préserver la mémoire d'un douloureux combat des consciences blessées, en léguer le souvenir à la postérité. C'est aussi un acte de protestation contre l'arbitraire de l'absolutisme. Le roi et l'Église ne sont pas parvenus à détruire les raisons de vivre de la communauté, à étouffer son énergie au service d'une Église idéale, qui s'abreuve aux sources de l'augustinisme. Littérature de combat et de crise, ce genre particulier des *Relations de captivité* constitue une littérature féminine d'engagement spirituel qui échappe au moule conventionnel des *Confessions* de saint Augustin. En effet, les *Relations de captivité* témoignent à la fois de l'autonomie de la raison et de la liberté de conscience. Par cette démarche, elles heurtent de front les deux absolutismes qui s'emploient à dominer les esprits : l'État et la papauté.

DEUXIÈME PARTIE

LES *RELATIONS DE CAPTIVITÉ*, UN MYTHE FONDATEUR DU JANSÉNISME

LA PREMIÈRE RELECTURE RACINIENNE DU DESTIN DES RELIGIEUSES DE PORT-ROYAL

Racine, à la fin de sa vie, souhaita transmettre à la postérité une image très idéalisée de Port-Royal, lieu cher à sa mémoire. En effet, les Messieurs de Port-Royal[1] avaient éduqué le jeune Racine orphelin. Le monastère, à ses yeux, est un lieu d'élection où règne la grâce de Dieu, un « port de sainteté », une « sainte vallée » (Étemare, 1734, p. 174-175)[2]. Durant les dernières années de sa vie, marquées par la conversion, Racine, dévot, fut l'ami dévoué de Port-Royal. Ses interventions auprès du roi en faveur du monastère et la rédaction, à partir de 1693 ou 1695[3], de son hagiographie de Port-Royal, l'*Abrégé de l'histoire de Port-Royal*[4], prouvèrent son attachement à la cause des religieuses. Ainsi, l'historiographe officiel de ce roi, farouche ennemi de Port-Royal, écrivit un texte clandestin, son œuvre ultime, dont la famille Racine ignorait l'existence.

L'*Abrégé* est inachevé car la mort surprit son auteur ; Racine consacra ses dernières pages à l'enlèvement des religieuses et à leur captivité de 1664.

Il semble que l'*Abrégé* soit le premier écrit qui retrace, avant sa destruction, l'histoire tourmentée du monastère. Cette œuvre est donc un témoignage exceptionnel, d'une importance capitale. Racine, qui connaissait les religieuses, avait certainement obtenu, lors des entretiens avec sa tante[5] et les religieuses au parloir, des informations de première

1 Enfant, il appelait Antoine Le Maistre son « cher papa ». Racine avait été l'élève le plus brillant des Petites écoles de Port-Royal.

2 Racine, *Ode sur la destruction de Port-Royal*. Elle figure dans les *Gémissements* de l'abbé d'Étemare.

3 Les critiques hésitent entre ces deux dates.

4 L'ouvrage ne paraîtra qu'en 1742 pour la première partie et en 1767 pour la seconde partie (après l'expulsion des jésuites de France).

5 La mère Agnès de Sainte-Thècle Racine fut élue abbesse de Port-Royal des Champs le 2 février 1690, en remplacement de la mère du Fargis démissionnaire pour cause de maladie. Elle mourut le 19 mai 1700.

main. Il avait aussi lu les *Relations de captivité* des religieuses qui circulaient, sous forme de manuscrits, parmi les amis de Port-Royal, comme l'indique sa mention de la *Relation de captivité* de mère Angélique de Saint-Jean Arnauld d'Andilly à la fin de son *Abrégé.* Pour Racine, Port-Royal survit dans les cœurs, même si son *Abrégé* revêt la forme d'annales : en effet, pour lui, l'histoire de Port-Royal est déjà accomplie. Sa plume ne la ressuscite pas : il entreprend une narration qui, sous les apparences de l'objectivité du récit, se veut un plaidoyer pour le monastère. C'est pourquoi Racine évite soigneusement de donner de Port-Royal l'image d'une secte, d'un parti rebelle. Il tente aussi de disculper le roi et se rabat sur les jésuites, responsables de la persécution. Il fait œuvre de psychologue en exposant que les vertus de Port-Royal, si opposées à l'esprit du temps et si éminentes face à la médiocrité ambiante, causèrent sa perte. L'histoire de Port-Royal ne relève pas des hommes, mais de Dieu.

LE RÉCIT D'UNE HISTOIRE TRAGIQUE, L'ACCOMPLISSEMENT DU DESSEIN DE DIEU

PORT-ROYAL PROJETÉ DANS LE SIÈCLE

Port-Royal bénéficie d'interventions de la grâce divine, que de nombreux miracles confirmèrent dès le retour définitif de mère Angélique Arnauld à Port-Royal des Champs, après les travaux d'assainissement qu'y effectuèrent les Solitaires. Les premiers miracles qui nous furent transmis par mère Angélique de Saint-Jean, témoin oculaire, sont celui des pièces de cinq sols convertis en demi-louis et celui de la mauvaise farine transformée en farine blanche, durant la Fronde, en 1649[6]. Ces faveurs divines doivent demeurer secrètes, tout comme la pratique de l'ascèse par les religieuses et leurs actes de charité. Silence et retrait du monde ensevelissent l'action du Dieu caché. La mère Angélique Arnauld exigeait le silence sur ces faits extraordinaires. Pourtant, certaines faveurs divines furent connues du monde. L'action de Dieu devint visible ;

6 *Cf.* Besoigne, 1752, p. 72-75 : il donne de larges extraits des *Mémoires pour servir à l'Histoire de Port-Royal*, dits *Mémoires d'Utrecht.*

Port-Royal, malgré lui, fut révélé au monde, Dieu l'ayant revêtu de son éclat. Il connut la gloire des saints. Un monastère qui se voulait coupé du monde ne cessa d'être projeté dans l'agitation du siècle, et devint, malgré lui, un point de fixation pour le pouvoir politique, un symbole d'opposition au roi. Racine soulève ce paradoxe avec beaucoup de tact, sa plume est en harmonie avec la discrétion des religieuses :

> Dieu a bien voulu confirmer cette sainteté par plusieurs miracles ; et on en pourrait rapporter un grand nombre sans le soin particulier que les religieuses de Port-Royal ont toujours eu, non seulement de cacher le plus qu'elles peuvent leur vie austère et pénitente aux yeux des hommes, mais de leur dérober même la connaissance des merveilles que Dieu a opérées de temps en temps dans leur monastère (Racine, 1966, p. 116).

Les grâces qui comblèrent le monastère n'arrêtèrent pas le mécanisme de la persécution qui redoubla de violence. Or, l'*Abrégé* démontre à ses lecteurs, à toute la postérité, que cette persécution frappe des religieuses innocentes, ignorantes des querelles sur la grâce. Les religieuses sont victimes de la pureté de leur conscience et de leur amour de la vérité qui les empêchent de condamner Jansénius.

L'INNOCENCE PERSÉCUTÉE PAR DES JÉSUITES IMPLACABLES ET FOURBES

Racine va mettre en scène un thème omniprésent dans ses tragédies, celui de l'innocence persécutée. Il va tenter de démontrer non seulement l'orthodoxie doctrinale des religieuses et leur ignorance des débats polémiques sur la grâce efficace, mais encore le caractère absolu de leur résistance et l'injustice de la persécution qui s'abat sur le monastère. Racine compare souvent cette persécution à un orage prêt à éclater, dont on peut deviner les premiers coups de tonnerre, les prémices. En effet, la persécution se déroula de manière progressive, par étapes : lentement le piège allait, tel un mécanisme inexorable, se refermer sur les religieuses. Les jésuites allaient d'abord attaquer le Grand Arnauld, puis Port-Royal, considéré comme la place forte du jansénisme. Aux campagnes de calomnies succéda l'affaire du formulaire, véritable machine de guerre contre les religieuses. Ce formulaire donna l'occasion au roi de faire enlever douze religieuses[7] et de

7 Aux yeux du pouvoir, ce sont les meneuses, les personnalités les plus influentes du monastère.

leur imposer une rude captivité en 1664-1665. Port-Royal des Champs se transforma alors en prison, cernée par la milice jusqu'à la Paix de l'Église.

Pour Racine, à travers Port-Royal, les jésuites voulurent tout d'abord atteindre le Grand Arnauld. Tous les moyens sont mis en œuvre pour l'abattre. La bulle *Cum occasione* de 1653 avait condamné les cinq propositions, sans les attribuer d'une manière expresse à Jansénius. Arnauld et ses amis reçurent respectueusement cette bulle, puisqu'elle ne condamnait pas Jansénius, au grand dépit des jésuites. Ceux-ci rallumèrent alors la guerre contre Arnauld, s'en prirent à Jansénius, aux jansénistes et à saint Augustin lui-même. Ils voulurent aussi censurer les fameuses *Heures de Port-Royal*. Racine émet la thèse du complot. Les jésuites avaient prémédité la destruction de Port-Royal, par esprit de vengeance :

> [...] leur vengeance ne serait jamais satisfaite qu'ils n'eussent perdu M. Arnauld, et détruit une sainte maison contre laquelle ils avaient prononcé cet arrêt dans leur colère : *Exinanite, exinanite usque ad fundamentum in ea*[8] (*op. cit.*, p. 71).

Les jésuites réussirent, dans l'esprit du public et du roi, à créer un amalgame entre les amis d'Arnauld et le monastère de Port-Royal. Ce furent de redoutables censeurs qui s'en prirent aussi au supposé rigorisme de Port-Royal inspiré par le contenu de *La Fréquente communion* du Grand Arnauld. Les jésuites exercèrent, par une série de calomnies, des pressions déstabilisatrices sur Port-Royal.

Les religieuses ne furent pas épargnées ; les jésuites, qui gouvernaient la conscience de la cour[9], les diffamèrent auprès d'Anne d'Autriche. Bien sûr, l'ennemi ne lâcha plus sa proie et exploita sa victoire ; la police ferma les Petites écoles de Port-Royal, les Solitaires furent dispersés et le Grand Arnauld dut se cacher et vivre dans la clandestinité. Racine oppose le triomphe glorieux des jésuites aux souffrances des victimes qui subirent les tracasseries du lieutenant civil. La persécution faillit s'en prendre directement aux religieuses, consternées par la menace d'enlèvement des novices et des pensionnaires[10], mais le miracle de la Sainte-épine suspendit provisoirement les manœuvres de l'ennemi. Racine

---

8 « Exterminez et abattez jusqu'à ses fondements » (Le Maistre de Sacy, 1990). Il s'agit du psaume 136, 10.

9 Le confesseur du roi est, depuis Henri IV, un jésuite.

10 Ces renvois devaient aboutir à une lente extinction du monastère en le privant à la fois d'une source de revenus et de sang neuf.

démontre que les jésuites ne renoncèrent pas à détruire leurs ennemis, en les accusant d'hérésie. Or, le nouveau pape Alexandre VII[11] leur était favorable. Racine dresse son portrait psychologique, certes sommaire, mais très peu édifiant[12]. Les jésuites en obtinrent la bulle *Ad sacram* :

> Il est évident que les jésuites ne furent plus puissants à Rome que sous son pontificat. Il ne tarda guère à publier une constitution[13], où non content de confirmer la bulle d'Innocent X contre les Cinq propositions, il traitait d'enfants d'iniquité tous ceux qui osaient dire que ces propositions n'avaient point été extraites de Jansénius, ni condamnées au sens de cet évêque : assurant qu'il avait assisté lui-même au jugement de toute cette affaire, et que l'intention de son prédécesseur avait été de condamner la doctrine de Jansénius [...] (*op. cit.*, p. 102).

L'*Abrégé* détaille longuement l'affaire du formulaire, que les jésuites mirent en route afin de broyer Port-Royal. Refuser de signer le formulaire, c'est faire aveu d'hérésie. Il fallait prêter serment en prenant Dieu à témoin. La sémantique de Racine ne laisse aucun doute sur les sentiments qu'éprouvaient les jésuites, qui étaient décidés à aller jusqu'au bout de leur haine, à fabriquer des hérétiques :

> Ce ne fut pas assez pour le P. Annat d'avoir fait juger dans l'assemblée du Louvre que les Propositions étaient dans Jansénius, et d'avoir ensuite fait ordonner, dans l'assemblée des quinze évêques, que la Constitution et le bref seraient signés par tout le royaume : il entreprit encore d'établir un formulaire ou profession de foi, qui comprît également la créance du fait et du droit, et d'en faire ordonner la souscription sous les peines portées contre les hérétiques. C'est ce fameux Formulaire qui a tant causé de troubles dans l'Église, et dont les jésuites ont tiré un si grand usage pour se venger de toutes les personnes qu'ils haïssaient (*ibid.*, p. 99).

Racine illustre le caractère politique de l'affaire du formulaire. L'Assemblée du clergé, moutonnière, fit preuve d'excès de zèle et prit des mesures de répression anticipée à l'encontre des futures non-signataires du formulaire, afin de plaire à la cour, c'est-à-dire au roi.

Racine met en lumière l'ignorance des religieuses et leur soumission, ce qui semble paradoxal, étant donné leur refus d'obéissance au roi :

11 Il s'agit de Fabio Chigi.

12 Le futur pape use de ruse et de mensonge, manœuvrant afin de parvenir au pontificat.

13 Constitution est synonyme de bulle.

> Elle rappelait ensuite toutes les calomnies dont on l'avait déchirée et ses religieuses ; la protection que leur innocence avait trouvée auprès de feu M. de Gondi, leur archevêque et supérieur, et les censures dont il avait flétri les infâmes libelles de leurs accusateurs, qui n'avaient pas laissé de continuer leurs impostures. Elle rapportait les témoignages que ce prélat, et tous les supérieurs qu'il leur avait donnés, avaient rendus de la pureté de leur foi, de leur soumission au Pape et à l'Église, et de l'entière ignorance où on les avait toujours entretenues touchant les matières contestées, jusque-là qu'on ne leur laissait pas lire le livre *De la Fréquente communion* même, à cause des disputes auxquelles il avait donné occasion (*ibid.*, p. 113-114).

L'historiographe insiste tout particulièrement sur l'enquête que monsieur Bail, nouveau supérieur du monastère désigné par le roi, mena après que monsieur Singlin[14] et les confesseurs habituels furent chassés, au mépris de toute régularité juridique. Les investigations de monsieur Bail, hostile au jansénisme, comme le rappelle Racine, furent très approfondies ; elles durèrent deux mois durant lesquels toutes les religieuses de Port-Royal de Paris furent interrogées sur leur foi[15], d'une manière très tendancieuse, leur nouveau supérieur leur dressant des pièges[16]. Racine cite mot à mot la carte de visite[17] que monsieur Bail établit. Il souligne avec ironie que cette carte de visite est la meilleure apologie des religieuses. Avec emphase, procédant par amplification stylistique, il dresse le bilan de la visite, preuve de l'innocence persécutée et hommage du vice à la vertu ; il donne corps aussi à la théorie du complot qui permet d'innocenter le souverain :

> Voilà, en peu de mots, l'apologie des religieuses de Port-Royal ; les voilà reconnues très pures dans leur foi et dans leurs mœurs, très soumises à l'Église, et très ignorantes des matières contestées ; et voilà par conséquent les jésuites déclarés de très grands calomniateurs par l'homme même que les jésuites avaient fait nommer pour examiner ces filles. Vraisemblablement on se garda bien de montrer au Roi cette carte de visite, qui aurait été capable de lui donner contre les persécuteurs de ces religieuses toute l'indignation qu'ils lui avaient inspirée contre elles. Je ne sais point si M. Bail prit, pour les justifier, les soins que sa conscience l'obligeait de prendre (*ibid.*, p. 117).

---

14 Il quitta Port-Royal le 8 mai 1661 afin de se cacher.

15 Les procès-verbaux rédigés par les religieuses se lisent dans leur *Histoire des Persécutions*.

16 Ainsi, à Port-Royal des Champs, ils les interrogea à l'improviste et non pas, comme le voulait l'usage, dans l'ordre de leurs fonctions et de leur âge.

17 C'est le compte-rendu de la visite.

Racine commente longuement la résistance des religieuses de Port-Royal. Tout d'abord, elles refusent de mentir en signant le formulaire : en portant atteinte à la vérité, par un faux témoignage, elles blesseraient Dieu même, puisque le formulaire est un serment. Eclairées par leurs confesseurs et amis, elles sont confortées dans leur opposition à la signature. Elles ne peuvent, sous la foi d'un serment, affirmer l'existence d'un fait douteux : la présence dans l'*Augustinus* des cinq propositions. Les religieuses, en n'obéissant pas à la hiérarchie ecclésiastique, prennent tous les risques :

> Le premier mandement avait déjà causé beaucoup de trouble parmi ces filles, qui appréhendaient, en le signant, de blesser la vérité [...]. Mais comme c'est cette crainte, et, si l'on veut, ce scrupule, qui leur a dans la suite attiré tant de persécutions, et qui a, en quelque sorte causé la ruine de leur maison, il est bon de dire ici d'où venait en elles une si grande délicatesse de conscience (*ibid.*, p. 120).

Les religieuses rejettent les compromis qui porteraient atteinte à la vérité. Elles font appel à leur propre jugement afin de décider de la signature, refusant les arguments d'autorité :

> Ainsi, soit qu'elles se trompassent ou non, pouvaient-elles en sûreté de conscience signer le Formulaire ? N'était-ce pas attester qu'elles croyaient le contraire de ce qu'en effet elles pensaient ? On répondait qu'elles devaient s'en fier à la décision des deux Papes (*ibid.*, p. 121-122).

Le caractère extraordinaire de la résistance des religieuses, qui demeuraient attachées à leurs propres sentiments et convictions, ne semble pas étonner Racine. Il justifie ce refus de la signature pure et simple par le doute des religieuses quant à la question de fait : les cinq propositions condamnées sont-elles ou non contenues dans l'*Augustinus* ? Or, le pape n'est pas infaillible[18] quant aux questions de fait. Racine, avec habileté, transforme ce problème de la question de fait en une problématique que le bon sens, celui du lecteur, est à même de résoudre. Il interroge directement la postérité, qui ne peut qu'approuver le choix des religieuses de ne pas signer le formulaire.

---

18 Seuls les jésuites prônaient alors l'infaillibilité pontificale, laquelle permettra au pape d'exercer son emprise sur les Églises locales, notamment sur l'Église de France de culture gallicane.

Ce refus serait inspiré par l'exercice de la raison et obtiendrait le consentement universel[19] :

> Il y avait donc lieu de douter, et elles doutaient effectivement, que ces propositions fussent dans le livre de cet évêque mort en odeur de sainteté, et qui, dans son ouvrage même, paraissait soumis jusqu'à l'excès au Saint-Siège[20]. [...] Mais elles avaient appris de toute l'Église que les Papes, ni même les conciles, ne sont point infaillibles sur les faits non révélés. Et y a-t-il quelqu'un, si ce n'est les jésuites, qui le puisse soutenir ? Le contraire n'est-il pas aujourd'hui avoué de toute la terre ? Et n'était-il pas alors aussi vrai que maintenant ? Il est donc constant que ces filles ne refusaient de signer que parce qu'elles craignaient de faire un mensonge (*ibid.*, p. 122).

Il appartient donc à l'opinion de juger les religieuses ; bien sûr, Racine laisse entendre au lecteur que le public approuve la résistance des religieuses. Il s'agit d'un public lettré qui n'est pas que celui des courtisans et des spectateurs des pièces de théâtre. Ce public, que Racine interroge, appartient à la sphère privée des lecteurs, il s'agit des lecteurs du livre imprimé[21] dont Racine interroge la subjectivité. Ce public ne puise pas sa légitimité sociale dans l'apparat de la sphère publique : il affirme son autonomie par rapport au pouvoir politique, notamment en lisant une historiographie rédigée en secret ! Ce public cultivé se détache de la cour et va constituer une sphère autonome, grâce notamment à la critique littéraire[22].

Racine apporte une nouvelle pièce au dossier de la défense des religieuses. Cette preuve illustre l'arbitraire du pouvoir et son acharnement contre Port-Royal. En effet, d'autres monastères refusèrent la signature pure et simple et rédigèrent un codicille au mandement afin d'expliquer leur signature. Ces monastères, notamment celui du Val de Grâce, ne furent pas inquiétés. La répression allait se mettre en route.

---

19 C'est aussi l'approche de Pascal dans sa *dix-septième Provinciale* : il estime que pour les questions de fait, le lecteur doit être guidé par les sens et par la raison. L'autorité du pape sur les questions de faits non révélés est donc contestée.

20 Jansénius était partisan de l'infaillibilité pontificale.

21 L'auteur fait appel au sens critique du lecteur ; l'époque n'était pas accoutumée à l'idée qu'un texte puisse avoir autant de sens que de lecteurs et même de lectures. Or, Racine s'appuie sur des lectures singulières du formulaire et des cinq propositions.

22 On pourra lire avec grand profit le célèbre ouvrage de Jürgen Habermas, *L'espace public*, Paris, Payot, 1993.

LA CAPTIVITÉ DES RELIGIEUSES : LA TERRIBLE ANNÉE 1664

L'année 1664 fut celle de la grande persécution. Néanmoins, elle avait débuté sous des auspices favorables pour les augustiniens. En effet, le 24 mars 1664, Alexandre VII avait confirmé la nomination d'Hardouin de Péréfixe à l'archevêché de Paris[23]. Racine le dépeint comme un courtisan, mais au fond « très bon homme, fort ami de la paix, et qui eût bien voulu, en contenant les jésuites, ne point s'attirer les défenseurs de Jansénius sur les bras » (*op. cit.*, p. 132). Racine a quelque mérite de le dépeindre sous un jour plus favorable, ce qui confère à son récit une apparente objectivité.

Racine résume pour la postérité tout le processus de répression que mit en œuvre l'archevêque. Hardouin de Péréfixe n'osa affronter ni les conséquences de ses sanctions, ni les larmes de ses victimes[24] :

> Il se rendit à Port-Royal et, ayant fait venir à la grille toute la communauté, comme il vit leur fermeté à ne rien changer à la signature qu'elles lui avaient fait offrir, il ne garda plus aucun ménagement ; il les traita de rebelles et d'opiniâtres, et leur dit cette parole, qu'il a depuis répétée en tant de rencontres : qu'à la vérité elles étaient pures comme des anges, mais qu'elles étaient orgueilleuses comme Lucifer ; et sa colère s'échauffant à mesure qu'on lui voulait dire des raisons, il descendit jusqu'aux injures les plus basses et les moins séantes à un homme de son caractère, et finit en leur défendant d'approcher des sacrements ; après quoi il sortit avec précipitation pour n'être pas témoin de leurs larmes et de leurs gémissements, [...] (*ibid.*, p. 135).

Les mesures de répression franchirent un degré supplémentaire, lorsque l'archevêque fit intervenir la police ; Racine suggère la disproportion des moyens mis en œuvre, afin de réduire l'opposition des religieuses de Port-Royal de Paris à la signature, énumérant tous les intervenants investis de la force publique.

L'image que Racine veut donner des religieuses est celle de victimes désarmées face à la violence étatique et ecclésiastique. Ce sont des femmes dociles, privées de leurs droits, qui n'opposent aucune résistance, même

---

23 Dès sa nomination, le roi lui adressa des lettres patentes insistant sur la nécessité de signer le formulaire.

24 Cette thématique des larmes est omniprésente dans la plupart des *Relations de captivité* des religieuses : ces larmes témoignent de l'intensité de leurs scrupules et de leurs souffrances spirituelles. Lors de sa captivité, la mère Angélique de Saint-Jean pleurait beaucoup, ce qui étonnait les religieuses chargées de la garder.

lorsqu'elles sont enlevées[25]. Néanmoins, elles protestent, n'acceptant pas ces voies de fait.

Racine critique moins le comportement sanguin et impulsif de l'archevêque que son arbitraire. En effet, Racine expose avec précision la violation des normes juridiques civiles et canoniques par l'archevêque, qui transforme les religieuses en victimes ; il recense, dans le cadre d'une quasi-plaidoirie, les mesures injustes destinées à persécuter les religieuses, au mépris de toute légalité. Le lecteur peut en déduire que les religieuses ont le bon droit et la justice de leur côté : elles se battent contre l'iniquité et l'arbitraire. Les religieuses n'ont alors plus le choix : elles sont contraintes d'avoir recours, sans illusion, aux procédures juridiques ; ce recours aux normes juridiques et à la procédure[26] pour se défendre, prouve, selon Racine, leur innocence. Il démontre en effet que les ennemis de Port-Royal n'ont laissé aucun choix aux religieuses[27].

L'appel devant le Parlement de Paris auquel les religieuses eurent recours échoua, parce que les religieuses enfermées en leur monastère, sous bonne garde, ne purent poursuivre leur action en justice, l'archevêque ayant interdit au Parlement de se saisir de leur litige. Il fut évoqué au Conseil dont les religieuses n'eurent rien à attendre. Un mandataire des religieuses fut même embastillé. Les religieuses, abandonnées, furent livrées à leurs ennemis. Racine le constate avec simplicité : il ne leur restait d'autre issue que celle de souffrir et de prier Dieu[28]. Hardouin de Péréfixe, par esprit de vengeance, durcit les mesures de répression qui frappaient les religieuses. La trahison de sœur Flavie, promue sous prieure du monastère[29], aggrava la souffrance des religieuses. Sœur Flavie seconda Chamillard. Elle établit la liste des religieuses trop influentes qu'il fallait enlever ; elle réussit, de concert avec Chamillard, à obtenir la signature de huit religieuses, que les scrupules tourmentaient. Elle rédigea aussi des mémoires qui diffamèrent les mères de Port-Royal et les anciens confesseurs. Chamillard

25 Ces enlèvements constituaient une violation manifeste du droit canon.

26 Elles firent appel des décisions de l'archevêque devant le Parlement.

27 Ce recours des religieuses à la procédure juridique a étonné Sainte-Beuve qui évoquait l'entêtement des religieuses. N'oublions pas que beaucoup d'entre elles sont issues de familles de parlementaires.

28 *Op. cit.*, p. 139.

29 Elle devint le troisième personnage du monastère après l'abbesse et la prieure.

et Desmarets de Saint-Sorlin[30] exploitèrent sans succès[31] ces écrits. Les efforts d'Hardouin de Péréfixe et de sa nouvelle alliée échouèrent, car les inconséquences de l'archevêque encouragèrent la résistance des religieuses. En effet, l'archevêque ne parvint pas à soutenir une position constante et rationnelle, et Racine relève avec minutie ses volte-face :

> Cette requête[32] fut fort embarrassante pour l'Archevêque, qui en effet ne tenait pas toujours un langage fort uniforme sur la signature, disant aux uns qu'il en fallait croire la décision du Pape, et aux autres, qu'il savait bien que l'Église n'avait jamais exigé la décision des faits non révélés. Il y eut même quelques-unes des religieuses de Paris qui ne s'engagèrent à signer que parce qu'il leur déclara qu'il leur permettait de demeurer dans leur doute, et qu'il ne leur demandait leur souscription que comme une marque de la déférence et du respect qu'elles avaient pour l'autorité de leur supérieur (*op. cit.*, p. 143-144).

Sur la polémique de la signature du formulaire va se greffer le problème de la privation de la communion. L'archevêque refusa de justifier cette dernière mesure qu'il prit le 21 août 1664 et qui sanctionnait durement des religieuses qui se consacraient à l'adoration du Saint-Sacrement. Elles lui écrivirent de nombreuses lettres qui demandaient l'accès aux sacrements. Toutes les *Relations de captivité* font état des sollicitations adressées à l'archevêque, afin qu'il levât cet interdit. Racine souligne le refus de répondre de l'archevêque ; il insiste sur sa mauvaise foi :

> L'Archevêque, dans cet embarras, crut devoir prendre le parti de ne point répondre à cette requête, et il fit semblant qu'il ne l'avait pas reçue (*ibid.*, p. 143).

Les lettres des religieuses demeurant sans réponse, la communauté de Port-Royal des Champs adressa deux requêtes successives à son supérieur hiérarchique, pour demander des explications. Le public connut ces requêtes, il s'en émut. Racine évoque une nouvelle fois le

30 Jésuite, ancien conseiller de Louis XIII, membre de l'Académie française, il se piquait de littérature et avait été nommé directeur de Port-Royal par Hardouin de Péréfixe ; il s'attira les foudres de Nicole, car il avait publié une *Réponse à l'insolente Apologie pour les Religieuses de Port-Royal*.

31 La trahison de sœur Flavie fit l'objet de couplets satiriques que l'on chantait sur le Pont-Neuf.

32 Il s'agit de la demande d'explication des religieuses de Port-Royal des Champs : elles avaient sollicité des éclaircissements à l'archevêque au sujet de l'obligation de la signature et de la privation de la communion.

caractère raisonnable des sentiments des religieuses, qu'expriment leurs sollicitations :

> Ces requêtes firent grand bruit ; et l'Archevêque, qui vit que la demande des religieuses paraissait raisonnable à tout le monde, conçut bien qu'il ne lui était pas permis de demeurer plus longtemps dans le silence. Il écrivit donc aux religieuses qu'il était juste de les satisfaire sur les difficultés qu'elles lui proposaient, et qu'il y satisferait dès que les grandes affaires de son diocèse lui en donneraient le loisir. Mais cet éclaircissement ne vint point [...] (*ibid.*, p. 144).

UN CLIMAT DÉLÉTÈRE

Comme le formulaire n'avait pas obtenu l'approbation du pape, la cour, sous l'influence du père Annat, sollicita de Rome un nouveau formulaire, plus contraignant. Le souverain pontife répondit favorablement à cette demande, puisqu'elle signifiait que le roi admettait, en dépit de ses conceptions gallicanes, la prééminence du pape, non seulement pour les questions de foi, mais également pour les questions de fait. En quelque sorte, la France se soumettait à Rome, qui put ainsi consolider son pouvoir. Cet enjeu n'échappa certainement pas aux religieuses[33]. La bulle *Regiminis apostolici* d'Alexandre VII est datée du 15 février 1665. Le 29 avril 1665, Louis XIV se rendit au Parlement pour faire enregistrer, par un lit de justice, cette bulle. Les pressions sur les religieuses allaient donc se renforcer, puisqu'il leur fallait obéir au pape. La rédaction du nouveau formulaire mit l'accent sur le serment qu'il fallait prêter et aggrava la condamnation de Jansénius[34]. Racine souligne l'implication personnelle du roi, qui voulait mater la rébellion des religieuses :

> Le Roi porta lui-même cette bulle au Parlement, et y joignit une déclaration, la plus foudroyante que l'on pût faire, pour obliger tout le monde à la signature. Cette déclaration enchérissait beaucoup sur la bulle : on y défendait toute sorte d'explications et de restrictions, sous les mêmes peines qui étaient portées contre ceux qui refusaient de souscrire (*op. cit.*, p. 145).

33 Les religieuses partageaient les conceptions gallicanes du Grand Arnauld et n'acceptaient pas l'évolution, encouragée par les jésuites, vers l'infaillibilité pontificale. En outre, il semble, d'après les documents que nous avons consultés, qu'elles n'avaient pas une très grande estime pour le pape.

34 Ce serment invoque l'évangile et les saints.

Le climat moral de l'affaire de la signature devint délétère, car le pouvoir était prêt à imposer des sanctions économiques, privation de bénéfices et confiscation de revenus, aux non-signataires. Des épigrammes imprimées furent diffusées. Racine lui-même participa à un pamphlet collectif virulent, *Vers sur la signature du Formulaire.* Ces vers mettent en scène la comédie de la signature et démontrent le caractère absurde de la condamnation de Jansénius, que personne n'a lu. La charge contre Rome est féroce : il faut renoncer à sa propre conviction par nécessité économique, afin de conserver ses moyens de subsistance[35]. Les auteurs[36] opposent la morale du pape à celle de l'évangile : ceux qui refusent de signer défendent la vérité. Les évêques de France réagirent d'une manière mitigée face à l'obligation de la signature. Ils ne firent pas preuve d'excès de zèle lorsqu'ils rédigèrent, dans leurs diocèses, leurs mandements qui devaient imposer la signature aux ecclésiastiques, aux religieuses et aux maîtres d'école. Plusieurs évêques observèrent le simple silence respectueux quant aux questions de fait. En relevant cette attitude partagée du clergé, Racine suggère le caractère banal de la résistance des religieuses, dont l'attitude reflète celle d'une partie du clergé.

L'INTERPRÉTATION DU DRAME, UNE CRYPTO-RÉSISTANCE RACINIENNE

LA SOUMISSION DES ESPRITS

Cette affaire des cinq propositions n'est pas l'affaire frivole dont Racine[37] se plaît à évoquer le caractère anodin, alors que lui-même dépeint avec minutie l'agitation que le formulaire suscita au sein de l'Église de France. Racine cherche à démontrer le peu d'importance en soi de cette affaire des cinq propositions, en citant Mazarin. Celui-ci utilisait la querelle des cinq propositions, très utile à la monarchie, pour focaliser les énergies et les détourner d'affaires plus sérieuses :

35 « Je ne fais point difficulté / De conserver par fausseté / Ce que j'acquis par simonie. »
36 Il s'agit d'une œuvre collective.
37 *Op. cit.*, p. 71.

> D'ailleurs il voyait avec assez d'indifférence toutes ces contestations, et n'était pas trop fâché que les esprits en France s'échauffassent pour de semblables disputes, qui les empêchaient de se mêler d'affaires qui lui auraient paru plus graves et plus sérieuses (*op. cit.*, p. 75).

Preuve supplémentaire du peu d'intérêt que présentait cette affaire : la mise en œuvre de la bulle d'Innocent X ne suscita aucun empressement. L'affaire du formulaire faillit bien sombrer dans l'oubli :

> Le cardinal Mazarin lui-même, soit que les grandes affaires de l'État l'occupassent tout entier, soit qu'il ne fût pas toujours d'humeur à accorder aux jésuites tout ce qu'ils lui demandaient, ne donna aucun ordre pour exécuter les décisions de l'Assemblée, et parut être retombé pour cette querelle dans la même indifférence où il avait été dans le commencement (*ibid.*, p. 103).

Racine adopte la position de Blaise Pascal, telle que celui-ci la livre dans sa dernière lettre des *Provinciales*. Racine rappelle également l'incohérence de la hiérarchie ecclésiastique qui semblait exiger une obéissance aveugle, sans toutefois adopter une position claire. En effet, lorsque le roi réactiva l'obligation de la signature, après la nomination d'Hardouin de Péréfixe à l'archevêché de Paris, l'historiographe relève que l'archevêque ne tint pas un langage cohérent : malgré l'obéissance que les religieuses devaient au pape, il leur permettait de demeurer dans le doute, quant aux faits non révélés. Racine suggère que l'archevêque perdit, à cause de ses revirements, toute crédibilité. Racine minimisa l'exigence de la signature : signer, c'était uniquement faire preuve de déférence envers un supérieur hiérarchique. Il évacua la condamnation de Jansénius, tout comme l'obligation de prêter serment. Hardouin de Péréfixe soutint une ultime version[38] qui exigeait une créance sincère quant à la question de fait. Ne pouvant pas signer selon leurs convictions, les religieuses furent châtiées, bien qu'elles s'en tinssent au silence respectueux quant aux faits, et qu'elles eussent signé deux mandements successifs.

Sur intervention du roi, cette incohérence prit fin. Afin d'obliger définitivement les religieuses à la signature pure et simple, le roi eut recours aux bons offices du pape, tout heureux de constater sa prééminence sur le clergé gallican. Les religieuses furent les victimes de ces luttes

---

38 Le nombre de versions offertes dans le cadre de l'interprétation du formulaire et de la portée de la signature mettent en question le sérieux de cette affaire.

d'influence. L'obligation de signer dissimulait des enjeux de pouvoir : le pape Alexandre VII put ainsi renforcer son emprise sur le clergé de France. Racine met en lumière ce musellement du clergé gallican, objectif stratégique de la papauté dont le formulaire est l'instrument : il engendra la bulle *Regiminis apostolici* qui imposa la signature. Dans les diocèses, la collecte des signatures tourna presque à la comédie. Racine décrit avec minutie les astuces nombreuses et ingénieuses mises en œuvre pour contourner l'obligation de signer, tout en signant :

> Cependant toutes ces précautions n'empêchèrent pas qu'il n'y eût beaucoup de diversité dans la manière dont les évêques exigeaient les signatures dans leurs diocèses. Plusieurs d'entre eux reçurent les restrictions et les explications sur le fait. Il y en eut un grand nombre qui déclaraient de bouche à leurs ecclésiastiques que l'Église ne demandant sur les faits que le simple respect, on ne s'obligeait point à autre chose par les souscriptions. Il y en eut même qui insérèrent ces déclarations dans des procès-verbaux qui demeuraient dans leurs greffes ; et enfin quatre évêques, les plus célèbres qui fussent alors en France pour leur piété, je veux dire les évêques d'Aleth, de Beauvais, d'Angers et de Pamiers, firent ces déclarations par des mandements [...]. (*op. cit.*, p. 145-146).

Les religieuses, au nom de la tradition chrétienne, s'opposèrent à la mise en œuvre des deux types de domination, temporelle et spirituelle, exercés sur les âmes.

Racine démonte l'ensemble du mécanisme du formulaire. Il démontre comment les jésuites créèrent cette nouvelle hérésie, qu'ils appelèrent jansénisme. Tout d'abord, ils s'en prirent à Jansénius, le qualifiant d'hérétique, terme usuel chez les jésuites. L'objectif de la Compagnie de Jésus consistait à éliminer la doctrine augustinienne de la grâce efficace, qui mettait en cause la prééminence de son enseignement, donc de son influence. Puis, les lacets du piège se nouèrent en 1649 : Cornet, ancien jésuite, syndic de la Sorbonne, imagina l'artifice des cinq propositions. Il les rédigea en latin en 1649. Racine commente la manœuvre du jésuite, en relevant le caractère retors[39] de l'énonciation desdites propositions :

> Ces propositions étaient embarrassées de mots si captieux et si équivoques, que, bien qu'elles fussent en effet très hérétiques, elles semblaient néanmoins ne dire sur la grâce que presque les mêmes choses que disaient les défenseurs de saint Augustin [...] (*ibid.*, p. 68).

39 La querelle janséniste est aussi une guerre des mots.

Racine prouve à la postérité que la Compagnie de Jésus chargea vraiment la barque : il consacre plusieurs pages de son historiographie aux manœuvres et calomnies des jésuites, pratiques qui doivent soulever l'indignation de tout honnête homme. Deux camps irréconciliables vont s'affronter : les jésuites, des papolâtres selon Racine, et les augustiniens, gardiens de l'autorité de saint Augustin. Les augustiniens sont très isolés, mais forts de l'honnêteté, de la rationalité et de la tradition. Ils restent sur la défensive, ce d'autant plus que la bulle *Ad sacram* d'Alexandre VII condamne définitivement Jansénius, donc signer revenait à déshonorer Jansénius, car les cinq propositions sont condamnées dans le sens hérétique de Jansénius[40].

L'AFFAIRE DU FORMULAIRE : UNE QUESTION ANODINE

Le refus de la signature est analysé sous l'angle de la distinction du fait et du droit ; le lecteur du formulaire conserve son libre-arbitre quant à l'appréciation de la question de fait, la présence ou non des cinq propositions dans l'*Augustinus*, ouvrage qui interprèterait mal la doctrine augustinienne de la grâce, selon les termes mêmes du formulaire.

Pour Racine, tout catholique peut, en son for intérieur, éclairé par sa raison et son sentiment personnel, se poser comme l'interprète autorisé de textes théologiques, c'est-à-dire du formulaire et des bulles du pape qui condamnent Jansénius. Cette prise de position signifie que le fidèle ne serait pas lié par l'interprétation de l'Église pour les faits, et qu'il ne serait pas obligé d'adhérer à la thèse de l'infaillibilité du pape, que les jésuites défendent. Cependant, l'Église, dans ses décrets du concile de Trente, notamment ceux issus de sa quatrième session, condamne l'interprétation subjective des textes par les fidèles : elle seule peut les interpréter :

> *Praeterea ad coercenda petulentia ingenia decernit, ut nemo, suae prudentiae innixus, in rebus fidei et morum, ad aedificationem doctrinae christianae pertinentium, sacram scripturam ad suos sensus contorquens, contra eum sensum, quem tenuit et tenet sancta mater ecclesia, cuis est judicare de vero sensu et interpretatione scripturarum sanctarum, aut etiam contra unanimen consensum patrum ipsam scripturam sacram interpretare audeat, etiamsi hujusmodi interpretationes nullo unquam tempore in lucem edendare forent.*

40 *Cf.* l'article consacré au formulaire par Lucien Ceyssens dans le *Dictionnaire du Grand Siècle* (Bluche, 1990, p. 609-610).

> « En outre, pour contenir les esprits indociles, il décrète que personne, dans les choses de la foi ou des mœurs concernant l'édifice de la foi chrétienne, ne doit, en s'appuyant sur son seul jugement, oser interpréter l'Écriture sainte en détournant celle-ci vers son sens personnel allant contre le sens qu'a tenu et que tient notre sainte mère l'Église, elle à qui il revient de juger du sens et de l'interprétation véritables des saintes Écritures, ou allant encore contre le consentement unanime des Pères, même si des interprétations de ce genre ne devaient jamais être publiées. » (Alberigo, 1994, p. 1353)

Elle condamne les interprétations des textes dogmatiques entreprises par des lecteurs qui ne doivent pas décider du sens de ces textes. L'Église, représentée par le pape, est gardienne de la foi, des dogmes, et lutte contre les hérésies qui l'obligent à préciser les interprétations des textes canoniques. Or, les religieuses refusent de signer le formulaire au nom de la défense de la vérité, de la grâce efficace : signer le formulaire serait mentir. Racine justifie leur résistance aux ordres du pape par un euphémisme :

> Le premier mandement avait déjà causé beaucoup de trouble parmi ces filles, qui appréhendaient, en le signant, de blesser la vérité (Racine, *op. cit.*, p. 120).

Il atténue la singularité de leur refus de signer en soutenant que les religieuses seraient trop scrupuleuses. Bref, elles sont victimes d'une trop grande délicatesse de conscience, leur combat[41] s'appuyant sur des facteurs psychologiques. Les religieuses sont d'autant plus excusables que leurs confesseurs leur ont transmis ces réticences, leur affirmant « qu'il vaudrait mieux s'exposer à tous les plus grands supplices que de faire un léger mensonge » (*ibid.*, p. 121)[42]. Racine escamote la résistance sans faille des religieuses et leur révolte ; en tant que femmes, elles ne font qu'obéir à leurs supérieurs légitimes, c'est-à-dire à leurs directeurs et confesseurs dont les noms, et pour cause, ne sont pas cités[43]. Seul, le refus de la signature obligea des religieuses ignorantes à s'instruire des débats théologiques en cours. Racine insiste toujours sur l'ignorance des religieuses qui tient lieu de dispense de donner sa signature. Le témoignage de monsieur Bail, nouveau supérieur du monastère qui,

41 C'est le terme favori de la mère Angélique de Saint-Jean pour décrire sa résistance.

42 On admirera l'effet stylistique obtenu par la juxtaposition du superlatif et de l'adjectif léger.

43 Il s'agit du Grand Arnauld, de Sainte-Marthe et de Le Maistre de Sacy.

dans le cadre de ses interrogatoires, constate l'innocence de religieuses « très ignorantes des matières contestées » (*ibid.*, p. 117), renforce cette thèse. Cette version de l'ignorance des religieuses[44] perdit sa crédibilité, lorsque les polémiques s'envenimèrent : les religieuses furent obligées de s'instruire, de perdre leur candeur, par nécessité. L'historiographe ne leur prête ni curiosité, ni esprit d'initiative, c'est la conjoncture qui les pousse à connaître les polémiques des cinq propositions, à leur corps défendant. Racine met en lumière une situation paradoxale : les ennemis de Port-Royal seraient responsables des connaissances théologiques des religieuses. Ainsi,

> La nécessité où on les réduisait les avait obligées, malgré elles, de s'instruire de la contestation qui faisait tant de bruit dans l'Église, et qui les jetait dans de si grands embarras (*ibid.*, p. 121).

Racine expose les motifs de ce fameux embarras qui tourmenta les religieuses qui refusèrent de signer. Dans le cadre de sa démonstration, il opère, sans la citer, la fameuse distinction du fait et du droit que le Grand Arnauld avait élaborée.

Les religieuses condamnent bien les cinq propositions, mais ne veulent pas les attribuer à Jansénius. Racine rappelle les dissensions des théologiens qui feraient pencher la balance en faveur de Jansénius dont il relève l'orthodoxie. Dans le doute, les religieuses ne peuvent pas signer. Racine pose les deux questions suivantes au lecteur (la réponse ne fait aucun doute) :

> Ainsi, soit qu'elles se trompassent ou non, pouvaient-elles en sûreté de conscience signer le formulaire ? N'était-ce pas attester qu'elles croyaient le contraire de ce qu'en effet elles pensaient ? (*ibid.*, p. 121-122).

L'opinion publique est appelée à la rescousse pour donner son avis, et soutenir Port-Royal. Celle-ci, de confession catholique, peut-elle s'opposer au pape en n'acceptant pas ses décisions ? Le pape, par un bref du 29 juillet 1663, avait exhorté les évêques à obtenir la signature pure et simple du formulaire. Racine ne commente pas le contenu du formulaire qui condamnait Jansénius sous prétexte qu'il avait mal

44 Les religieuses elles-mêmes ne cessent d'invoquer leur ignorance des matières contestées, au nom de la faiblesse de leur sexe. Le sens et la portée de cet argument méritent une plus ample analyse.

interprété la doctrine de saint Augustin. Tout comme les religieuses, Racine conteste la présence des cinq propositions dans l'*Augustinus*, fait non révélé, qui peut être éclairci par la lecture de l'ouvrage[45]. Il est possible, selon Racine, de ne pas se fier à l'autorité du pape, qui n'est pas infaillible en matière de faits non révélés[46]. En revanche, Racine passe sous silence son autorité en matière dogmatique : le pape ne pourrait-il pas interpréter la pensée augustinienne en vertu de la tradition ? La désobéissance des religieuses et leur contestation de l'autorité du pape sont présentées comme un problème que le bon sens est capable de résoudre ; seuls les jésuites en seraient dépourvus. En prônant l'infaillibilité pontificale, en se mettant au service du pouvoir absolu du pape, les jésuites s'opposeraient au consensus universel[47] qui conteste cette infaillibilité :

> Mais elles avaient appris de toute l'Église que les Papes, ni même les conciles, ne sont point infaillibles sur les faits non révélés. Et y a-il quelqu'un, si ce n'est les jésuites, qui le puisse soutenir ? Le contraire n'est-il pas aujourd'hui avoué de toute la terre ? Et n'était-il pas alors aussi vrai qu'il l'est maintenant ? (*ibid.*, p. 122).

Racine décrit le trouble qui saisit les religieuses, lors de la signature des deux mandements successifs, que les grands vicaires avaient établis. On peut en mesurer l'ampleur, puisque Racine évoque la mémoire de Jacqueline Pascal qui, selon ses termes, en mourut[48]. Racine expose les objectifs et les positions des religieuses. Il suggère aussi leur esprit de compromis, tout en soulignant qu'elles veulent limiter leur signature à la question du droit : elles condamnent les cinq propositions et se cantonnent dans un silence respectueux quant à leur présence ou non dans l'*Augustinus*. Elles refusent d'abdiquer les droits de leur conscience et de déléguer la responsabilité de la condamnation de Jansénius au Saint-Siège. Bref, elles n'acceptent pas le principe d'une obéissance aveugle, qui ne tolère aucune nuance ni aucune liberté d'appréciation. Face à leur agitation, les grands vicaires cherchèrent un compromis, conscients

45 Selon Racine, les religieuses n'ont pas lu l'*Augustinus*.

46 Racine élude le problème de l'interprétation de la doctrine augustinienne sur la grâce par Jansénius.

47 Il s'agit d'une affaire française, le formulaire n'existant pas dans les autres pays catholiques. Le consentement universel est en fait la doctrine gallicane.

48 Les causes de la mort de Jacqueline Pascal ne sont pas clairement établies, et ce malgré les indications du docteur Hamon qui la soigna jusqu'à la fin.

de la gravité de la répression qui allait s'abattre sur les religieuses : elles acceptèrent de signer, non sans difficultés, le second mandement des grands vicaires, dont la rédaction est attribuée à Blaise Pascal. Néanmoins, les religieuses ajoutèrent un préambule au mandement pour préciser le sens de leur signature et la nuancer. Cette initiative des religieuses contredit bien sûr la version racinienne quant à leur ignorance de l'affaire du formulaire. Elles ne cédèrent que sur la question de la foi : la condamnation des cinq propositions. Pour les questions de fait, elles plaidèrent l'ignorance. Les peines que les signatures causèrent aux religieuses ne permettent pas de minimiser la portée de leur refus de la signature pure et simple. En effet, elles maintinrent leur fermeté, « persuadées qu'il ne fallait pas biaiser avec Dieu, et qu'on ne pouvait dire trop nettement sa pensée » (*ibid.*, p. 134). Elles passèrent outre le bref du pape qui avait exhorté les évêques à obtenir la signature pure et simple du formulaire.

RACINE HAGIOGRAPHE : IMAGE DE PORT-ROYAL ET IMAGE DU ROI

La description de la captivité des religieuses achève subitement l'*Abrégé*. Racine souligne la réticence des couvents à accueillir les captives ; en effet, beaucoup de maisons religieuses refusèrent de tenir le rôle de geôlières, preuve supplémentaire de l'innocence des religieuses. Racine évoque la situation des captives par des euphémismes qui amplifient l'effet d'innocence recherché. Hardouin de Péréfixe soumit les religieuses à un régime très rude, afin de les pousser à signer. L'absence de charité de la part du prélat est mise en lumière par l'éloge de deux mères supérieures qui témoignèrent de la compassion aux captives.

Ainsi, l'image des religieuses que reflète l'*Abrégé* est celle de femmes dont la pureté de la foi est irréprochable et qui bénéficient de la sollicitude divine : la grâce de Dieu, qui se manifeste par des miracles, a destiné Port-Royal à accomplir la Réforme de l'Église. Ces femmes, ignorantes des débats théologiques, sont des victimes livrées sans défense à la violence des persécuteurs, les jésuites. Leur conduite édifiante, exemplaire, prouve leur sainteté. L'*Abrégé* racinien, lu à travers ce prisme de l'image forgée de Port-Royal, constitue donc bien une hagio-historiographie : la persécution qui frappe les religieuses permet au monastère de rendre témoignage à la vérité.

Racine tend, pour préserver l'objectif apologétique, à restreindre la liberté d'action des religieuses ; il les dépeint comme des victimes qui ne font que subir leur sort, ce qui est loin d'être le cas. En effet, elles prirent l'initiative de se rebeller contre la signature, donc contre leur roi. Or, dans l'*Abrégé*, le roi semble bien en retrait : Racine ménage son souverain, auteur direct de la persécution. Il fait porter aux jésuites l'entière responsabilité de l'acharnement du pouvoir, Néanmoins, comme le souligne Sainte-Beuve, les écrits des jésuites n'eurent qu'un caractère anecdotique[49] ; les véritables instruments de la persécution furent forgés ailleurs, à la cour. Les jésuites n'en furent que les adjuvants. Racine rejette la responsabilité de la persécution sur des acteurs autres que le roi, dont il occulte la haine contre le monastère, qui ne dut sa survie qu'à l'appui de la duchesse de Longueville.

En fait, Louis XIV, tout comme Richelieu et Mazarin, n'acceptait pas l'esprit d'indépendance des augustiniens, leur idéal moral sans compromission, leur refus des valeurs de la société civile et leur influence puissante ; les disciples de saint Augustin avaient tissé des ramifications dans toute la société. Il redoutait par-dessus tout le développement d'une fronde de l'ombre, opposée à son pouvoir absolu et à son centralisme. Or, Racine ne parvient pas à admettre que Louis XIV est bien le persécuteur, le responsable direct des malheurs qui accablent Port-Royal ; à ses yeux, le roi ne peut être qu'un bon souverain, oint par Dieu, dépositaire légitime du pouvoir, défenseur de la religion face aux hérétiques. Si le Roi-Soleil agit mal, c'est parce qu'il subit l'influence néfaste de mauvais conseillers ou d'un entourage malfaisant. Le roi demeure sans tache. Le Grand Arnauld lui-même tenait les jésuites pour les agents et les auteurs de la persécution : l'image du roi, à qui il vouait un véritable culte, était préservée. La répression qui tourmente Port-Royal et le rôle du roi demeurent un sujet de perplexité et d'incompréhension pour l'historiographe officiel de Louis XIV. En effet, un souverain si juste, et si enclin à la piété, ne saurait commettre d'injustices. Racine demeure très attaché à ce topos. Le sort de Port-Royal est donc une énigme, dont Dieu seul détient la clé. Afin d'exprimer sa perplexité, Racine, en utilisant la modalisation, confie son étonnement à la postérité, qui sera confrontée aux mêmes interrogations quant au bras vengeur du roi :

49 Sainte-Beuve, 1952-1955, t. II, p. 40.

> Nous allons voir maintenant tomber sur cette maison l'orage qui se formait depuis tant d'années, et la passion des jésuites armée pour la perdre, non plus simplement de l'autorité du premier ministre, mais de toute la puissance royale. Je ne doute pas que la postérité, qui verra un jour, d'un côté, les grandes choses que le Roi a faites pour l'avancement de la religion catholique, et de l'autre, les grands services que M. Arnauld a rendus à l'Église, et la vertu extraordinaire qui a éclaté dans la maison dont nous parlons, n'ait peine à comprendre comment il s'est pu faire que, sous un Roi si plein de piété et de justice, une maison si sainte ait été détruite, et que ce même M. Arnauld ait été obligé d'aller finir sa vie dans les pays étrangers[50]. (Racine, *op. cit.*, p. 104-105).

Le roi est persécuteur, parce que son entourage, qui fait barrière, le prévient contre Port-Royal ; il ne peut donc connaître la vérité. Racine l'excuse :

> Il n'est donc pas surprenant que le Roi, à qui ses grands emplois ne laissaient pas le temps de lire leurs nombreuses justifications, crût, sur tant de circonstances si vraisemblables et si peu vraies, qu'ils étaient dans l'erreur. D'ailleurs [...] le Roi était prévenu que les jansénistes n'étaient point bien intentionnés pour sa personne et son État [...] (*ibid.*, p. 105-106).

Racine pardonne moins à l'entourage des Messieurs de Port-Royal ses discours imprudents :

> Leurs adversaires prenaient grand soin qu'ils fussent rapportés ou au premier ministre ou au Roi même (*ibid.*, p. 106).

Pour faire sa cour au roi, il fallait être anti-janséniste ; non seulement les évêques complurent au roi, mais ils eurent recours à la flagornerie, renforçant ainsi l'orgueil de Louis XIV, le poussant à sévir contre une nouvelle hérésie. Louis XIV se considérait comme un nouveau Théodose, encouragé par les papes qui l'invitaient à exterminer une secte si pernicieuse. Bref, Louis XIV demeure un bon roi et un bon chrétien[51].

L'*Abrégé* insiste sur les actions répressives du pouvoir qui vont au-delà des souhaits du pape, bien souvent piégé par les exigences de Louis XIV[52].

---

50 On peut lire avec profit le volumineux et précis ouvrage d'Émile Jacques, *Les années d'exil d'Antoine Arnauld*, Bibliothèque d'Histoire Ecclésiastique, fascicule 63, Louvain, 1976.

51 Cette persécution est en fait unique dans l'histoire ; contrairement à ce qu'écrit Racine, le recours à l'histoire ecclésiastique ne permet pas de la banaliser, de la rendre acceptable en quelque sorte. Louis XIV apparaît davantage comme un tyran que comme un roi très chrétien.

52 À l'origine, la signature du formulaire n'est pas exigée par le pape, mais par un arrêt du Conseil d'État du 23 avril 1661. Le pape Alexandre VII va néanmoins l'entériner par

Racine, lorsqu'il s'agit de commenter le refus d'obéissance des religieuses de Port-Royal, fait appel au bon sens du lecteur : l'honnêteté morale aurait empêché les religieuses de signer purement et simplement le formulaire. Or, ce refus est d'une particulière gravité : il heurte les valeurs que le grand siècle véhicule. Les religieuses, en principe soumises, puisqu'elles ont fait vœu d'obéissance, refusent d'exécuter les ordres d'un roi sacralisé, représentant de Dieu sur terre, et ceux du pape, vicaire du Christ. Non seulement ces femmes résistent aux moyens de pression que les deux pouvoirs, le spirituel et le temporel, mettent en œuvre pour les contraindre à céder, mais elles font front, clament leur bonne foi, invoquent les droits de la conscience qui leur interdisent de commettre une injustice. Surtout, elles se défendent. Elles prennent la parole, en dépit de leur vœu de silence, rédigent mémoires, procès-verbaux, relations, et contestent le contenu du formulaire, voulant imposer au roi et à l'archevêque leurs réserves quant à la signature. Elles revendiquent une autonomie intellectuelle et spirituelle peu commune, qui heurte le statut de la femme, tel que l'imposent alors l'Église[53] et la société[54]. Or, Racine atténue cet aspect du combat des religieuses. Pour lui, la résistance des religieuses de Port-Royal serait celle d'un public éclairé, de tout honnête homme, rationnel, doté de bon sens. Les religieuses auraient agi comme le public l'aurait fait, alors que le statut des religieuses ne peut être identifié à la position des gens de la cour ou de la ville. L'archevêque de Paris est le supérieur direct des religieuses qui sont tenues de respecter ses mandements, ainsi que les positions doctrinales qu'il défend. Racine n'analyse pas ce refus d'obéissance et le justifie en le rendant banal.

---

la bulle *Regiminis apostolici*, en date du 15 février 1665. L'affaire de la bulle *Unigenitus*, qui condamne Jansénius sans appel, reproduit le même schéma et relance le fameux formulaire.

53 On peut lire l'ouvrage très drôle de Guy Bechtel, *Les quatre femmes de Dieu, la putain, la sorcière, la sainte et Bécassine*, Paris, Plon, 2000.

54 Par exemple, la bulle *Unigenitus* condamnait la proposition numéro 83 de Quesnel : « C'est une illusion de s'imaginer que la connaissance des mystères de la Religion ne doit pas être communiquée à ce sexe (féminin) par la lecture des livres saints, après cet exemple de la confiance avec laquelle J.-C. se manifeste à cette femme (la Samaritaine). Ce n'est pas de la simplicité des femmes mais de la science orgueilleuse des hommes qu'est venu l'abus des Écritures et que sont nées les hérésies. » *Cf. La querelle Unigenitus*, Jacques-François Thomas, Paris, P.U.F., 1950, p. 31.

L'INDIGNATION DE RACINE

Le formulaire permettra d'enlever et d'emprisonner les religieuses les plus réticentes à la signature. La réponse de la hiérarchie ecclésiastique et du pouvoir à ce refus de prêter serment par une signature pure et simple (ce qui, aux yeux des religieuses, était un désaveu, puisque Jansénius devenait un hérétique) sera la force. Les religieuses devinrent des rebelles[55]. Racine rapporte le mécontentement de l'archevêque, qui reprocha essentiellement aux religieuses leur désobéissance, leur refus de céder à l'autorité. Le mémorialiste dépeint la brutalité du pouvoir qui viole les consciences, il met l'accent sur la colère et les débordements d'Hardouin de Péréfixe. Enfin, sa description de la captivité des religieuses est sans ménagements pour le pouvoir. En effet, l'emprisonnement des religieuses suscita l'indignation de nombreuses communautés religieuses qui refusèrent d'accueillir les prisonnières, afin de ne pas participer aux mauvais traitements infligés aux captives :

> [...] mais comme on savait l'intention de l'archevêque, qui était de tenir ces filles dans une très rude captivité, on avait fait de grandes difficultés dans la plupart de ces maisons de les recevoir, et de contribuer aux mauvais traitements qu'on leur voulait faire (*op. cit.*, p. 146-147).

L'*Abrégé* s'achève de manière abrupte. Sa fin mentionne, à la fois, la dureté de la captivité des religieuses et la *Relation de captivité* d'Angélique de Saint-Jean : Racine met en valeur cet écrit, témoignage exemplaire de la persécution de Port-Royal[56]. En effet, l'historiographe déplore le traitement indigne que subirent les religieuses enlevées. Il ne cite que trois captives : l'abbesse de Port-Royal de Paris[57], la mère Agnès et sa nièce Angélique de Saint-Jean. Il fait aussi allusion à madame de Boulogne, la seule qui fut bien traitée par la supérieure de Chaillot, la mère de La Fayette[58].

L'enlèvement de douze religieuses, le 26 août 1664, marque la fin de l'*Abrégé* ; Racine ne put l'achever, comme il en avait l'intention. Il n'eut pas le temps « de passer plus loin » (*ibid.*, p. 146), c'est-à-dire d'exposer l'histoire complète de la persécution des religieuses.

---

55 C'est le reproche le plus important auquel elles doivent faire face, notamment en captivité.

56 Ainsi, la *Relation de captivité* de la mère Angélique de Saint-Jean était connue dans le milieu port-royaliste et des copies furent diffusées, bien avant son édition de 1711.

57 Il s'agit de Madeleine de Ligny-Séguier, sœur de l'évêque de Meaux.

58 C'était l'amie de madame de Boulogne qu'elle connut à la cour ; Louise de La Fayette avait été fille d'honneur d'Anne d'Autriche.

UNE CRITIQUE DES *RELATIONS DE CAPTIVITÉ*

Les éditeurs de l'*Abrégé* complétèrent ce récit par une suite composée en 1767, bien après l'édition des *Relations de captivité* de 1724. Cet écrit apocryphe, à vocation apologétique, puisque les religieuses, selon son auteur, sont conduites par Dieu, ne manque pas d'intérêt, car il s'agit d'un résumé et de la première critique littéraire des *Relations* des religieuses. L'auteur inconnu met l'accent sur la singularité de ces écrits dont les qualités semblent dépasser les capacités intellectuelles qu'il prête aux femmes. Il souligne tout particulièrement la simplicité et la candeur de ces récits féminins qui semblent paradoxales à ses yeux, puisque ces *Relations* révèlent également de hautes qualités intellectuelles et morales, vertus toutes masculines. Ces *Relations* ne sont pas de simples descriptions de captivité car elles dépassent l'aspect narratif de ce genre littéraire : elles témoignent de l'esprit de Port-Royal. C'est l'apport le plus intéressant de ce commentaire. L'auteur apocryphe relève les qualités littéraires et esthétiques[59] de ces *Relations* ; il souligne l'attrait que ces écrits exercent sur le lecteur, grâce à leur fraîcheur et à leur originalité :

> Elles avaient dressé diverses relations de ce qui se passa dans cette persécution : on y voit les attaques qu'elles ont eu à soutenir, les situations étranges où se sont trouvées celles qui étaient captives dans différents couvents, les sentiments et les lumières par lesquels Dieu les soutenait dans leur affliction. C'était par obéissance à leurs supérieures qu'elles avaient dressé ces relations, qui contiennent un portrait bien naturel de leur esprit et de leur cœur. On y trouve, avec une simplicité et une candeur inimitable, une sublimité de vues, une générosité, une sagesse, une piété, une lumière, qui feraient presque douter que ce fût l'ouvrage de ces filles, à ceux qui ne connaîtraient pas l'esprit de Port-Royal, [...] (Racine, 1962, p. 360).

Ainsi, pour Racine, la persécution des religieuses, bien que non fondée, fait partie d'un plan divin. C'est Dieu qui lui confère sa véritable signification. Les religieuses, des saintes, s'offrent en victimes sacrificielles, à l'image du Christ. Comme lui, elles subissent la violence du pouvoir. L'histoire de Port-Royal est une histoire sainte, achevée, dont Racine célèbre la perfection, l'austère beauté qu'il faut immortaliser. Racine

59 Ces qualités sont celles que la critique littéraire prête à l'écriture dite classique : sobriété, naturel, simplicité, honnêteté ; l'auteur les complète par les caractéristiques des écrits spirituels, sagesse, lumière, sublimité...

consacre Port-Royal objet de méditation et de contemplation, la vertu et la pureté de Port-Royal n'étant déjà plus de ce monde. Ainsi, Racine a sculpté l'image d'un monastère coupé de son environnement, d'une communauté de religieuses habitant déjà la cité céleste, loin des querelles jansénistes. Si les religieuses refusent de signer le formulaire, ce n'est que par peur du mensonge et par délicatesse de conscience. À cet effet, elles s'appuient sur la raison, et font preuve de bon sens. Éloignées des cabales, elles ne s'opposent ni au roi, ni à l'Église. Bien au contraire, ces femmes innocentes et désarmées, qui subissent une violence injuste, voire mystérieuse, sont des religieuses modèles. Après la destruction de Port-Royal des Champs, cette image racinienne va s'épanouir dans l'historiographie janséniste.

LA RÉSURGENCE D'UNE RÉSISTANCE HÉROÏQUE, LE MYTHE DE PORT-ROYAL

La répression royale contre la secte janséniste, déjà sévère dans les années 1690, va se renforcer. Au printemps 1703, son chef, Pasquier Quesnel, successeur du Grand Arnauld, est arrêté aux Pays-Bas espagnols. Il parvient à s'évader de sa prison, mais tous ses papiers et sa correspondance sont saisis. Les jésuites de Paris l'analysent et découvrent l'ampleur des relations jansénistes de Quesnel non seulement en France, mais dans toute l'Europe et surtout à Rome. Les agents de l'organisation janséniste vont peupler la Bastille et Vincennes, sans instruction ni procès. Ils y moisiront jusqu'à la mort de Louis XIV. Le roi va demander à Rome une nouvelle bulle pour éradiquer son vieil ennemi. C'est la bulle *Vineam Domini*, publiée le 16 juillet 1705. Elle relance l'affaire du formulaire.

Les dernières religieuses de Port-Royal refusent de signer ce nouveau formulaire et se réfèrent aux termes de la Paix de l'Église. Le roi décide alors de frapper au cœur du système, Port-Royal des Champs, lieu symbolique, pour faire un exemple.

Fin octobre 1709, d'Argenson exécute la décision canonique de Clément XI portant extinction de l'abbaye. Les religieuses sont déportées dans des couvents voisins, sous escorte. Le Conseil ordonne en janvier 1710 de détruire les bâtiments. En novembre et décembre 1711, les morts sont déterrés et mis dans une fosse commune au cimetière de Saint-Lambert.

En cette tragique fin d'année 1711, Quesnel publie aux Pays-Bas, la *Relation de captivité* de la mère Angélique de Saint-Jean Arnauld d'Andilly. Le public l'accueille avec faveur. En effet, le mouvement janséniste, en difficulté, retrouve une large audience et une sympathie pleine de commisération ; la destruction de l'abbaye avait scandalisé, l'acharnement du roi s'était retourné contre lui. La *Relation de captivité* de la mère Angélique de Saint-Jean devient le vecteur du mythe de Port-Royal, mythe que la mère avait contribué à forger en tant qu'hagiographe du monastère. Sa stature, son aura, vont monter en puissance, elle sera la figure janséniste majeure du XVIIIe siècle. Sa vision de Port-Royal, véhiculée par le cercle janséniste, marquera toute l'historiographie janséniste de son empreinte.

La mise en mémoire de Port-Royal peut prendre un nouvel essor. La voix des religieuses persécutées, érigées en modèles de résistance, allait retentir jusqu'à la Révolution française. Le culte de Port-Royal allait bénéficier d'un nouvel élan. En effet, la fameuse bulle *Unigenitus* remit en selle le mouvement janséniste en sommeil.

Deux étapes marquent cette résurgence de la mémoire de Port-Royal. La première étape, que caractérisent l'empirisme et l'urgence, débute lors de la destruction de l'abbaye et s'acheva vers les années 1730. C'est la vague de ce que Marie-José Michel nomme la « seconde jansénisation parisienne », plus rapide que la première[1]. Puis, à partir de 1730, date charnière, la bulle *Unigenitus* devenant une loi d'État par une déclaration du 24 mars 1730, les publications rentrent dans un cadre construit par les figuristes, qui sentent que la cause du jansénisme est perdue. En effet, le nouvel archevêque de Paris, Vintimille, met les jansénistes au ban et mène une féroce politique de répression. Le milieu janséniste, alors replié sur lui-même, dans l'attente de miracles, se livre à un culte fétiche de Port-Royal, de ses héros et héroïnes, dont les portraits gravés connaissent une grande diffusion. Le souvenir de Port-Royal est véhiculé par des livres : les écrits des Messieurs et des religieuses font l'objet de rééditions successives. Ils uniront leurs lecteurs dans un sentiment d'appartenance à un groupe opprimé, renforceront leur conviction d'être les élus qui devront défendre la vérité. Ainsi, ce second jansénisme s'identifie au premier Port-Royal persécuté et martyr. Affaibli mais populaire, il s'approprie l'histoire de Port-Royal et la résistance des religieuses qu'il faut léguer à la postérité. L'image du passé sera reconstruite. C'est la tâche des historiographes de Port-Royal, Jérôme Besoigne, Pierre Guilbert et Dom Clémencet ; ils démontreront que le passé du monastère, que leur plume veut préserver, se retrouve, se déploie et s'interprète dans le temps présent.

---

1 Michel, 2000, p. 387-442.

LA *RELATION DE CAPTIVITÉ* DE LA MÈRE ANGÉLIQUE DE SAINT-JEAN ARNAULD D'ANDILLY, UNE RÉPONSE À LA RÉPRESSION

L'INDIGNATION PUBLIQUE, UNE RÉCEPTION FAVORABLE AUX ÉCRITS JANSÉNISTES

L'analyse d'un courtisan, le duc de Saint-Simon (1709)

La destruction de Port-Royal des Champs suscita un vif émoi au sein de l'opinion publique ; le scandale de la destruction de l'abbaye fut grand et parvint jusqu'à Rome. Les religieuses âgées et malades, qui avaient été expulsées, suscitèrent une commisération universelle, ce d'autant plus que le pouvoir continuait de s'acharner sur elles. Les *Mémoires* du duc de Saint-Simon illustrent ces sentiments d'indignation. Ils témoignent aussi de la haine qui frappe les jésuites. En effet, tout comme pour Racine, les religieuses de Port-Royal, auxquelles le roi reprochait de faire tant de bruit dans le siècle, sont, selon Saint-Simon, les victimes des jésuites. Ceux-ci ont fabriqué, à ses yeux, le jansénisme avec l'appui de la cour. Saint-Simon dénonce vigoureusement le formulaire, ce viol des consciences. La persécution, l'emprisonnement des moniales sont, pour le mémorialiste, des actes inouïs, sans précédents[2]. Le feu de son indignation fait crépiter le rythme de ses phrases :

> Un très grand soulèvement éclata donc dès que ce formulaire parut ; mais ce qui en sembla encore plus insupportable, c'est que, pour détruire Port-Royal, qu'on jugeait bien qui ne se résoudrait jamais à ce serment, on le proposa à signer aux religieuses par tout le Royaume. Or, proposer de jurer qu'un fait est contenu dans un livre qu'on n'a point lu, dans un livre même qu'on n'a pu lire parce qu'il est en latin[3] et qu'on ignore cette langue, c'est une violence qui n'eut jamais d'exemple, et qui remplit les provinces d'exilés, et les prisons et les monastères de captifs (Saint-Simon, 1978, t. IV, p. 335).

2 Cette persécution est donc unique dans l'histoire ; contrairement à Racine, pour Saint-Simon, le recours à l'histoire ecclésiastique ne permet pas de la banaliser, de la rendre acceptable en quelque sorte. Louis XIV apparaît davantage comme un tyran que comme un roi très chrétien.

3 L'*Augustinus* ne fut jamais traduit en langue vernaculaire.

Le duc constata que les jésuites resserrèrent leur emprise sur Louis XIV vieillissant, afin que le monastère fût détruit avant la mort du souverain :

> Ils mouraient de peur que les religieuses qui restaient ne survécussent au Roi, qu'après lui ils ne pussent continuer d'avoir le crédit de les empêcher de recevoir des filles à profession, et que cette maison ennemie subsistât, et se relevât, qui était toujours regardée comme le centre, le chef-lieu et le ralliement du parti janséniste dès qu'on oserait y aborder (*ibid.*, p. 341).

Saint-Simon énumère les mesures de rétorsion que le confesseur du roi obtint : privation de la communion, séparation de Port-Royal de Paris et de Port-Royal des Champs, attribution des ressources du monastère des Champs aux sœurs de Paris, pour asphyxier économiquement le monastère. Enfin, le pouvoir procéda à la destruction militaire de Port-Royal des Champs. Le jugement de Saint-Simon est sans appel ; son commentaire de l'enlèvement des moniales par d'Argenson demeure célèbre, car il y opère un parallèle incongru entre des moniales réputées pour leur vertu et des prostituées. Un effet de choc et d'effroi, renforcé par la description de la troupe armée, est recherché :

> Il avait amené force carrosses attelés, avec une femme d'âge dans chacun : il y distribua les religieuses suivant les lieux de leur destination, qui étaient différents monastères à dix, à vingt, à trente, à quarante et jusqu'à cinquante lieues du leur, et les fit partir de la sorte, chaque carrosse accompagné de quelques archers à cheval, comme on enlève des créatures publiques d'un mauvais lieu [...] (*ibid.*, p. 343).

La seule réponse du pouvoir, face aux scrupules des moniales, qui veulent nuancer la portée de leur signature, est la violence. L'animosité du mémorialiste condamne l'Église qui, par esprit de soumission, est complice, même lorsque l'État viole le droit canon[4].

4 Les religieuses sont très sensibles à la défense de leurs droits et tentent toujours de faire appel des mesures prises par le roi. Elles tentent de saisir le Parlement, sans succès, tandis que leurs amis font des démarches à Rome.

Révolte populaire et militantisme des femmes

La dispersion des religieuses de Port-Royal va faire l'objet d'une chanson qui s'en prend au lieutenant général d'Argenson qui avait exécuté la décision du roi, le 28 janvier 1709, *Le départ des filles de Port-Royal*[5] :

Déplorons tous le sort fatal
De nos Filles de Port-Royal :
Sans autre forme de justice,
Cette illustre maison de Dieu,
Sous le grand chef de la Police,
A sauté comme un mauvais lieu.

D'Argenson, nouveau général,
A bien surpris le Port-Royal.
D'un tel coup, la Ligue alarmée
Craint qu'après un exploit si beau,
À la tête de notre armée,
On ne mette ce noir museau.

La bulle *Unigenitus* décuple ce sentiment de révolte. Un puissant rejet de la bulle se manifeste aussi dans les milieux les plus humbles[6]. Le jansénisme devient un mouvement de masse ; les femmes, non seulement celles issues de la bourgeoisie[7], mais encore celles du peuple, y participent activement, soutenant leurs curés jansénistes. Les blanchisseuses, les couturières, les porteuses d'eau, les marchandes, les femmes d'artisans, lisent les libelles et les écrits jansénistes et les diffusent. Parmi les colporteurs arrêtés, on dénombre beaucoup de femmes. Les couches populaires lisent les écrits des religieuses de Port-Royal et s'identifient à leur destin. Il en est de même pour les religieuses « appelantes » qui refusaient d'accepter la bulle et de signer le formulaire d'Alexandre VII, remis en vigueur en 1722[8].

5 B.N., ms. Fr. 12626.

6 En effet, les couches populaires à Paris savaient lire et écrire. Les femmes du peuple avaient bénéficié de l'enseignement des congrégations de religieuses.

7 On peut lire à ce sujet la petite comédie du jésuite G. H. Bougeant, *La femme docteur…*, qui croque l'activité des femmes jansénistes. Elles transforment leur maison en un réseau de diffusion de libelles et cachent des imprimeries clandestines.

8 On pourra consulter avec profit l'ouvrage de Françoise de Noirfontaine, *Croire, souffrir et résister, Lettres de religieuses opposantes à la bulle Unigenitus*, Paris, Nolin, coll. Univers Port-Royal, 2009.

L'ÉDITION DE LA *RELATION DE CAPTIVITÉ* D'ANGÉLIQUE DE SAINT-JEAN ARNAULD D'ANDILLY (1711)

La mère Angélique de Saint-Jean avait daté sa *Relation de captivité* du 28 novembre 1665. Non imprimée, elle circula rapidement parmi les amis de Port-Royal du vivant de la mère. Le cercle des amis des religieuses continua cette diffusion après sa mort. Il en est conservé la trace dans une lettre, en date du 14 mars 1697, de Germain Vuillart adressée à Louis de Préfontaine[9].

Le Grand Arnauld corrigea le manuscrit en février 1682[10], alors qu'il était en exil à Delft (le manuscrit disparut lors de la saisie par la police des manuscrits de Quesnel). La mère Angélique de Saint-Jean ne souhaitait pas une large diffusion de son écrit, si bien que le Grand Arnauld ne reprit son projet d'impression qu'en 1692, huit ans après le décès de sa nièce bien-aimée. Il supprima le passage de la *Relation* consacré à l'Immaculée Conception, pour que les moniales ne fussent pas accusées d'hérésie. Les religieuses de Port-Royal s'opposèrent, par prudence, pour ne pas faire ressurgir les troubles passés, à l'impression qui avait commencé en 1703. En effet, répandre dans le public le récit de leurs souffrances passées et raviver le souvenir des persécutions, c'était accuser les persécuteurs, le roi et feu Hardouin de Péréfixe. Seule mademoiselle de Joncoux, amie dévouée de Port-Royal, voulut faire éditer la *Relation*.

Il est vraisemblable que la *Relation de captivité* de la mère Angélique de Saint-Jean fut publiée pour répondre au cardinal de Noailles. En effet, ce dernier fit diffuser deux recueils, en 1710 et 1711, qui présentaient au public la signature des religieuses et des sœurs converses dispersées. Le premier recueil, de 1710, est anonyme et fut édité par l'Imprimerie Nationale. Très rare, il fut redécouvert par Frédéric Delforge dans les archives des religieuses de l'abbaye Notre-Dame de la Grâce-Dieu, héritières de Port-Royal de Paris. Le second présente une lettre de Noailles écrite aux moniales non signataires. En même temps, Jacques Fouillou et Marguerite de Joncoux firent paraître leurs *Mémoires sur la destruction*

9 « Que j'ai de joie de celle que vous avez eue, Monsieur, à lire la Relation de la mère Angélique de Saint-Jean ! » (Vuillart, 1951, p. 98-99).

10 Lettre d'Antoine Arnauld à Pontchâteau, 18 février 1682, OAL (Arnauld, 1775-1783, t. XLII, p. 26-27).

de Port-Royal[11]. Il s'agit d'un recueil qui comprend quatorze pièces essentiellement consacrées aux récits d'enlèvement et de dispersion des dernières religieuses.

Quesnel, qui avait connu la mère Angélique de Saint-Jean, et qui avait bénéficié de sa confiance, s'occupa de l'édition de sa *Relation de captivité.* Il y joignit un avertissement, un violent réquisitoire contre les ennemis de Port-Royal. Cet avertissement manque dans l'édition du père Cognet.

L'objectif est double : faire connaître à l'opinion publique le récit du martyre de Port-Royal, tout en attaquant les ennemis du monastère, les jésuites et leurs complices, et défendre l'orthodoxie des captives, accusées d'hérésie. En effet, l'affaire du formulaire est une vaste tentative de désinformation que les jésuites ont mise en œuvre.

Quesnel utilise à cet effet, dans son *Avertissement*, l'image de « sacré nid », en évoquant le monastère disparu, car la bulle *Vineam Domini Sabaoth* avait décrit Port-Royal comme étant un « nid d'erreur », « *nidus, in quo error prava suscepit incrementa, penitus evellatur et eradicur*[12] » (Arnauld d'Andilly, 1711, *Avertissement*, p. 2-3). L'*Avertissement* répète dix fois, en anaphore, cette image de « sacré nid ». Après avoir retracé l'histoire du manuscrit et l'épisode de sa première impression, à laquelle les religieuses s'étaient opposées, Quesnel présente les buts de sa publication. Il s'agit de faire connaître, voire de célébrer, le martyre qui couronna les religieuses :

> C'est donc comme recueillir les Actes de leur Martyre, que de ramasser les Relations que quelques unes d'entr'elles ont faites par ordre de leurs Supérieures, de ce qu'elles ont souffert dans leur Captivité. Il n'y a point eu de sang répandu, il est vrai, mais les larmes les plus amères, qui sont comme le sang du cœur, y ont coulé en abondance : et si on pèse bien les circonstances de tout ce qui s'est passé à leur égard, on n'aura pas de peine à avouer, qu'un tel martyre souffert dans la paix de l'Église, par l'autorité des Supérieurs légitimes, peut plus coûter à la nature, que de perdre la tête d'un seul coup par la main d'un bourreau, et par la sentence d'un juge païen [...] (*ibid.*, p. 6).

Quesnel assimile les larmes versées par les moniales au sang répandu par les martyrs, victimes du bourreau. Cette thématique des larmes versées est omniprésente dans la plupart des *Relations de captivité.*

11 Cécile Gazier en donne de larges extraits dans son *Histoire du monastère de Port-Royal*, Paris, Perrin, 1929, p. 423-426.

12 « Que ce nid, dans lequel l'erreur a engendré de perverses excroissances, soit arraché et anéanti de fond en comble. »

Quesnel fait aussi allusion aux premiers chrétiens, victimes des empereurs païens. Il met en lumière un topos, cher à Saint-Cyran, pour qui tout pouvoir persécuteur est identifié à celui des empereurs païens. Quesnel énumère et souligne toutes les souffrances des religieuses et ce décompte constitue les actes de leur martyre : enlèvement, solitude, absence d'assistance spirituelle, privation des sacrements, accusations d'hérésie. Il tente d'émouvoir le lecteur en décrivant les tourments spirituels infligés aux captives. C'est pourquoi il dénonce le rôle exécrable que jouèrent les geôlières, des religieuses des communautés hostiles au jansénisme, en citant les cascades de reproches dont elles abreuvaient leurs prisonnières :

> [...] ces saintes filles étaient regardées comme des réprouvées, avaient sans cesse les oreilles battues de disputes importunes et de fades exhortations, déchirées par des discours piquants et injurieux et par de cruels reproches d'erreur, de désobéissance, d'opiniâtreté, d'attachement à leur sens, de révolte contre l'Église [...] (*ibid.*, p. 7).

Pour Quesnel, la *Relation de captivité* de la mère Angélique de Saint-Jean est exemplaire. Grâce à sa valeur littéraire et aux éminentes qualités spirituelles et intellectuelles de sa rédactrice, cette *Relation* est l'une des plus belles.

LA MÈRE ANGÉLIQUE DE SAINT-JEAN : L'HÉROÏNE DU PARTI

Durant tout le XVIIIe siècle, les œuvres que l'on publie de la mère Angélique de Saint-Jean vont cultiver le souvenir de Port-Royal. Ces publications éditées à l'étranger, en Hollande et en Allemagne, qui débutent en 1711, vont offrir au public, jusqu'à la veille de la Révolution, quantité de ses lettres, opuscules, relations. La mère Angélique de Saint-Jean d'Andilly devint, dans la mémoire collective, une figure symbolique. En effet, cette abbesse de Port-Royal sera connue de toute la France et inspirera la résistance à la bulle *Unigenitus*. Les opposants sont conviés à suivre son exemple : elle a été persécutée comme eux, privée de la communion comme eux.

La pierre angulaire de ce mythe : sa *Relation de captivité* dont Quesnel rappelle la brûlante actualité immédiatement après la destruction de Port-Royal des Champs. Sa narration est comparée aux *Actes* des Apôtres, la destruction du monastère étant l'œuvre du démon.

L'écrit de piété de la mère, rédigé en captivité, les *Réflexions sur la conformité de l'état des Religieuses de Port-Royal avec celui de Jésus-Christ dans l'Eucharistie*, va servir de viatique aux jansénistes privés des sacrements sur leur lit de mort. Il fut également publié en 1711. En 1723, parut à Amsterdam le *Nécrologe de Port-Royal*, dont la mère Angélique de Saint-Jean écrivit la plupart des relations. En 1735, les *Discours* de la mère Angélique de Saint-Jean appelés *Miséricordes* seront édités. Ces oraisons funèbres constituent des méditations sur la mort. En 1736, paraissent à Paris, avec approbation de la Sorbonne, les *Discours sur la Règle de saint Benoît*. Ils furent lus dans les monastères. Entre-temps, la notoriété de la mère s'était accrue : elle était devenue la personnalité majeure de Port-Royal, un auteur spirituel de première importance, car ses ouvrages avaient rencontré la faveur du public. L'année suivante, les *Réflexions de la Révérende Mère Angélique de Saint-Jean pour préparer ses Sœurs à la persécution, conformément aux avis laissés sur cette matière par la Mère Agnès* furent données au public. Il s'agit d'un vade-mecum, un guide pour faire face à la persécution. Il reprend la thématique du refus de la signature du formulaire.

En 1742, à Utrecht, un ouvrage fondamental vit le jour. Il permit au grand public de découvrir l'histoire de Port-Royal : les *Mémoires pour servir à l'histoire de Port-Royal*. Le tome III de cet ouvrage offre un intérêt exceptionnel, car il consacre la grande figure de la mère Angélique de Saint-Jean. En effet, il englobe plusieurs récits et relations sur la mère. On y lit notamment un mémoire sur son caractère et ses vertus, rédigé par Pierre Thomas du Fossé, le récit fameux de sa mort par une religieuse de Port-Royal, et surtout son éloge par l'abbé Duguet qui se servit de notes du Grand Arnauld.

Le flot ne se tarit pas. Ainsi, en 1760, les Nouvelles Ecclésiastiques[13] annoncèrent la parution de ses *Conférences* et de ses *Commentaires sur les Livres d'Esther et des Rois*[14]. Le rédacteur des Nouvelles Ecclésiastiques présente ces ouvrages comme d'excellents livres de piété et souligne le génie sublime et l'éminente piété de l'illustre abbesse.

L'éditeur de ces *Commentaires* admire vivement la mère Angélique de Saint-Jean. C'est l'héritière de ses illustres tantes, une théologienne de talent, aux dons admirables. Son génie est éclatant, son éloquence sans pareille.

---

13 Année 1760, 5 novembre, p. 196.

14 Elles furent publiées par Dom Clémencet.

Son dernier ouvrage parut en 1787 : il s'agit des *Exercices de piété à l'usage de Port-Royal*, un recueil de méditations dont la plupart avaient déjà été éditées. La préface nous apprend que la mère incarne l'esprit de Port-Royal. Cet esprit s'est adapté aux nécessités du temps : l'auteur met en valeur les saintes règles de la pénitence, le droit des fidèles à la lecture de l'évangile, les dogmes précieux sur la grâce, des trésors que Port-Royal avait sauvegardés.

Son portrait gravé fut largement diffusé, dès la fin du XVIIe siècle. Voici le quatrain qui complète ce portrait :

> Le Ciel à qui tout est facile
> Fait souvent par les faibles mains
> D'un sexe inconstant et fragile
> Réussir les plus grands desseins.

PORT-ROYAL, LA NOUVELLE JÉRUSALEM DE L'ABBÉ LE SESNE D'ÉTEMARE 1710-1717

PORT-ROYAL : UNE THÉBAÏDE DÉTRUITE

Ce fut l'abbé Le Sesne d'Étemare[15] qui fonda véritablement le culte de Port-Royal. En effet, entre juin 1710 et 1714, il édita ses *Gémissements*, une suite de trois lamentos funèbres, très poétiques, le tombeau de Port-Royal. Le quatrième gémissement, en date de 1714, est l'œuvre de l'oratorien François Boyer.

Il s'agit d'écrits d'une grande violence oratoire qui furent publiés clandestinement, au rythme des persécutions : dispersion des dernières religieuses, destruction de l'abbaye, exhumation des corps et enfin, publication de la bulle *Unigenitus*. Ces opuscules furent publiés séparément, puis réunis. Ils firent l'objet de plusieurs rééditions, la plus fiable étant

15 Bruno Neveu lui consacre quelques pages dans son étude *Port-Royal à l'âge des Lumières*, parue dans *Érudition et religion aux XVIIe et XVIIIe siècles*, Paris, Albin Michel, Bibliothèque Histoire, 1994. Soulignons qu'une grande partie de l'œuvre de l'abbé d'Étemare est inédite : c'est un vaste champ qui mériterait d'être exploré, car d'Étemare est un bon écrivain.

celle de 1734. La première édition au complet parut en 1717. Ce sera la base de la contestation janséniste durant la Régence.

Le genre du « gémissement » sera d'une redoutable efficacité dans le monde janséniste, car on y déplore un univers perdu, univers parfait proche des idéaux du christianisme primitif. C'est l'exemple le plus connu de la prose figuriste qui lit dans les événements actuels les catastrophes prédites dans les Écritures saintes[16].

Utilisant des images bibliques vétéro-testamentaires réalistes et vigoureuses[17], d'Étemare, par un effet d'amplification qui ébranle le lecteur, pleure le monastère anéanti. Sa prose oscille entre imploration et déploration. D'Étemare avait fait précéder ses *Gémissements* par une *Prière ou effusion de cœur sur l'enlèvement des Religieuses de Port-Royal des Champs*.

Les religieuses y sont dépeintes comme des saintes, des justes persécutées, qui réalisent les desseins de Dieu. Il assimile les ennemis de Port-Royal à Bélial[18], à des profanes qui pillent et détruisent la fondation de Dieu, Port-Royal, un lieu sacré. Le monastère fait partie du plan divin. Port-Royal, incarnation d'Israël, constitue le peuple saint et élu. Le sens de la persécution s'éclaircit. Elle prend place dans l'histoire de la lutte éternelle entre le bien et le mal. Ce combat redouble de violence en des temps apocalyptiques :

> Ils sont venus avec des haches et des cognées pour rompre leurs portes et les abattre, comme on abat les bois dans les forêts, afin de les exterminer de dessus la terre, et faire en sorte qu'il ne reste plus aucun souvenir du nom d'Israël. Cette vigne d'un plan choisi, que vous aviez transférée de l'égypte, à qui vous aviez fait prendre racine, qui avait rempli toute la terre de la bonne odeur de Jésus-Christ, qui couvrait de son ombre les montagnes, un sanglier l'a absolument détruite, cet animal féroce l'a ravagée entièrement. Votre Maison qui est une Maison de prière, est devenue une retraite de Voleurs. Ils ont fait cesser ce Sacrifice perpétuel de louange, que ces chères épouses offraient jour et nuit à leur cher époux, et ils ont mis dans le lieu Saint l'abomination et la désolation. Ils sont enfin venus à bout de disperser le Peuple saint [...] (Étemare, 1734, p. 164-165).

Aux yeux de l'abbé d'Étemare, la persécution des moniales de Port-Royal, du Grand Arnauld et de leurs amis, ne s'explique qu'à la lumière

16 Tony Gheeraert s'est attaché à démontrer l'originalité stylistique de l'abbé dans « Les Gémisssements de l'abbé d'Étemare ou la poésie des ruines », *Chroniques de Port-Royal*, Paris, Vrin, n° 55, p. 143-168.

17 Il utilise le vocabulaire vétéro-testamentaire.

18 Personnification du principe du mal, surnom du diable.

de la bulle *Unigenitus*. La vérité même était attaquée par les jésuites, auteurs de cette nouvelle persécution qui ravive l'ancienne querelle du formulaire. La cause de Port-Royal étant perdue aux yeux des hommes, d'Étemare adresse ses invocations à Dieu. Port-Royal est présenté comme un lieu d'élection, isolé dans un désert, préservé de la malice et de la corruption du monde. Le primitivisme de Port-Royal, déjà apparent dans la *Fréquente communion* du Grand Arnauld, est mis en exergue. Selon d'Étemare, Port-Royal incarne l'Église primitive, car les moniales ont ravivé l'esprit de l'âge d'or de la thébaïde :

> Souvenez-vous, que c'est dans ce sacré désert que vous avez fait éclater la gloire de votre grâce avec une magnificence, qui rappelait dans l'esprit de ceux qui vous aiment, ces temps heureux qui donnèrent naissance à votre Église (*ibid.*, p. 4-5).

D'Étemare met en lumière la solitude et les tourments que les moniales ont subis, notamment la privation de la communion. Il s'agit pour lui d'une nouvelle forme de martyre. Voici le sens de la captivité des moniales et de leur dispersion que le petit noyau des amis de Port-Royal va transmettre à la postérité :

> Vous avez tout quitté pour le suivre : et depuis que vous l'avez suivi, vous avez encore abandonné ce que vous ne possédiez pas ; quoique pauvres, vous avez encore pu vous dépouiller de nouveau pour lui ; vous êtes bannies d'une terre où vous étiez étrangères, on vous a enlevé tout ce qui pouvait consoler votre pauvreté et votre exil, vous étiez les unes à l'égard des autres les seules richesses que vous possédiez, vous vous êtes perdues les unes à l'égard des autres, votre Seigneur lui-même vous a encore été enlevé, autant que vos ennemis ont pu vous l'ôter, vous êtes sans demeure, sans frères, sans pères, sans mères, sans sœurs, sans défenseurs, sans consolations, sans Temple, sans Autel ; réjouissez-vous encore une fois de ce que vous souffrez pour la gloire du nom de votre Dieu, un genre de martyre si nouveau et si cruel [...] (*ibid.*, p. 39-40).

PORT-ROYAL : UN HÉRITAGE

Le témoignage des religieuses est celui de la fidélité du chrétien à Dieu ; tout chrétien est un étranger sur terre et les moniales sont de parfaites disciples du Christ. Le sacrifice des religieuses est considéré comme un événement hors du commun. D'Étemare et son groupe vont en recueillir les fruits, en revendiquant l'héritage des moniales, et ce, dès le *Premier Gémissement* :

> [...] nous avons recueilli nous seuls tout ce que leurs opprobres avaient d'humiliant et de triste, et nous comprenons aujourd'hui avec douleur, que s'ils étaient dignes du nombre de ceux dont tout le monde n'était pas digne, nous faisons partie de ce monde qui ne méritait pas de les posséder [...] (*ibid.*, p. 13).

D'Étemare justifie le refus des religieuses de signer le formulaire, car l'attribution à Jansénius des cinq propositions condamnées ne relève pas du domaine de la foi. Il expose à nouveau les arguments du Grand Arnauld et des moniales, leur logique est poussée jusqu'au bout : l'exercice de la raison ne permet pas de découvrir ces propositions condamnées dans l'*Augustinus*.

D'Étemare revendique ouvertement le droit au libre examen pour les questions ne relevant pas du domaine de la foi, domaine où l'esprit critique et ses deux piliers, empirisme et raison, peuvent s'exercer. D'Étemare achève son *Premier Gémissement* en lançant un appel au public, à ses lecteurs. Il assimile la cause de Port-Royal à la cause même de Dieu que tous les chrétiens ont le devoir de défendre, puisqu'il s'agit de la vérité :

> Que tous vos enfants comprennent que la cause de vos épouses est la vôtre même et la leur, qu'il n'est pas nécessaire pour s'y intéresser d'avoir de la science et de l'érudition ; mais qu'il suffit d'être chrétien, et de savoir que vous condamnez les jugements téméraires et les parjures (*ibid.*, p. 44).

L'ÉDITION DES *RELATIONS DE CAPTIVITÉ*, UN VIATIQUE FACE AUX PERSÉCUTIONS (1718-1753)

Durant cette seconde phase de « jansénisation », la résistance janséniste fut animée par l'épiscopat. En effet, l'opposition à la bulle *Unigenitus* connut une nouvelle vigueur le 1er mars 1717, lorsque quatre évêques lancèrent un appel à un concile oecuménique. D'autres évêques, suivis par leurs curés, renforcèrent le mouvement de protestation. En février 1718, le pape Clément XI condamna les appelants. Ils seront excommuniés le 28 août 1718 par les lettres *Pastoralis officii*. À l'ombre de ces grands appelants, agissent les véritables dépositaires de la mémoire de

Port-Royal : l'abbé Le Sesne d'Étemare, Jacques Fouillou[19], Nicolas Le Gros[20], Laurent-François Boursier[21], Nicolas Petitpied[22], Pierre-Étienne Gourlin[23], l'abbé de Fourquevaux[24], Charles Rollin[25] en sont les plus connus. L'archevêque de Paris, Noailles, ranime alors ses troupes appelantes ; des formules d'appel sont imprimées. Lui-même publie deux mandements d'appel, le 24 septembre 1718, puis le 3 octobre. Le clergé parisien en effervescence soutient Noailles. Néanmoins, les mandements de Noailles subissent un échec relatif, car les appelants sont minoritaires en province et parmi les évêques. L'année 1718 va marquer un basculement de la politique du Régent qui souhaitait ménager le pape, appui de la monarchie française, ce d'autant plus que les évêques constitutionnaires relèvent la tête. Le cardinal de Bissy[26] rend publique une *Lettre circulaire* ; Languey de Gergy[27] publie à son tour des *Avertissements* contre les appelants.

Au cours de cette année houleuse vont paraître les *Avis donnés par la Mère Catherine-Agnès de Saint-Paul aux religieuses de Port-Royal, sur la conduite qu'elles devraient garder au cas qu'il arrivât du changement dans le gouvernement de la Maison* et deux *Relations de captivité*, celles des sœurs Briquet et Dupré. Fait curieux, ces trois écrits sont regroupés en un petit volume unique, édité clandestinement par Quesnel et ses amis parisiens. La *Relation de captivité* de la sœur Briquet l'inaugure, les *Avis* de la mère Agnès lui succèdent et la *Relation* de la sœur Dupré le clôt.

19 Jacques Fouillou (1670-1736), dirigea le noyau janséniste parisien, après l'exil d'Arnauld et de Quesnel.

20 Nicolas Le Gros (1675-1751) se réfugia en Hollande dès 1715. Il s'occupa de l'édition des mémorialistes de Port-Royal durant son exil.

21 Laurent-François Boursier (1679-1749), prêtre et docteur de Sorbonne, est l'auteur de l'appel des quatre évêques.

22 Nicolas Petitpied (1664-1747), docteur de Sorbonne, mit sa plume au service de la cause janséniste dans son exil en Hollande.

23 Pierre-Étienne Gourlin (1695-1775) était enseignant à Sainte-Barbe, qui formait des prêtres jansénistes.

24 Jean-Baptiste de Fourquevaux (1693-1767) publia en 1733 un ouvrage figuriste, *L'idée de la Babylone spirituelle prédite par les Saintes Écritures.*

25 Charles Rollin (1661-1741), ami de Quesnel, fit une brillante carrière universitaire : professeur d'éloquence au collège royal, il fut recteur de l'Université.

26 Henri de Thiard, cardinal de Bissy (1657-1737) fut promu cardinal en 1715 alors qu'il était évêque de Meaux. Il fut, avec le cardinal de Rohan, le dirigeant des constitutionnaires.

27 Jean-Joseph Languet de Gergy (1677-1753) fut évêque de Soissons, puis de Sens. Ce fut un adversaire virulent qui assimilait les jansénistes aux réformés. Le Gros et Petitpied lui répondirent par des *Traités.*

Les *Avis* de la mère Agnès, dont la date de rédaction demeure discutée, soit juin 1663, soit juin 1664, avaient été revus par le Grand Arnauld et par Sainte-Marthe. Comme ils décrivaient la stratégie à mettre en œuvre durant la captivité des religieuses enlevées le 26 août 1664, ils n'avaient pas été publiés durant la période de la grande persécution. Le point qui intéressa les éditeurs de 1718 fut certainement le problème sensible de la privation des sacrements. En effet, la mère Agnès, dans ses *Avis*, fait référence à une théologie augustinienne de la grâce : les sacrements ne sont que les signes visibles de la grâce invisible. Être privé de la communion, c'est adhérer à la source même de la grâce, la passion du Christ. Ces publications ont pour objectif de raviver l'indignation du public. De plus, l'esprit de résistance des religieuses est d'une brûlante actualité. Les religieuses sont des héroïnes dont il faut s'inspirer.

En effet, pour les jansénistes, la constitution *Unigenitus* attaque la vraie foi que Port-Royal avait déjà défendue. Port-Royal, c'est le témoignage de la pureté des consciences qui refusent de se soumettre. Le monastère disparu devient le dépositaire de la vérité, le combat des religieuses privées de sacrements est exemplaire. Les écrits des sœurs Briquet et Dupré le rappellent. Le choix des éditeurs, qui ont extrait ces deux *Relations* d'un corpus plus ample, s'explique par le caractère complémentaire de ces deux écrits et par leur qualité littéraire. Une copie fiable des textes originaux perdus subsiste : il s'agit du manuscrit Thémericourt P.-R. 91 de la bibliothèque de Port-Royal, manuscrit revu et corrigé par mademoiselle de Thémericourt elle-même. Après 1718, la *Relation* de la sœur Dupré ne fut plus rééditée, alors que la *Relation* de la sœur Briquet est incluse dans le corpus des *Relations* éditées en 1724.

L'ÉDITION DES *RELATIONS* DES SŒURS BRIQUET ET DUPRÉ (1718)

Ce petit volume des *Relations de captivité* est lancé dans le public, alors qu'une grande agitation secouait des esprits surchauffés, que le Régent, en dépit de sa déclaration du 7 octobre 1717, n'était pas parvenu à calmer. L'opposition parlementaire soutient Noailles. Une solution de compromis ne semble plus possible.

La diffusion par le cercle des jansénistes, demeurés en contact avec Quesnel réfugié en Hollande, et qui conseillaient Noailles[28], des *Relations*

28 Ce cercle a eu accès aux copies Théméricourt.

de captivité des sœurs Dupré et Briquet, a pour objectif de motiver les troupes. Ces deux *Relations* répondent à l'excommunication des appelants que prononcèrent les lettres *Pastoralis officiis*. L'édition, certainement pilotée par l'abbé Le Sesne d'Étemare, fut précipitée. En effet, l'ouvrage ne comporte ni avertissement, ni préface, ni notes, contrairement à l'usage. Une lettre de Ruth d'Ans à Quesnel, en date du 17 avril 1710, prouve que Quesnel avait revu le texte de ces deux *Relations* imprimées en Hollande[29].

La fermeté exemplaire de la sœur Briquet

La *Relation de captivité* de la sœur Briquet retrace une résistance héroïque sans failles. En effet, la sœur Briquet, l'une des figures-clé de la résistance, affronte une rude captivité. En dépit d'un environnement oppressant, le caractère plaisant de son récit, vif et emporté, fait de cette *Relation* un véritable chef-d'œuvre. L'éclat de son esprit, son enthousiasme y pétillent : la jeune religieuse, âgée de 23 ans, terrasse avec facilité ses adversaires, dont elle relève les travers. Dotée du sens de l'observation et d'une grande finesse psychologique, lucide et fidèle à ses principes, elle illustre les péripéties de son aventure à la manière d'un feuilleton, d'une bande dessinée, ce qui en facilite la lecture. Ce style en mouvement constitue un attrait supplémentaire. C'est une marche vers le triomphe de l'héroïne, seule contre tous. Sa rhétorique, empreinte du gallicanisme de son milieu social, la haute robe, et qu'elle déploie à la confusion de ses adversaires, repose sur la rationalité. La sœur Briquet rejette avec aisance les arguments de ses ennemis, dénués de fondement solide. La religieuse parvient à décourager ses adversaires, lassés de son opiniâtreté. La sœur Briquet relate, à la Molière, les éloges que ses geôlières font des jésuites. Elle souligne leur ardeur à lutter contre les nouveaux hérétiques, car elles tentent de faire passer la captive pour une criminelle, déclarent qu'il faut détruire le monastère de Port-Royal et effacer son souvenir. La sœur Briquet note, sans états d'âme, le scandale que cause sa désobéissance au pape, qu'elle ne tient pas en grande estime. Elle écrit qu'il n'est pas infaillible, qu'étant un homme, il peut se tromper. La sœur ne redoute pas l'excommunication, car elle demeurera toujours unie aux autres membres de l'Église. Son point de vue rejoint celui de Jacqueline

29 Quesnel, 1960, p. 321-324.

Pascal. Détail amusant : la sœur Briquet avait réussi à communiquer avec le monastère de Port-Royal de Paris en ayant recours à une encre invisible. Elle s'en justifie, estimant qu'elle avait fait usage d'une liberté naturelle. Elle déclare que la nouvelle bulle *Regiminis apostolici* du pape a été fulminée pour des raisons politiques, son objectif étant de nuire à Port-Royal. Pour elle, la signature est une affaire de conscience.

L'écrit de la sœur Briquet anticipe le siècle des Lumières. En effet, la religieuse s'appuie sur son jugement personnel, réclame des raisons logiques, pour signer. Elle réfute avec pétulance les arguments d'autorité, se réfère à son propre entendement, à sa liberté de conscience. L'injustice des autorités la révolte. Elle rejette l'absolutisme. On comprend combien la lecture de cette *Relation*, à la portée de tous, a pu stimuler, voire égayer les opposants à la bulle *Unigenitus* et leur offrir un argumentaire solide. Port-Royal est bien ressuscité, ses héroïnes sortent de l'oubli. L'ombre tutélaire du monastère détruit domine la résistance des appelants.

Les souffrances de la sœur Dupré

Alors que la *Relation* de la sœur Briquet pouvait faire office de viatique pour les appelants et les ordres religieux qui refusaient la bulle *Unigenitus*, la *Relation de captivité* de la sœur Dupré offrait aux faibles et aux hésitants un exemple de rédemption après la chute liée à la signature. Si la jeune sœur Briquet illustre une résistance indomptable et incarne la face lumineuse de la résistance de Port-Royal, la *Relation de captivité* de la sœur Dupré présente le spectacle douloureux d'une chute et du repentir pathétique qui s'en suivit. Le mécanisme psychologique de la tentation est décrit minutieusement, conséquence d'un harcèlement moral et d'une campagne d'intoxication des autorités et des geôlières, que les jésuites manipulent. Cette *Relation* est d'autant plus intéressante que la sœur Dupré est une religieuse de la première génération, formée par la grande Angélique Arnauld, et qui avait une dette de reconnaissance vis à vis du monastère. Cultivée et passionnée par la défense du monastère, ardente avocate de la réputation de ses confesseurs, elle était parfaitement au courant des affaires du temps, et avait connu Jansénius, lors d'un voyage en Flandres. Pourtant, elle céda aux pressions d'Hardouin de Péréfixe.

Le lecteur, dès l'incipit du texte, peut s'identifier au cheminement de la sœur Dupré. En effet, au début de sa longue narration, la sœur affirme son orthodoxie et son amour de la vérité. Elle se déclare également très respectueuse des autorités. Elle livre l'enjeu de son combat : les jésuites, qu'elle ne nomme pas, veulent renverser la doctrine de la grâce efficace. Auteurs d'un véritable complot, ils tentent de déshonorer la vertu des justes. À cet effet, elle procède à un vif éloge de Port-Royal, victime des calomnies répandues. Pour les lecteurs, l'intérêt de cet écrit demeure l'explication que donne la sœur Dupré de sa signature : sa tentation, à laquelle elle céda, est l'œuvre du diable qui avait semé la zizanie, selon ses propres termes, dans son esprit obscurci. De même, l'obéissance aux autorités est considérée comme l'œuvre du diable. La sœur est sensible aux menaces d'excommunication des geôlières, à leur campagne de désinformation. Elle souffre de la privation de la communion et entame une réflexion sur l'excommunication injuste. Pour la sœur Dupré, les excommunications injustes sont sans valeur, elles ne correspondent pas à la volonté de Dieu. Elle cite saint Augustin :

> [...] il y a des personnes qui sont excommuniées que Dieu couronnera en secret (Dupré, 1718, p. 151).

Sa plume participe aussi aux débats sur le formulaire et les fameuses cinq propositions attribuées à Jansénius. Elle en retrace l'historique. Sa *Relation de captivité* démontre sa parfaite connaissance des polémiques et des difficultés auxquelles se heurtaient les augustiniens. Dans ce cadre, elle établit la liste des injustices subies par Jansénius qu'elle vénère, et décrit ses partisans comme des victimes. Sa *Relation de captivité* est le reflet de cette guerre théologique où elle fut momentanément vaincue, avant de se ressaisir.

Pour les lecteurs de cette *Relation*, il ne faisait aucun doute que cette guerre continuait, la bulle *Unigenitus* n'étant que la reprise des condamnations injustes précédentes que les intrigues des jésuites avaient obtenues.

LA PUBLICATION DES *RELATIONS DE CAPTIVITÉ* EN 1724 : L'HISTOIRE D'UNE PERSÉCUTION RECOMMENCÉE

Par une déclaration en date du 20 août 1720, le Régent ordonne l'observation de la constitution dans toute la France et interdit d'en interjeter appel. Il décida d'éradiquer l'opposition à la bulle et eut recours au cardinal Fleury, ennemi de Noailles. Fleury, dévoué à Rome, entra dans le Conseil de conscience en décembre 1720. Il poussa en avant les jésuites, qui devinrent les missionnaires de la bulle. Il mit en place une véritable inquisition pour épurer le clergé et la magistrature. Ce travail de l'ombre, à coup d'interventions isolées et secrètes, porta ses fruits et rallia les indécis et les ambitieux.

Le 11 juillet 1722, le Régent imposa la signature du formulaire d'Alexandre VII pour l'obtention des bénéfices et des grades universitaires. La situation des jansénistes devint de plus en plus difficile, le mouvement ne pourrait plus que survivre, car la répression sévit non seulement à Paris, mais également en province. Les congrégations étaient sous surveillance. Celles qui résistaient furent privées de l'aide financière que leur versait l'État.

Le Régent meurt en décembre 1723. L'année 1724 est particulièrement difficile. Beaucoup de jansénistes se réfugient en Hollande, car Fleury, à la tête du Conseil de conscience, accentue la répression et mène une guerre sans pitié aux pamphlétaires, libraires et imprimeurs. Le jansénisme va se transformer alors en un phénomène d'opinion, d'opposition dressée contre les jésuites. Des libelles satiriques et des ouvrages critiques se répandent en un flot intarissable. Leur diffusion bénéficie de larges complicités. En outre, une fraction du clergé local acquise au jansénisme, notamment les oratoriens et les bénédictins, conseillent aux femmes qu'ils dirigent la lecture des ouvrages de Port-Royal.

Le corpus des *Relations de captivité* dites *Relations in-4*, imprimé clandestinement à Paris, répond aux attentes du public. Non seulement les *Relations de captivité* retracent la lutte héroïque des religieuses captives, mais encore elles décrivent les mécanismes de la répression, toujours d'actualité, et les réactions des religieuses face à la privation de la communion, un leitmotiv des *Relations*. Ainsi, les *Relations de captivité* deviennent une lecture symbole de la résistance aux abus du pouvoir et du haut clergé, tous deux sous l'influence des jésuites. La lutte des religieuses captives en 1664 devient une exégèse de la persécution de 1724. Pour les jansénistes figuristes, la série des persécutions subies remonte à la Bible. Le présent s'éclaire à la lumière des récits du passé, un temps héroïque, dont les religieuses deviennent les figures tutélaires. Les lecteurs contemporains vont donc former leur jugement sur la conjoncture actuelle sous l'égide de religieuses exemplaires.

À cet effet, Dom Clémencet affirme que les *Relations de captivité* ont été éditées « à l'occasion de la rigueur avec laquelle on recommença à exiger la signature du Formulaire[30] ». Les *Relations de captivité* servent à commenter l'actualité politique et religieuse du moment. Ces écrits revêtent une dimension épique : un combat sans merci dont les plus faibles, des femmes désarmées, des agneaux amenés à la boucherie, conquièrent les lauriers de la victoire. Elles deviennent des personnages qui ont construit la *legenda* de Port-Royal. Leurs *Relations* assurent la fonction d'un dépôt sacré, d'un guide, dont il faut s'inspirer dans le cadre de la situation de répression actuelle. En effet, la privation de la communion contemporaine n'est que la reproduction d'un schéma déjà connu. Les *Relations* doivent ranimer le courage du groupe janséniste qui ploie sous les coups de l'adversité. À ce titre, le juridisme des religieuses qui avaient contesté le pouvoir politique et ecclésiastique devant le Parlement, dans le cadre de l'appel comme d'abus, constituait aussi un modèle à suivre. En effet, cette procédure permettait de demander au Parlement d'annuler une décision ecclésiastique comme contraire aux lois, coutumes ou canons reçus dans le royaume.

Les *Relations* ont été lancées dans le public dans l'urgence : le corpus, partiel, ne comprend ni notes explicatives, ni avertissement.

LA PUBLICATION DES DERNIÈRES *RELATIONS DE CAPTIVITÉ* (1750-1753)

La sœur Melthide Thomas du Fossé : une anti-héroïne (1750)

La *Relation de captivité* de la sœur du Fossé parut tardivement, dans les *Vies intéressantes et édifiantes des religieuses de Port-Royal* éditées en 1750 et 1751. Cet ouvrage très volumineux, de quatre tomes, fut édité par Pierre Leclerc, sous-diacre de Rouen. L'intitulé de cette *Relation de captivité*, certainement issu de la plume de Pierre Leclerc, frappe par sa longueur : *Relation de ce qui est arrivé à la sœur Magdeleine de Sainte Melthide Thomas du Fossé, depuis l'enlèvement des Mères de Port-Royal, fait au mois d'Août 1664 jusqu'au temps qu'elle retourna à Port-Royal de Paris, après en avoir été elle-même ôtée*[31]. Elle est précédée d'une *Relation touchant*

30 Manuscrit non édité de Dom Clémencet (Bibliothèque Mazarine, ms. 4538, pièce 2, p. 9).
31 *Vies intéressantes et édifiantes des religieuses de P.-R.*, 1750-1751, vol. II, p. 164-202.

les sœurs Magdeleine de Sainte-Melthide et Anne de Sainte-Thècle Thomas[32]. Cette dernière *Relation*, sans nom d'auteurs, illustre la position et les revirements de la sœur Melthide quant à la signature du formulaire. Elle indique que la sœur rétracta tardivement ses trois signatures, le 26 mars 1670, alors qu'elle avait quitté, à sa demande, Port-Royal de Paris le 29 avril 1669, profitant de la Paix de l'Église.

L'éditeur de sa *Relation de captivité* relève l'intérêt de cet écrit, demeuré inédit. La chute de la sœur, puis son revirement, lorsqu'elle fut réunie à la communauté de Port-Royal des Champs, constituent la trame de cette *Relation* :

> Cette Pièce, qui n'a point été imprimée en même temps que les autres *Relations de captivité*, qui furent données au public en 1724, représente en détail ce que M. Du Fossé [...] dit de la chute de sa Sœur, qui était une bonne fille simple, mais qui manquait de cette force et de cette fermeté d'âme qui s'accorde si bien avec l'humble simplicité du christianisme (*Vies intéressantes et édifiantes des religieuses de P.-R.*, 1750-1751, vol. II, p. 164).

La *Relation de captivité* de la sœur Melthide Thomas du Fossé avait fait l'objet d'une véritable censure. En effet, cette religieuse, en quelque sorte une anti-héroïne, ne pouvait pas servir de modèle. Alors que sa *Relation* figure dans le recueil manuscrit P.-R. 62 de la bibliothèque de Port-Royal de Paris, manuscrit qui servit de base aux éditeurs des *Relations* de 1724, elle en fut écartée. Cette exclusion est compréhensible, car la conduite de la sœur Thomas du Fossé est loin d'être édifiante. Pour les éditeurs des *Relations de captivité*, un fait a pesé lourd dans la balance : la sœur Melthide s'était désolidarisée de sa communauté et avait choisi, à la fin de sa captivité, de retourner à Port-Royal de Paris et d'y demeurer en compagnie des signeuses[33]. Elle reconnut elle-même son manque de remords par rapport à la signature. Elle ne regretta sa chute que très tardivement, après son arrivée à Port-Royal des Champs. En effet, elle ne fut saisie de scrupules qu'en janvier 1670, lorsqu'elle confia sa faute à la mère Agnès. Finalement, elle rétracta ses signatures le 26 mars 1670.

---

32 *Ibid.*, p. 150-163.

33 Elle écrivit une *Relation de ce qui s'est passé à Port-Royal de Paris depuis le transport des religieuses fait à Port-Royal des Champs en 1665 et l'établissement de la Sœur Dorothée Perdreau première abbesse intruse de Port-Royal, par la sœur Melthide Thomas du Fossé.* Elle fut publiée en 1740 dans le *Recueil d'Utrecht*, 1740, p. 451-500.

La publication des dernières Relations de captivité : une omission réparée (1753)

Les deux dernières *Relations* qui étaient demeurées inédites furent publiées en 1753 dans l'*Histoire des persécutions*, par les bons soins de Pierre Lefranc. Il s'agit des récits de l'abbesse, la mère Agnès de Ligny, et de la prieure, la mère Le Conte.

La *Relation* de l'abbesse de Ligny aurait dû figurer dans le corpus de 1724. En effet, le recueil manuscrit P.-R. 62 de la bibliothèque de Port-Royal l'inclut dans le corpus des *Relations de captivité.* Les éditeurs des *Relations in-4* l'écartèrent du corpus imprimé. La démarche des éditeurs peut s'expliquer : la captivité de l'abbesse de Ligny fut moins rude que celle de ses consœurs. Dans ces conditions, elle peut difficilement passer pour une martyre. En effet, elle séjourna tout d'abord chez les ursulines où elle fut bien traitée, bénéficiant de nombreuses marques d'estime, avant d'être accueillie par son frère, Dominique de Ligny, évêque de Meaux, dans son diocèse. Il la plaça chez les Filles de Sainte-Marie. Elle put correspondre presque librement, le confesseur de la maison l'aidant secrètement et elle fut autorisée à communier.

La *Relation* de la prieure, la mère Marie-Dorothée de l'Incarnation Le Conte, ne pouvait pas servir de modèle aux appelants, dans le contexte des années 1724. En effet, sa *Relation* révèle qu'elle fut ébranlée et faillit céder aux pressions par crainte de l'excommunication. Elle pleura beaucoup et présenta même à Chamillard un modèle de signature qui reçut l'approbation d'Hardouin de Péréfixe. Néanmoins elle hésita ; la nouvelle bulle *Regeminis apostolici*, qui exigeait un serment, la révolta. Elle promit l'indifférence, au sens de la mère Agnès, puis elle se ravisa.

JÉRÔME BESOIGNE, L'HISTORIEN DES *RELATIONS DE CAPTIVITÉ*

L'HISTOIRE DE PORT-ROYAL : UN SPECTACLE ÉDIFIANT (1752)

Jérôme Besoigne (1686-1762) composa une histoire complète, en deux parties, du monastère de Port-Royal. Il voua la première partie de son œuvre à l'histoire des religieuses, la seconde à celle des Messieurs.

Son *Histoire* publiée à Cologne[34], en 1752, frappe par son ampleur : elle comprend six volumes. Il convient de souligner son importance, car cette première *Histoire de Port-Royal* allait servir de modèle à Dom Clémencet[35] et à Guilbert[36]. En effet, il s'agit de la première chronique exhaustive de Port-Royal qui recouvre l'aube de son histoire, avec l'entrée de la mère Angélique Arnauld au couvent, la persécution, l'agonie de l'abbaye, puis sa destruction en 1709.

Comme Racine, Besoigne inaugure son ouvrage en évoquant les origines banales de Port-Royal ; la destruction du monastère et la dispersion des dernières religieuses achèvent la première partie de son travail. Son *Histoire de l'Abbaye de Port-Royal* est d'autant plus remarquable qu'elle établit la première mise en perspective chronologique des écrits des religieuses et qu'elle offre des extraits de leurs *Relations de captivité.* À cette fin, Besoigne utilise des sources fiables, tant manuscrites qu'imprimées : il n'accorde sa confiance qu'aux écrits des religieuses, des contemporains et des témoins oculaires. Avec honnêteté, il cite toutes ses sources dans sa préface. Il n'omet pas les « *Relations de douze ou quinze captives de Religieuses de P.-R. enfermées dans des monastères étrangers* » (Besoigne, 1752, t. I, 1re partie, préface, p. 5). Parmi les historiens de Port-Royal, c'est Besoigne qui porte le plus vif intérêt au sort des religieuses persécutées. En effet, il consacre cent soixante-six pages, le livre VIII de son second volume, à leur captivité. Le livre précédent retrace les événements dramatiques intervenus à la fin de l'année 1664 et au début de 1665.

---

34 Il s'agit d'un lieu fictif ; l'ouvrage est certainement sorti des presses clandestines parisiennes.

35 Son *Histoire générale de Port-Royal depuis la réforme de l'Abbaye jusqu'à son entière destruction* parut à Amsterdam en 1757.

36 Les *Mémoires historiques et chronologiques sur l'Abbaye de Port-Royal* parurent à Utrecht en 1758.

Selon Besoigne, un double paradoxe marque l'histoire de Port-Royal. Alors que les vertus du monastère remplissent d'admiration, Port-Royal est persécuté ; alors qu'il prône un retour au christianisme primitif et défend les valeurs augustiniennes, il se heurte à l'hostilité de Rome. Le monastère et ses religieuses deviennent les acteurs d'un spectacle édifiant. L'exceptionnelle histoire de l'abbaye suscite la curiosité du public et de l'historien. Celui-ci a pour tâche de faire connaître à la postérité ce destin glorieux et tourmenté.

Besoigne donne la clé d'interprétation de l'histoire du monastère. Ce sont les persécutions qui l'anéantirent. Or, il faut donner sens aux attaques du pouvoir et des jésuites contre Port-Royal : les ennemis de Port-Royal cherchent à détruire la vérité que défendent les élus de Dieu. En effet, les religieuses sont des saintes. Inspirées par la grâce, elles incarnent l'esprit du christianisme, qu'elles font revivre en imitant Jésus-Christ.

Besoigne s'appliquera à donner vie à ce retour aux sources du christianisme. Ses récits, soucieux des détails pittoresques puisés dans les *Relations* des religieuses, illustreront ce désir nostalgique : les faits parlent d'eux-mêmes, puisque l'action de Dieu est tangible. Il suffira d'évoquer les grâces accordées à la mère Angélique Arnauld, le succès de sa réforme, et les tourments infligés à des saintes. On ne décèle aucune trace de figurisme[37] dans l'ouvrage de Besoigne qui se veut objectif. Il se contente de décrire avec réalisme la vie quotidienne de la communauté et les souffrances du monastère.

Besoigne va aussi suggérer au lecteur que Port-Royal, à travers ses tribulations, est l'ancêtre, le modèle, dont doivent s'inspirer les appelants qui refusent de se plier à la bulle *Unigenitus*. La lutte actuelle contre les jésuites continue l'histoire de Port-Royal. Les ennemis de la grâce efficace veulent toujours détruire les valeurs augustiniennes pour ruiner toute l'économie du salut[38]. En effet, lorsque Besoigne acheva sa volumineuse

37 Le figurisme est une nouvelle théologie de l'histoire mise en œuvre par Duguet et son groupe d'opposants à la bulle *Unigenitus*. Le passé est la figure du futur : le peuple juif se convertira au christianisme et revivifiera l'Église. Le martyre des justes est célébré. Jansénius est un nouvel Athanase, ce Père de l'Église qui fut plusieurs fois exilé pour son opposition à l'arianisme. Les religieuses de Port-Royal et les Solitaires forment l'élite d'Israël. L'histoire de l'Église indique que celle-ci fut toujours divisée en deux camps hostiles : les dépositaires de la vérité et leurs ennemis. Par exemple, on relève les couples saint Augustin et Pélage, Jansénius et Molina, Port-Royal et les jésuites.

38 Si l'homme peut assurer son salut par ses propres mérites, le sacrifice du Christ devient inutile.

histoire, la querelle du formulaire faisait rage. Lorsque parut son *Histoire de l'abbaye de Port-Royal*, l'affaire des billets de confession secouait l'opinion publique. En effet, Christophe de Beaumont, élevé au siège de Paris en 1746, exigea de tout malade qui demandait le viatique un billet constatant qu'il avait été assisté par un prêtre que sa hiérarchie approuvait. Ainsi, des curés, avec l'accord de leurs évêques, avaient refusé les derniers sacrements à tout appelant moribond qui ne voulait pas révoquer son appel. Les appelants eurent alors recours au Parlement qui rendit son fameux arrêt du 18 avril 1752[39]. Il interdisait tout refus public des sacrements. Un prêtre ne pouvait plus refuser la communion sous prétexte de non-présentation d'un billet de confession ou d'un refus d'acceptation de la bulle *Unigenitus*. Le Parlement persévéra dans sa lutte et entama un bras de fer avec Louis XV. Il présenta des remontrances au roi[40] et refusa d'enregistrer les lettres royales. Le roi céda, interdit le refus de sacrements, et exila Christophe de Beaumont à Conflans.

L'objectif de Besoigne semble donc clair. Il s'agit d'offrir au public et aux appelants un modèle de résistance, de lutte, à la fois contre la royauté et contre Rome, et un encouragement au martyre. Les défenseurs de la vérité, les appelants, subissent la persécution mise en œuvre par le roi et le pape. Le thème de la persécution des saints, des élus, structure l'histoire de Port-Royal et lui donne sens ; les étapes de la persécution, qui va en s'amplifiant, confèrent rythme et tension à cette historiographie. Besoigne s'interroge sur un double paradoxe : pourquoi un monastère modèle subit-il tant de malheurs et de perpétuels tourments jusqu'à la tragique destruction ? Pourquoi un monastère cistercien, ayant fait vœu d'humilité et de silence, fut-il projeté sous les feux de l'actualité ?

Port-Royal, qui se voulait hors du monde, fut donc bien livré au regard du monde, et le spectacle continua après la destruction du monastère. La postérité trouve toujours Port-Royal digne d'intérêt et participe à la vie de l'abbaye, grâce au miroir que lui tend Besoigne :

> Cette Histoire porte dans son nom seul sa recommandation. Rien de plus édifiant que les vertus éminentes de la plupart des Religieuses de Port-Royal pendant la durée d'un siècle depuis la Réforme faite par l'illustre Mère Angélique Arnauld : rien aussi de plus étonnant que les vexations presque

---

39 Il fut placardé sur les murs de l'archevêché de Paris.

40 Les remontrances de 1753 s'élèvent contre la bulle *Unigenitus* responsable des refus des sacrements.

> continuelles exercées contre cette sainte Maison, jusqu'à son entière destruction. Le récit du bien qu'il y eut dans ce monastère et des maux qu'on lui a faits, ne peut être que très intéressant pour tout Lecteur religieux, et pour celui-même qui ne serait que curieux (Besoigne, *op. cit.*, t. I, 1re partie, préface).

LES *RELATIONS DE CAPTIVITÉ* : LES RÉCITS SINCÈRES DE FEMMES EXEMPLAIRES

Besoigne offre au lecteur une compilation des *Relations de captivité*. Il indique lui-même ses sources, les *Relations* imprimées mais aussi manuscrites. Ses trois récits favoris, ceux qui lui avaient procuré beaucoup de satisfaction, étaient l'œuvre de trois opposantes farouches à la signature, dotées d'une plume éloquente : les sœurs Angélique de Saint-Jean, de Brégy et Briquet, dont Besoigne relève la précocité. Elle n'avait que 23 ans lors de son enlèvement :

> J'avoue que tout m'a charmé dans ces filles, qui sont vraiment des femmes fortes par toute sortes d'endroits : piété, foi, lumière, jugement, esprit fin, élocution énergique, politesse, sens rassis, tout y est (*ibid.*, t. I, 1re partie, Livre VIII, p. 93).

Besoigne estime que les *Relations de captivité* des religieuses constituent des témoignages exacts et sincères, auxquels le lecteur doit accorder foi. Il insiste sur l'honnêteté de religieuses, qui ont horreur du mensonge et qui ont souffert pour la vérité, ces qualités garantissant l'objectivité de leur plume. L'équité dont elles font preuve vis-à-vis de leurs geôlières en est le meilleur témoignage. De plus, elles ne déguisent ni leur chute (la signature), ni leurs doutes.

La seule difficulté à laquelle se heurte l'historiographe : les louanges que les religieuses se donnent à elles-mêmes, les vertus dont elles parent leur communauté et leurs consœurs. Cette vision flatteuse de Port-Royal fut diffusée dans le public. Les religieuses, auteurs des *Relations*, céderaient-elles à la tentation de l'amour-propre, feraient-elles preuve d'orgueil en prenant la plume, en révélant à leurs lecteurs les grâces divines particulières dont elles bénéficièrent ? Pour Besoigne, les religieuses captives furent obligées de répondre à leurs ennemis, de lutter contre leurs calomnies, par sens du devoir. C'est donc bien malgré elles que les religieuses, dont Besoigne souligne la naïveté, offrirent une image fort édifiante de leur monastère au public et à l'Église. L'historiographe évacue les polémiques auxquelles participèrent les captives face à leurs geôlières, leur refus de condamner Jansénius. Il met l'accent sur la propagande des ennemis de Port-Royal, propagande anti-janséniste qui n'est jamais nommée en tant que telle :

> [...] Que les louanges, ou pour mieux dire, les idées avantageuses de Port-Royal qu'on trouve dans ces *Relations*, résultent des faits qui y sont narrés, plutôt qu'elles n'y sont placées à dessein, et que la vérité de l'histoire demande qu'on rapporte les faits tels qu'ils sont ; Que ces faits, d'où résulte l'idée avantageuse de la maison de Port-Royal et des sœurs, n'ont été rédigés par ces filles en un corps d'histoire, que par la nécessité où elles étaient de se justifier dans le public. On les chargeait de calomnies, on les décriait en toute manière ; pouvaient-elles se refuser à elles-mêmes et à l'édification de l'Église la réfutation de ces calomnies, et la destruction du scandale qu'elles auraient donné, si ces calomnies eussent été crues vraies ? (*ibid.*, t. II, 1re partie, Livre VII, p. 259-260).

LES SIGNATURES EXTORQUÉES : UN SCANDALE TOUJOURS D'ACTUALITÉ

Besoigne évoque longuement le parcours tourmenté des religieuses captives qui signèrent le formulaire avant de se rétracter. Il rapporte leurs propres sentiments. En effet, les sœurs furent victimes de leur peu de lumière, de l'obscurcissement de leur esprit, des pressions d'Hardouin de Péréfixe et de leur solitude, toute communication leur étant interdite. La privation de la communion les fit céder, malgré d'importants remords. Elles analysent leur signature comme une chute, un péché, la grâce divine leur faisant défaut. Besoigne met l'accent sur leurs larmes et leur désespoir. Pour l'historiographe, les religieuses qui ont signé le formulaire furent d'innocentes victimes soumises à des conditions de captivité particulièrement difficiles. En dernier ressort, la responsabilité de leur signature incombe à la hiérarchie ecclésiastique qui les tourmenta.

Pour preuve, Besoigne expose avec précision le cheminement douloureux qui conduisit la sœur Marie-Angélique de Sainte-Thérèse Arnauld d'Andilly, détenue avec sa tante, la mère Agnès, à la signature. Il évoque sa constitution fragile et son tempérament tourmenté ; elle craignait de mourir sans avoir accès aux sacrements. De grandes peines d'esprit l'affligèrent et sa foi même fut ébranlée, alors que le doute l'envahit. En effet, les signatures des sœurs Hélène de Savonnières, Candide le Cerf et Melthide du Fossé l'influencèrent. Privée de confesseur, elle ne put confier ses souffrances spirituelles. Alors qu'elle subissait le harcèlement des sœurs de Sainte-Marie, elle tomba dans le piège que lui tendit

Hardouin de Péréfixe : sa signature ne serait qu'une marque de déférence aux supérieurs, un acte de soumission. En outre, sa signature pourrait être expliquée par un acte séparé pour ne pas heurter la communauté des religieuses de Port-Royal. Son peu de capacité intellectuelle et son tempérament influençable l'entraînèrent à signer, sa faiblesse physique l'empêchant de résister. Son état d'affliction inspira de la pitié à ses geôlières. Elle se rétracta le 7 février 1665, envahie de tels remords qu'elle dissimula sa main qui avait tenu la plume de la signature.

Besoigne s'interroge sur l'attitude de la mère Agnès qui laissa une entière liberté à sa nièce, ne cherchant pas à l'influencer, en dépit de leur grande proximité affective. Le jour de la signature, la mère la laissa aller signer sans rien dire. L'historiographe souligne que, plus tard, la mère Agnès se repentit de sa conduite. La mère Agnès avait tenu compte de la faiblesse de sa nièce, qui avait été convaincue par les arguments de monsieur Chéron et les explications de l'archevêque.

Puis, Besoigne expose le cheminement intellectuel, plus complexe, qui mena la sœur Marie-Charlotte de Sainte-Claire Arnauld d'Andilly à signer. Elle fut assaillie par les doutes après une semaine de captivité. La pression morale qu'elle subit de la part de ses geôlières, qui la déstabilisèrent par de mauvaises nouvelles, ainsi que son isolement, l'ébranlèrent. Elle se mit à douter, craignit les conséquences du refus de la signature. Elle pesa rationnellement les inconvénients de sa situation, opérant un véritable raisonnement de juriste : Dieu excuserait sa signature arrachée par la violence de ses adversaires, les actes antérieurs, signés par la communauté la rendant nulle. Sa signature la jeta dans l'effroi. Chaque parole de l'Écriture s'avéra être un reproche. Victime d'une sévère dépression, elle perdit le sommeil et fut continuellement en pleurs. Elle décida d'écouter sa conscience et se rétracta.

La sœur Candide Le Cerf subit un véritable matraquage chez les filles de la Visitation qui ne la laissèrent pas en repos, alors qu'elle connaissait de grandes peines d'esprit et ne put bénéficier du soulagement de la confession. De surcroît, elle ne put se confier à monsieur Bail dont les propos l'affligèrent ; il la qualifia de brebis égarée et refusa de l'entendre en confession. La sœur craignit en outre pour son salut. Elle hésita. Son frère la poussa à signer. Elle lui remit un modèle de signature et lui demanda de consulter ses amis. Son frère et les mères présentes à l'entretien refusèrent ce modèle, disant qu'il ne satisferait pas l'archevêque. Elle supprima alors les réserves qu'elle avait émises. Elle indiqua à Hardouin de Péréfixe qu'elle ne signerait pas son mandement. Elle endura les pressions de ses adversaires, la colère d'Hardouin de Péréfixe et fut la victime de faux bruits, quant à la signature de la communauté. Ces manœuvres d'intimidation portèrent leurs fruits. Elle pensa qu'elle pouvait signer sans commettre de péché, n'ayant pas l'intention d'offenser Dieu. La mère supérieure sentit ce basculement et en informa l'archevêque qui accourut sur-le-champ. Candide Le Cerf protesta en affirmant qu'elle ne croyait pas au fait. Elle signa le mandement par soumission. Elle regagna Port-Royal de Paris où les vexations que subissaient ses consœurs la bouleversèrent. Les procédés et propos des sœurs Flavie Passart et Dorothée Perdreau, qui gouvernaient le monastère, l'indignèrent. Avant Noël, les doutes sur sa signature l'agitèrent. Elle fit une rétractation secrète le 26 mars 1665. Les signeuses perçurent son changement. Elle essuya les foudres et les insultes d'Hardouin de Péréfixe.

Besoigne cherche avant tout à convaincre le lecteur de l'innocence et de la faiblesse des captives, dépeintes en victimes, privées de toute assistance, et tourmentées par leurs persécuteurs. Soumises à une véritable campagne de désinformation et abattues par la privation de la communion, les plus fragiles cédèrent. Le persécuteur est désigné ouvertement : il s'agit d'Hardouin de Péréfixe, l'archevêque de Paris. Cette désignation du coupable se révèle très habile. En effet, le lecteur de Besoigne ne peut s'empêcher de songer aux évêques persécuteurs qu'il a pu connaître : Fleury, l'ami des jésuites, Vintimille, que les jansénistes caricaturèrent férocement, et enfin Christophe de Beaumont, qui exigeait des billets de confession.

Après Besoigne, l'image des religieuses va connaître une inflexion. Elle va se transformer à la lumière des perspectives qui sont celles du groupe janséniste de la seconde moitié du XVIIIe siècle. Certains traits des religieuses vont être estompés, d'autres caractéristiques vont être accentuées. La lutte des religieuses, leur ardeur polémique, leur éloquence sont diluées dans un lointain passé. Elles perdent leur autonomie, leur tempérament, leur humour, leurs talents et sont fondues en un groupe presque désincarné, victime des jésuites et d'enjeux de pouvoirs qui les dépassent. Elles endossent aussi une vision plus traditionnelle de la femme, tout à fait soumise, sans initiative, innocente, presque naïve, dépourvue de toute culture théologique. Ce qui intéresse Dom Clémencet, Guilbert et mademoiselle Poulain, ce sont le martyre des religieuses, leurs tourments psychologiques, leur idéal de pureté, leur innocence. Coupées du monde, cachées aux yeux des hommes, elles deviennent des modèles, sont associées dans l'esprit des historiographes aux martyrs de l'Église primitive. Port-Royal préfigure une cité céleste dont les religieuses sont arrachées par la violence. Cette persécution est d'autant plus injuste que ces religieuses sont tout à fait orthodoxes et que leurs vertus sont incontestées. Bref, elles ne participent même plus aux querelles théologiques. D'actrices rebelles, elles deviennent des victimes fragiles dont les tourments sont exposés avec complaisance et souvent avec emphase. Leur opposition aux autorités est évacuée. La communauté de Port-Royal est parfaitement soumise au roi et respectueuse des autorités religieuses. Les bras de fer avec les autorités sont passés sous silence. Le lecteur ne peut qu'admirer ces religieuses si parfaites et s'élever contre la fourberie des jésuites.

L'HISTOIRE RECOMMENCÉE DE LA PERSÉCUTION, DOM CLÉMENCET, GUILBERT ET MADEMOISELLE POULAIN, DES TÉMOIGNAGES CONTRE L'OUBLI

DOM CLÉMENCET : LES MALHEURS JANSÉNISTES (1755)

Dom Clémencet[41], dans son *Histoire générale de Port-Royal, depuis la réforme de l'abbaye jusqu'à son entière destruction*, rédigée entre 1740 et 1754 et publiée en 1755, va retracer l'histoire de la grande persécution pour la comparer à la persécution finale qui terrassa Port-Royal des Champs. L'histoire de la captivité des religieuses va devenir, sous sa plume, une histoire symbolique. Celle-ci permet d'interpréter les événements des années 1706-1711, qui retracent une dramaturgie déjà connue. Son histoire est un ouvrage polémique, qui met en cause les jésuites. En effet, il prête à la communauté une « aura sacrée », et l'érige en modèle de conduite. Dom Clémencet valorise la souffrance des captives. Tout appelant n'est-il pas lui-même un captif, un martyr de la vérité ? La

41 Dom Charles Clémencet (1703-1778) était un historien, bénédictin de Saint-Maur.

guerre est totale, sans merci, entre les jésuites et les partisans de la grâce efficace. Le formulaire fut le moyen pour les jésuites de détruire leurs ennemis, de les transformer en hérétiques.

Dom Clémencet élabore avec constance un parallèle entre l'affaire du formulaire, la persécution des religieuses de Port-Royal et la situation des chrétiens de l'Église primitive :

> Les jésuites, en développant le fait et le droit dans le Formulaire, ont usé, pour opprimer ceux qui s'opposaient à la vérité, comme criminels de lèse-majesté. Cet Empereur[42] qui haïssait autant les chrétiens, que les Jésuites haïssent ceux qu'ils appellent jansénistes, avait soin néanmoins d'éviter à l'extérieur de faire paraître qu'il les persécutât comme chrétiens [...]. De même les auteurs du formulaire y ont joint avec la foi, à laquelle tous les catholiques doivent se soumettre, un fait douteux et contesté, duquel il est très permis de douter, et qu'on ne peut souscrire en conscience lorsqu'on en doute. Voilà de part et d'autre, dans Julien et les Formularistes, le même but et le même moyen ; et le succès en a été à peu près semblable [...] (Clémencet, 1755-1757, t. IV, p. 2).

Il décrit le sombre climat qui régnait à Port-Royal, saisi d'angoisse, dès l'année 1656, et ce, en dépit des miracles nombreux en faveur du monastère. Les religieuses connaissaient parfaitement les desseins des jésuites, instruments selon Dom Clémencet de la « puissance des ténèbres ». Il tente assez maladroitement d'atténuer la responsabilité du roi, alors qu'il rapporte fidèlement l'hostilité de la reine mère vis-à-vis de Port-Royal. Louis XIV aurait cédé aux sollicitations des jésuites. La décision de perdre Port-Royal fut prise le 13 avril 1661, par le Conseil du roi, un mercredi saint, date symbolique ; pour Dom Clémencet, Port-Royal allait revivre la passion du Christ. Il met en lumière l'humilité des religieuses qui se préparent à la persécution et la sainteté de la mère Angélique Arnauld, le guide spirituel de la communauté :

> Oui je l'appellerai sainte, puisque Dieu l'a comblée de tous les dons qui font les plus grands saints, et qu'il ne manque rien pour constater sa sainteté, que la formalité extérieure de sa canonisation [...] (*ibid.*, p. 128).

L'obligation de signer le formulaire va précipiter la communauté dans la consternation. Dom Clémencet, dans un fougueux élan d'indignation, soulève le caractère odieux de l'obligation de la signature, qui, à ses

42 Julien l'Apostat.

yeux, est absurde. Une nouvelle fois, il s'en prend aux jésuites dont il souligne l'hypocrisie :

> Quel compte rendront à Dieu ces tyrans des consciences, ces hommes cruels, qui ont l'inhumanité de troubler ainsi le repos des épouses de Jésus-Christ, et de livrer des vierges chrétiennes qui ne pensent qu'à se sanctifier par la pénitence et la prière, à des peines si extrêmes et si violentes, pour des affaires qui ne les regardent point, et pour des questions ridicules ? [...] Cruels et lâches persécuteurs, qui autorisent toutes sortes de crimes, qui permettent le violement des lois les plus sacrées, qui enseignent qu'il est permis de tuer un homme pour une pomme, et qui ne veulent pas permettre que des vierges chrétiennes regardent comme innocent ou même qu'elles doutent de l'innocence d'un évêque mort en odeur de sainteté ! Étrange aveuglement ! Qu'importe-t-il pour l'Église, ou pour le salut de ces filles, qu'elles croient que Jansénius est coupable ? Je veux même qu'on ait clairement prouvé qu'il a erré, quelle nécessité y a-t-il d'obliger des religieuses à le condamner ? Faut-il courir par toute la terre, par tout un Royaume, porter le trouble dans le fond des déserts pour faire connaître à des religieuses ce qu'elles ignorent ? (*ibid.*, p. 159-160).

Dom Clémencet commente longuement l'état d'esprit des religieuses. Il loue leur pureté, leur horreur du mensonge, la délicatesse de leur conscience. Signer, c'est mentir, porter un faux témoignage contre Jansénius. Il admire leur courage face aux propos peu amènes que même des personnes de piété proféraient à leur encontre. Elles furent qualifiées de rebelles, de réfractaires, d'orgueilleuses, de schismatiques. La privation des sacrements, qu'Hardouin de Péréfixe infligea à la communauté, retient particulièrement son intérêt. Il déroule sous les yeux du lecteur, d'une manière très vivace, la fameuse scène du 26 août 1664, où Hardouin de Péréfixe, emporté par la colère, priva les religieuses de la communion. Son commentaire est sans ambiguïté. L'archevêque ne fait qu'accomplir la mission pour laquelle il avait été mandaté, allusion au temps présent où toutes les valeurs chrétiennes sont renversées, car l'Église est en déclin :

> Nous voici donc arrivés au temps de cette étrange désolation de deux monastères, qui a tiré les larmes aux yeux de tant de gens de bien, et qui leur a fait déplorer la condition malheureuse de la vie présente, où le bien passe souvent pour le mal, où les justes sont traités comme criminels, à l'exemple de Jésus-Christ, tandis que les pécheurs sont couronnés et dans la gloire (*ibid.*, p. 418-419).

Dom Clémencet a bien saisi l'enjeu de la signature et du refus des religieuses. Leur résistance est un acte public, éloquent, qui en appelle à la sincérité chrétienne. Elles refusent les compromissions, et une signature ambiguë. Tous les appelants et le groupe janséniste peuvent s'identifier à ces saintes châtiées à cause de leurs vertus :

> Mais ce qui mérite une attention singulière, et ce qui montre de la manière la plus évidente l'injustice du procédé de M. de Paris à l'égard des religieuses de Port-Royal, c'est que tout le différend qui était entre le prélat et ces filles, comme on l'a vu par les dialogues avec M. Chamillard, ne consistait qu'en ce que les religieuses voulaient parler clairement, et qu'on voulait qu'elles parlassent obscurément et avec des termes équivoques et susceptibles de divers sens. Étant forcées, contre leur inclination, contre la discipline ecclésiastique, et contre toutes sortes de raisons, de parler et de rendre un témoignage public dans l'Église, elles ont voulu exprimer clairement des sentiments qu'on leur permettait de retenir dans leur cœur. Cet excès de sincérité a fait tout leur crime, et c'est ce crime que M. de Paris punit par la privation des Sacrements (*ibid.*, p. 425-426).

L'enlèvement de douze religieuses, lors de la célèbre journée du 26 août 1664, fut soigneusement préparé. Dom Clémencet insiste sur la collaboration étroite qui lia Hardouin de Péréfixe et le père Annat au cours de cette opération. Tous les détails sont livrés au lecteur. Celui-ci peut cerner la toile d'araignée tissée par les jésuites :

> Tandis que les religieuses se préparaient à la persécution en priant et en s'humiliant devant Dieu, M. de Paris faisait de son côté ses préparatifs et dressait ses batteries : il alla pour cela à Vincennes le 23 août, menant avec lui un homme bien propre à le seconder dans ses desseins, le fameux père Annat, qu'il avait pris en passant à la maison professe. Il eut encore le lendemain un long entretien avec le même père dans leur maison, où il avait dîné après avoir sacré M. Abeli évêque de Rodez dans leur Église (*ibid.*, p. 437).

Dom Clémencet évoque brièvement l'enlèvement et la captivité des religieuses en invitant le public à relire leurs *Relations* respectives. Il épouse leurs conceptions, elles sont des martyres de la vérité. Aux yeux de l'historiographe, elles deviennent exemplaires et édifient le lecteur :

> Ce qui se passa dans le chemin et à leur entrée dans les maisons de leur exil, tout cela est détaillé dans les relations particulières, que chacune d'elles ont faites de ce qui leur est arrivé de plus considérable. Ces relations n'édifient pas moins un lecteur chrétien, que les lectures des actes des Martyrs, auxquels elles peuvent être jointes comme un supplément (*ibid.*, p. 460-461).

Il rappelle les souffrances des religieuses captives, sujet d'étonnement en un siècle si corrompu, qui tolère les plus grands désordres. Cette persécution est inédite et dépasse même les sévices qu'endurèrent les chrétiens de l'Église primitive, car c'est la hiérarchie qui tourmente un monastère, sujet d'édification. Il fait appel à l'imagination du lecteur qui peut appréhender les conditions de la captivité des religieuses enlevées :

> Pour juger de l'état de ces filles, et pour pouvoir sentir combien il est affreux ; qu'on se représente une pauvre religieuse, qui, après avoir été séparée de tout ce qu'elle avait de plus cher, est enfermée dans une maison où tout le monde lui est contraire, où elle ne voit personne qui ne la condamne ou par ses paroles ou par son visage ; qui est privée des Sacrements, qui faisaient sa plus douce consolation ; qui n'entend aucune nouvelle de tous ceux avec qui elle a eu quelque liaison, et à qui on n'en dit point d'autres que celles qui la peuvent affliger ; à qui l'on envoie que des prêtres, dont on s'est assuré qu'ils entreront dans tous les desseins de leurs persécuteurs, et qu'ils lui répéteront sans cesse qu'elle est damnée, qu'elle est en péché mortel de ne pas croire le fait de Jansénius, et mille autres extravagances qu'on dit en secret et pathétiquement à l'oreille d'une religieuse. Y a-t-il au monde une situation plus cruelle que celle-là ? Non je ne crains point de le dire, celle des esclaves qui gémissent sous le poids des fers dans les prisons de Maroc, n'est pas si dure. Que dis-je ? celle des premiers chrétiens, soit dans les prisons, soit dans les exils où ils étaient condamnés à scier des marbres, n'avait rien de si cruel et de si accablant : elle était même douce en comparaison puisqu'ils y avaient la consolation d'être visités, soutenus et encouragés par leurs frères, soit de vive voix, soit par des lettres ; au lieu que ces pauvres filles étaient sans aucune consolation, et ne voyaient que des personnes, qui bien loin de les encourager et de les soutenir, ne cherchaient qu'à les séduire et à les faire tomber ; Chose étonnante ! c'est dans l'Église catholique, c'est dans un royaume où l'on fait profession de la religion chrétienne, c'est dans un siècle où l'on est si indulgent pour les plus grands désordres, qu'on se porte à de telles extrémités et qu'on traite d'une manière si étrange une communauté de vierges chrétiennes, et qu'on fait une affaire d'état d'opprimer de pauvres filles : c'est un Archevêque, qui devrait être leur protecteur, qui se prête à une telle inhumanité et qui en est lui-même le ministre ! (Il n'y avait pour lors qu'un évêque en France qui exerçât une telle tyrannie ; et qu'un monastère, qui fût ainsi traité : mais quel progrès n'a pas fait le mal dans le malheureux siècle où nous vivons !) (*ibid.*, t. V, p. 1-2).

Dom Clémencet se lance dans un ardent panégyrique des religieuses. Il expose en détail les motifs de leur refus de signer le formulaire, justifie leur conduite et les principes qui les guident dans cette affaire. L'historiographe expose les trois raisons majeures qui ont inspiré leur résistance :

– les religieuses ne sont pas obligées de croire un fait douteux d'une foi humaine, car même un concile général n'est pas infaillible en matière de fait non révélé ;
– elles sont d'une sincérité absolue et refusent de mentir ;
– le formulaire a pour objectif de condamner Jansénius, les religieuses refusent cette condamnation par voie du formulaire, qui est un serment.

Avec habileté, Dom Clémencet en appelle à la sagesse, au bon sens du lecteur qu'il interpelle, ce dernier est à même de porter un jugement sur les persécuteurs :

> Les religieuses de Port-Royal n'ont donc suivi aucune fausse lumière dans leur procédé, et elles se sont conduites selon les règles d'une sagesse solide et d'une piété éclairée ; bien loin de pouvoir être regardées comme des opiniâtres, des rebelles, des désobéissantes, comme leurs ennemis ont voulu les faire passer ; on doit les regarder comme des mères en Israël, comme des vierges sages et prudentes, comme de véritables épouses de Jésus-Christ, qui ont réuni dans leur conduite la simplicité de la colombe avec la prudence du serpent ; en un mot, comme de vraies martyres de la sincérité chrétienne : car elles n'ont point d'autre crime. Mais si elles ne sont coupables d'aucun crime, que doit-on penser de ceux qui les ont si cruellement persécutées ? C'est une conclusion que nous laissons à tirer à d'autres, nous contentant de les laisser au jugement de Dieu, qui a déjà rendu à chacun selon ses œuvres [...] (*ibid.*, t. IV, p. 495-496).

Puis il invite le lecteur à mesurer l'ampleur et l'injustice de cette persécution qui tourmente une communauté parfaite. Il évoque la captivité des religieuses et suggère que le monastère était un îlot de sainteté :

> Mais je veux, ce qui n'est pas, qu'elles aient eu tort, serait-ce là une faute pour laquelle elles auraient mérité d'être traitées aussi inhumainement qu'elles l'ont été, arrachées des autels, enlevées de leur maison, mises en prison dans des maisons étrangères, enfermées dans leur propre maison, tenues dans une dure captivité et une gêne épouvantable de conscience, privées des Sacrements et de toute autre consolation spirituelle ? Était-ce là une raison de rompre l'union sainte que Dieu avait mise entre elles, pour les tourmenter par une très affligeante division ; de maltraiter et d'emprisonner leurs amis, de renverser leur temporel ; de ruiner un monastère florissant, et d'ôter par-là une sainte retraite à un grand nombre d'âmes que Dieu cachait dans ce tabernacle, pour les mettre à couvert de la corruption du monde ? (*ibid.*, p. 503).

Dom Clémencet recherche les raisons profondes de cette persécution si injuste. Il entame donc une réflexion de nature politique. Il remet en cause la hiérarchie ecclésiastique. Ses réflexions peuvent concerner, pour le lecteur, la situation actuelle ; à travers Hardouin de Péréfixe, ses successeurs sont visés. En exigeant une obéissance aveugle, c'est Hardouin de Péréfixe qui est auteur de trouble ; il commet une erreur pernicieuse : l'hérésie de domination, contraire à l'évangile et à l'exemple du Christ. Le pouvoir ne doit pas être utilisé à des fins personnelles ; il ne doit être exercé que pour le bien des âmes. Un évêque qui traite en esclaves ses subordonnés fait preuve d'hypocrisie. En exigeant la signature du formulaire, l'archevêque de Paris commet un acte de tyrannie :

> On n'a osé le dire : on a tout réduit à ces grands mots d'Archevêque, de Pape, pour imposer tel joug qu'il lui plaît, à ceux qui lui sont soumis, sans qu'il en revienne aucun bien à ceux à qui il s'impose, et de n'apporter pour raison de l'obéissance qu'il exige, que la puissance absolue d'un maître impérieux qui veut se faire obéir (*ibid.*, p. 509-510).

Dom Clémencet reproche à Hardouin de Péréfixe son manque de charité chrétienne en obligeant les religieuses à signer le formulaire. En effet, la hiérarchie est au service des valeurs chrétiennes. Elle n'a donc pas la latitude des pouvoirs temporels qui peuvent imposer, au nom de l'intérêt général, des mesures que des particuliers désapprouvent en leur for intérieur. L'Église, en revanche, doit respecter la conscience de chaque chrétien.

GUILBERT : UNE GUERRE D'IMAGES (1755)

Durant cette même année de 1755, l'abbé Pierre Guilbert (1697-1759) mit sur le marché sept volumes, sortis des presses d'Utrecht. Il s'agit des *Mémoires historiques et chronologiques sur l'abbaye de Port-Royal des Champs depuis la Paix de l'Église en 1668 jusqu'à la mort des dernières Religieuses et Amis de ce monastère.* Il eut sans doute accès aux archives de la famille Arnauld conservées au château de Pomponne. Guilbert insiste sur la nécessaire objectivité qui doit guider le travail de l'historien. Ainsi, il faut tenir compte du point de vue des adversaires et recourir aux sources manuscrites. L'objectif de Guilbert : transmettre la vérité à la postérité, avant que le temps ne fasse son œuvre et n'efface la véritable histoire d'un Port-Royal, sans défense, sa mémoire étant livrée à l'ennemi. L'historien met l'accent sur son obligation de sincérité :

[...] je ne rapporterais rien que d'après les saints Habitants de cette Maison, et que ce seraient les Religieuses elles-mêmes qu'on entendrait raconter ce qui les regarde. Je les ai suivies par jours, mois et années, et j'ai confiance que mon exactitude et mes détails mériteront à mes Mémoires le nom de vraie et sincère Histoire de Port-Royal (Guilbert, 1755-1756, t. II, p. 2).

Dans ces *Mémoires*, les religieuses perdent leur individualité, Guilbert les transforme en figures, en archétypes de la résistance. Elles constituent le peuple saint, élu, qui affronte les forces du mal, l'archevêque de Paris et les jésuites. La résistance de Port-Royal incarne une réalité spirituelle que les jésuites veulent détruire. Guilbert interpelle le lecteur : pourquoi les religieuses de Port-Royal ont-elles été persécutées ?

Leur foi est reconnue orthodoxe et hors de tout soupçon ; leurs mœurs sont pures et saintes. Que demande-t-on de plus ? Pourquoi les persécute-t-on inutilement ? question qui a été faite depuis 1661 jusqu'en 1709. Le défaut de réponse est une preuve muette qu'on punissait un crime imaginaire pour satisfaire une passion réelle (*ibid.*, t. IV, p. 43).

Guilbert gomme toute l'âpreté de la résistance des religieuses dont le courage et la ténacité sont évacués. Sa plume présente des victimes passives, que la persécution surprend. Celle-ci est transformée en un phénomène incompréhensible pour les religieuses, et le lecteur invité à en percer le mystère. Guilbert dépeint les religieuses comme des femmes simples et franches, pleines de bon sens, vertus que possèdent les lecteurs qui sont invités à s'identifier à leur sort. Pour Guilbert, les religieuses ignorent tout à fait les polémiques au sujet des cinq propositions et les enjeux de la signature, qui se limitent à ne pas mentir. On ne parlait pas du formulaire dans la communauté. C'est la nécessité qui a obligé certaines religieuses à s'informer, en dépit de leur inclination au silence et à l'ignorance. Les religieuses subissent un véritable déni de justice. Guilbert, très sensible aux questions de légalité et au respect des formes juridiques, lorsqu'il retrace les péripéties de l'année 1706, décrit longuement les pratiques d'un pouvoir tyrannique, face à des femmes désarmées :

L'irrégularité de ces procédés frapperont les moins clairvoyants. Nulle forme de justice, nulle plainte ni monition, nul jugement rendu et signifié, nul réquisitoire du Promoteur, point de Procès-Verbal dressé ni signé, nul égard à l'appel interjeté de vive voix par les Religieuses et signifié en leur

> nom [...]. Tant d'irrégularités ouvraient les yeux au Public, et le cardinal de Noailles en 1706 ni depuis, n'a point tremblé en suivant une route dont M. de Péréfixe sentait quelquefois toute l'horreur (*ibid.*, p. 47).

La captivité des religieuses enlevées en 1664 est évoquée brièvement. Les religieuses disparaissent derrière l'écran de la communauté. Ce qui intéresse Guilbert, c'est de constater la violence aveugle qui les frappe. Leurs ennemis les ont transformées en criminelles. Comment ont-elles pu résister ? La non signature est un miracle. Guilbert décrit les tourments que l'Église imposa aux captives, et en appelle à l'imagination du lecteur, qu'une énumération fort longue et précise des sévices infligés aux religieuses ne peut qu'émouvoir. Les geôlières sont décrites sans nuances, la charité la plus élémentaire leur fait défaut. L'isolement des religieuses de Port-Royal est total, elles vivent un enfer :

> Si on se représente l'état de celles qui étaient captives en d'autres monastères, on y trouvera les procédés les plus violents. Nulle communication avec le dedans ni le dehors de ces Maisons, excepté une ou deux Religieuses affidées qui ne parlaient que de signature. Des Confesseurs selon lesquels aucun crime n'équivalait au défaut de signature ; nulle nouvelle de leurs parents, de leurs Sœurs, de l'état de leurs affaires ; anathèmes de la part des prédicateurs de la signature ; affaiblissement et chute de leurs Sœurs préconisés, inventés et multipliés par des gens apostés, pour les contrister et les abattre ; la damnation éternelle présentée comme la punition certaine de leur désobéissance prétendue ; menaces d'une dispersion totale ; en un mot condamnation contr'elles et signifiée en quelque sorte à elles-mêmes par les paroles et la contenance de celles qui les approchaient (*ibid.*, p. 54).

Guilbert tient tout particulièrement à rectifier l'image des religieuses rebelles que Chamillard, leur confesseur imposé, avait diffusée dans le public par des libelles, parus en 1665. Ceux-ci soutenaient Hardouin de Péréfixe. Guilbert commente le premier écrit de Chamillard, la *Déclaration de la conduite de M. l'Archevêque* : il s'agit d'une invective dénuée de tout fondement. Guilbert relève que l'accusation de Chamillard est un dossier vide, alors que les religieuses peuvent prouver leur orthodoxie :

> Tout s'y réduit à des discours généraux sur l'humilité, l'obéissance aux supérieurs, ou à accuser la foi de ces Filles, sans examen, sans preuves, sans convictions et sans témoins, ou pour mieux dire, contre le témoignage des Supérieurs dans leurs cartes de visite (*ibid.*, p. 57).

Bien plus, dans son second écrit, Chamillard, s'en tient aux insultes, ses seuls arguments. Son comportement est indigne d'un prêtre, il est le digne suppôt des jésuites, les responsables de la persécution :

> Le second écrit plus furieux encore que le premier, compare les Religieuses aux Anges précipités du ciel par leur orgueil, aux Cananéens chassés de leur terre pour leur idolâtrie et leurs abominations, à Coré, Dathan et Abiron[43] engloutis tous vivants dans les enfers pour leurs schismes. Ainsi parlait ce Prêtre, qui ayant confessé toutes ces Religieuses, et ayant su leurs peines intérieures, était tenu à un secret absolu. Son iniquité fait l'éloge de Port-Royal (*ibid.*,).

Les religieuses en lutte rejoignent le cortège des martyrs de l'Église primitive :

> Il ne manquait, comme on l'a vu dans la première Partie de ce Mémoire, que les chevalets, les dents de fer, les brasiers ardents, etc. pour couronner la persécution de Port-Royal. Dieu ne l'a pas permis pour nous apprendre qu'il y a plus d'une sorte de martyre, mais qu'on ne parvient jamais à ce terme heureux que par la charité et pour la charité (*ibid.*, p. 62).

MADEMOISELLE POULAIN : L'INNOCENCE VENGÉE (1786)

En 1786, parut à Paris une *Nouvelle histoire abrégée de Port-Royal, depuis sa fondation jusqu'à sa destruction*. Rédigée entre 1765 et 1785, elle est l'œuvre collective d'amis de Port-Royal, Mademoiselle Poulain étant un pseudonyme. Il s'agit d'une compilation de l'*Abrégé* de Racine, de Besoigne et des *Vies intéressantes et édifiantes*, réalisée plus d'un siècle après la captivité des religieuses. La préface de cette *Nouvelle histoire* mérite une brève analyse. En effet, ses auteurs tentent de populariser à nouveau la mémoire du monastère, en mettant son histoire à la portée d'un large public. Ils tentent d'éviter deux écueils qui pourraient décourager les lecteurs : soit une histoire trop vaste, en plusieurs volumes, à l'instar de Besoigne et de Dom Clémencet, soit la brièveté de l'*Abrégé* de Racine, que la mort de l'auteur interrompit. Tous les arides débats théologiques sur la grâce et la condamnation de Jansénius sont évacués. L'affaire du formulaire est passée sous silence. Port-Royal est un pôle de sainteté, un modèle édifiant dont les jésuites sont jaloux. Port-Royal est coupé du monde : sa seule préoccupation est Dieu. En outre, les

---

43 Ils s'étaient révoltés contre Moïse et Aaron (*Nombres*, 16, 20-32).

religieuses et les Messieurs respectent l'autorité du roi. Fidèles sujets, animés par l'amour du prince, ils manifestent leur loyauté vis-à-vis du roi et acceptent docilement la persécution, sans se révolter. Les responsables des malheurs de Port-Royal sont laissés à la vindicte du lecteur : les jésuites, des conspirateurs qui agissent dans l'ombre, et causent la ruine du monastère. Néanmoins, Dieu a rétabli la vérité ; à présent, Port-Royal est vengé.

La période de la grande persécution est présentée dans cette optique. Hardouin de Péréfixe est dépeint comme un politique, qui ne peut pas mécontenter les jésuites. Il exige une obéissance aveugle des religieuses et reconnaît leur parfaite régularité. Les auteurs mettent en lumière l'hypocrisie de l'archevêque de Paris et de ses acolytes qui se contenteraient d'une signature biaisée, politique. Hardouin de Péréfixe, un instrument aux mains du père Annat, le confesseur du roi, ne supporte pas le refus de signature du formulaire. Les arguments des religieuses ne sont pas exposés, leur lutte est passée sous silence. Le lecteur ne retient de cette affaire de l'enlèvement que les injures et la colère d'un Hardouin de Péréfixe totalement déconsidéré :

> Et sa colère s'échauffant à mesure qu'on lui alléguait quelques raisons, il poussa ses répréhensions jusqu'aux injures les plus basses, et les moins séantes à un Archevêque, et finit en leur défendant d'approcher des Sacrements ; après quoi il sortit brusquement pour n'être pas témoin de leurs larmes et de leurs gémissements, en leur faisant entendre qu'elles auraient bientôt de ses nouvelles (Poulain, 1786, t. I, p. 175).

Lors de la description de la scène de l'enlèvement du 26 août 1664, les auteurs mettent en exergue la brutalité de l'archevêque, seul à endosser la violence de la scène, et le chagrin des religieuses, qui versent d'abondantes larmes. La description reprend celle de Racine.

Les *Relations de captivité* ne sont pas évoquées ; seul, le retour de la communauté à Port-Royal des Champs est décrit. Par contre, dans le second tome, consacré aux biographies des religieuses et des amies du monastère, intitulé *Vies choisies et abrégées des religieuses de Port-Royal*, la captivité de quelques religieuses est résumée. Les faits marquants, preuves de leurs vertus, sans citation des *Relations de captivité*, sont mis en valeur, à des fins d'édification. Leur combat, leur personnalité et les polémiques avec leurs adversaires sont évacués. Ces religieuses sont :

- la mère Angélique de Saint-Jean d'Andilly, uniquement préoccupée de l'éternité, lorsqu'elle fut conduite au couvent des Annonciades, sa prison ;
- la sœur de Brégy, dont la remarquable éducation au sein de la cour et l'érudition sont indiquées, ce qui lui permit d'éclairer la communauté ; les auteurs soulignent qu'elle fut privée de son écritoire, qu'elle fut victime de nombreuses tracasseries, résista aux pressions de sa mère et convainquit même ses geôlières de son innocence ;
- la sœur Briquet qui a renoncé au monde et à de grands biens pour mener une vie chrétienne, cultivant la vertu d'humilité ; les auteurs mentionnent le caractère exemplaire de sa captivité.

Mademoiselle Poulain s'attarde longuement sur la destruction de Port-Royal et détaille avec précision les scènes atroces d'exhumation, la profanation des corps, et le sort des pierres tombales des religieuses, qu'on retrouvait dans les auberges et les cabarets des environs. Cette violence fut cause universelle de scandale, selon les auteurs, qui donnent la parole à l'opinion unie par l'indignation et la compassion. À présent, pour les lecteurs, Port-Royal est vengé, son histoire achevée. Les malheurs de l'État et de la famille royale le prouvent amplement. Ce sentiment de vengeance et la satisfaction des jansénistes sont dilués, car les auteurs, habilement, relatent un sentiment universel. La justice divine a frappé. La liste des épreuves qu'endurèrent Louis XIV et le pays est fort longue, qu'il s'agisse de troubles météorologiques, de voix du ciel, qui se manifestent violemment à Port-Royal des Champs, de deuils royaux, de défaites militaires :

> À la Cour et à la ville, grands et petits, tous murmuraient contre une telle entreprise ; et on ne faisait point difficulté de rejeter sur un procédé aussi inouï, les malheurs publics qui le suivirent. On remarqua bien d'abord l'orage épouvantable qui se fit sentir en janvier 1712 par toute la France, et qui fut tel à Port-Royal des Champs, que les fossoyeurs et les gens de journée qui remuaient, qui hachaient, qui transportaient tous ces corps informes, ne purent continuer l'opération pendant un temps considérable ; et le vent fut si violent dans le canton de Port-Royal, que presque tous les arbres fruitiers furent arrachés.
>
> Ceci n'est rien en comparaison de toutes les calamités qui se succédèrent les unes aux autres dans le Royaume depuis l'ouverture de la persécution de

> Port-Royal en 1706. La défaite de nos armées et la prise de nos Villes depuis la fameuse journée de Ramilli[44], les désastres causés par l'hiver de 1709 ; la mort de nos Princes qui semblaient tomber les uns sur les autres, le premier Dauphin étant mort en 1711 ; mort qui fut suivie de trois autres tout-à-la fois, du second Dauphin, de la Dauphine, et du troisième Dauphin[45], qui furent exposés tous trois sous le même poële à Saint-Denis en France (*op. cit.*, p. 289-291).

Les acteurs directs de la dernière persécution, l'abbesse madame de Château-Renard, instrument de la cour, et le cardinal de Noailles, subissent également les coups de la Providence, comme le suggèrent discrètement les auteurs. Ces derniers semblent laisser cette appréciation au jugement du lecteur :

> A tous ces traits présumés de la vengeance du ciel, on remarquait d'autres accidents particuliers, plus analogues à la destruction de cette Abbaye ; tels furent la mort subite de la Dame de Château-Renard Abbesse de Port-Royal de Paris, qui mourut sans Sacrements le 15 août 1710, avant la fin révolue de l'année de l'enlèvement des Religieuses des Champs, et de son intrusion dans tous les biens de leur maison ; et le dérangement inconcevable du temporel de Port-Royal de Paris, qui avait commencé dès l'intrusion de la Sœur Dorothée Perdreau en 1668[46], et qui toujours fut croissant, malgré les revenus considérables des deux maisons réunies ensemble. Le Cardinal de Noailles, qui avait prêté son ministère à cette étrange catastrophe, ne fut point excepté dans le public de cette attribution de la punition du ciel ; et ses propres amis n'hésitèrent point à lui dire dans le temps de sa disgrâce, que c'étaient les pierres de Port-Royal qui lui tombaient sur la tête (*ibid.*, p. 291).

Enfin, les jésuites, premiers responsables de la persécution, ont été châtiés et anéantis. Les auteurs le clament avec emphase et relatent leur descente aux enfers. Cette vengeance achève l'histoire tragique, glorieuse, et tourmentée du monastère :

> Enfin on regarda comme un châtiment d'en haut sur les jésuites, qui étaient les premiers acteurs de cette lugubre scène, l'opprobre dont ils furent couverts

---

44 La bataille de Ramillies du 23 mai 1706 fut une cuisante défaite pour Louis XIV qui perdit les places fortes du Nord, la plus grande partie des Pays-Bas et dut révoquer le maréchal de Villeroy.

45 Louis de France, duc de Bourgogne, devint Dauphin, à la mort de son père, le 14 avril 1711. Il mourut le 18 février 1712, emporté par une rougeole pourprée, six jours après le décès de son épouse, Marie-Adélaïde de Savoie. Son fils, le duc de Bretagne mourut le 8 mars 1712.

46 La sœur Dorothée Perdreau avait été élue abbesse le 14 novembre 1665, par les religieuses signeuses, titre confirmé le 3 novembre 1668.

> en 1711, lorsque le Saint-Siège les déclara à la face de l'univers fauteurs de l'idolâtrie à la Chine[47] : et une autre humiliation non moins éclatante la même année, par l'interdit général que le Cardinal de Noailles[48] prononça contre eux, sous les yeux de la Cour et de tout Paris. Mais depuis ces mortifications, qui leur ont été extrêmement sensibles, dans un temps où ils jouissaient d'un crédit énorme, on les a vus mettre le comble à leurs iniquités par une pratique plus ouverte de leur abominable morale. Que de détours, de dissimulations, de supercheries, d'intrigues, de fourberies et de rapines[49] ! Eux qui osaient, par d'atroces calomnies, imputer des cabales à la sainte maison de Port-Royal, n'ont pas craint de susciter d'horribles conspirations contre les têtes les plus sacrées. Mais ils ont enfin été reconnus. Tout le monde a regardé comme une punition manifeste la destruction d'une Société[50], dont le faux zèle a éteint cette source de lumière et d'édification dans l'Église (*ibid.*, p. 291-292).

La reconstruction mémorielle de Port-Royal s'est opérée à partir d'un lieu culte, Port-Royal des Champs détruit, et de héros dont les écrits ont été exhumés et les portraits diffusés. Les ennemis, les jésuites, devenus des boucs émissaires, dont l'image sulfureuse fut diffusée dans l'opinion, servirent à mobiliser les troupes des constitutionnaires : il fallait venger Port-Royal. Les religieuses persécutées et leur résistance, dont l'historiographie des années 1750 gomma les enjeux théologiques et spirituels, devinrent les symboles de la cause janséniste. Leur lutte et leurs souffrances, telles que les exposent leurs *Relations de captivité*, furent une inépuisable source d'inspiration. En effet, la révolte des religieuses et la privation de la communion qui les sanctionna, pouvaient être facilement récupérées dans le cadre du combat contre la bulle *Unigenitus*. Leur refus de signer le formulaire devint un exemple pour les appelants : les jansénistes firent de la communauté des religieuses persécutées des martyres et des saintes dont le combat devait être imité. Finalement, les jansénistes du XVIIIe siècle ont sauvegardé la mémoire de cette résistance, en diffusant par le livre ces témoignages écrits que constituent les *Relations de captivité*, vecteurs du mythe de Port-Royal.

---

47 La querelle des rites dressa contre les jésuites, appliqués en Chine à accommoder les pratiques du catholicisme gestuel et vestimentaire à un certain cérémonial confucéen, la Curie romaine. La constitution *Ex illa die* de 1715 condamna ces pratiques confucéennes.

48 Noailles, aux débuts de la régence, avait frappé d'interdiction les jésuites exerçant un ministère à Paris. Ils faisaient l'objet d'une désapprobation générale.

49 Les auteurs font allusion à la tentative de régicide de Damiens en 1757, au scandale financier du R. P. Lavalette qui permit au Parlement de Paris d'expulser les jésuites de France par un arrêt du 6 août 1762.

50 Clément XIV supprima l'ordre des jésuites par un Bref en date du 21 juillet 1773.

LA CRISTALLISATION MYTHIQUE D'UNE RÉSISTANCE

À la fin de l'Ancien Régime, le jansénisme lui-même s'étiola, ayant perdu une partie de sa raison d'être. Néanmoins, la résistance héroïque des religieuses ne sombra pas dans l'oubli. Elle suscita, en Angleterre, un nouvel intérêt de la part de femmes cultivées. Cette curiosité féminine ne s'éteignit pas et se prolongea jusqu'à la première moitié du vingtième siècle : les religieuses devinrent un modèle d'émancipation. En France, le romantisme ressuscita le monastère et Port-Royal redevint à la mode. Les monumentales études de Sainte-Beuve, de Reuchlin et de Beard en sont les meilleurs témoignages. Leurs travaux suscitèrent des réactions passionnées. La communauté des religieuses acquit une stature mythique telle que les études hostiles à Port-Royal et à ses religieuses rebelles ne purent porter atteinte à cette image sublimée. Le *Port-Royal* de Montherlant raviva la mémoire de la résistance des moniales et cette pièce, qui toucha le public, consacra définitivement le mythe héroïque de Port-Royal. La spiritualité de la communauté et sa pureté furent un sujet d'inspiration et un exemple pour Julien Green, nostalgique de l'ascétisme et du christianisme du monastère, loin des accommodements de la société moderne. Plus récemment, Christian Bobin s'est attaché à démontrer l'aptitude au bonheur des religieuses rebelles, qui ont osé affronter un pouvoir tyrannique.

UNE FASCINATION FÉMININE ANGLAISE 1823-1957

MARY-ANNE SCHIMMELPENNINCK : UNE RÉSISTANCE INSPIRÉE PAR DIEU (1823)

Les *Mémoires choisis de Port-Royal* de Mary-Anne Schimmelpenninck (1778-1856) avaient pour objectif de présenter le monastère de Port-Royal aux protestants de langue anglaise. L'auteur, quaker très attirée par le catholicisme, souhaitait mettre à la portée d'un vaste public Port-Royal, « cette brillante mais brève lumière du christianisme catholique et son martyre, la persécution due aux jésuites » (Schimmelpenninck, 1853, t. I, introduction, p. 23). Dans l'introduction de sa première édition[1], Mary-Anne Schimmelpenninck souligne la renommée littéraire et religieuse de Port-Royal, éclat connu en Angleterre. La *Bible* de Le Maistre de Sacy y est fameuse, les noms des Messieurs sont connus du public anglais qui admire Jean Racine, Blaise Pascal, les *Essai*s de Nicole et le *Nouveau Testament* de Pasquier Quesnel. Néanmoins, l'auteur veut combler une lacune : le milieu de Port-Royal et son monastère, un groupe hautement cultivé et d'une spiritualité remarquable au sein de l'Église catholique, demeurent méconnus. En effet, Port-Royal, vaste champ littéraire en friche, que caractérisent la perfection stylistique, la variété des sujets traités et l'éminente piété, demeure inexploré. Or, ce pôle de sainteté, à découvrir, présente des affinités avec les protestants : le dessein d'encourager la lecture des Saintes Écritures, mises à la portée de tous, et une théologie axée sur la justification par la foi. En outre, Port-Royal devrait offrir aux lecteurs protestants de ces *Mémoires* une appréciation plus juste de l'Église catholique. Grâce à Port-Royal, ils pourront reconnaître qu'elle contient en son sein des personnalités exemplaires, d'une grande richesse spirituelle.

Mary-Anne Schimmelpenninck s'interroge sur la destruction de Port-Royal, les cendres des saints emportés par le vent, et sous-entend qu'un tel drame n'aurait pas été possible en Angleterre ; en effet, les

1 Nous avons étudié la quatrième édition, la plus complète, qui fut l'édition définitive. Elle date de 1834. Les trois éditions précédentes connurent un grand succès et avaient été épuisées rapidement. Aucune n'a été traduite en français.

différentes Églises y jouissent de droits constitutionnels, à la fois civils et religieux. L'objectif de cet ouvrage est double. Il devrait contribuer au rapprochement entre les Églises séparées et encourager l'Église protestante à apprécier davantage ses propres acquis. En outre, Port-Royal demeure un sujet qui interpelle et rapproche tous les chrétiens.

L'auteur témoigne de son souci de véracité, d'authenticité. Mary-Anne Schimmelpenninck s'est déplacée en France en 1814, et a pris contact avec le noyau janséniste parisien. Des ecclésiastiques jansénistes dont elle tait le nom, et parmi lesquels un « pieux évêque[2] », l'ont guidée dans sa recherche. Elle entama un périple sur les traces des jansénistes ; elle approfondit ses recherches au séminaire janséniste d'Amersfoort en Hollande, puis à Louvain et à Bruxelles, sur les traces de Jansénius et du Grand Arnauld.

Dans la préface de sa troisième édition, l'auteur souligne que son dessein n'est pas d'écrire une histoire littéraire ou religieuse de Port-Royal, mais de mettre à la portée des lecteurs des séquences marquantes de cette histoire, de présenter des tranches de vies édifiantes et intéressantes, de révéler les sentiments des principaux personnages de Port-Royal à travers leurs correspondances, leurs écrits. Mary-Anne Schimmelpenninck a ainsi mis en perspective des *Mémoires*, des *Lettres*, les *Nécrologes*, les *Relations des persécutions*, les *Constitutions du monastère*, les *Traités de piété*. L'auteur dénie à sa sélection le terme de roman. En effet, elle a consulté une vaste série d'écrits, s'est assurée de leur fiabilité et de leur authenticité. La préface de la quatrième édition rappelle les préoccupations théologiques de l'auteur ; la lecture de son ouvrage devrait encourager le sentiment d'unité des chrétiens et leur faire comprendre la futilité de la division des différentes Églises. Port-Royal devrait renforcer la charité entre les membres dispersés du Christ dont l'esprit a illuminé le célèbre monastère. Celui-ci, à son tour, a diffusé cette lumière, par sa conduite et son talent littéraire, sur son siècle.

La résistance des religieuses est qualifiée d'admirable et d'exemplaire. La période de la grande persécution est abordée sous un angle original, la trahison de la sœur Flavie et celle de Dorothée Perdreau, la future abbesse de Port-Royal de Paris. Ce fut, à l'instar de ce qui se passait dans l'Église primitive, la grande source d'affliction de la communauté désormais

2 Il s'agit de l'abbé Grégoire.

divisée. Mary-Anne Schimmelpenninck met l'accent sur l'ingratitude de ces « deux traîtresses », dont elle retrace le parcours sinueux. Elle leur oppose le vrai Port-Royal, une école de prophètes et de saints, objets de vénération dans toute l'Europe. L'éclat et les talents de Port-Royal furent jalousés par ses persécuteurs et ses succès ébranlèrent le trône pontifical. Selon l'auteur, la sœur Flavie manigança l'enlèvement des religieuses rebelles, de concert avec Hardouin de Péréfixe qui fit emprisonner les religieuses les plus influentes. L'auteur ne s'attarde pas sur la scène de l'enlèvement ; elle cite des extraits de *l'Histoire des persécutions*, puis traduit le début de la *Relation de captivité* de la mère Angélique de Saint-Jean Arnauld d'Andilly. Enfin, elle évoque la dureté de l'emprisonnement de la mère, soumise à un total isolement. Le chapitre IX de ces *Mémoires choisis* livre de longs extraits de la *Relation de captivité* d'Angélique de Saint-Jean ; il s'agit de la description du retour à Port-Royal des Champs. Ces pages allègres ne masquent pas le destin de Port-Royal. L'auteur indique que la persécution va reprendre, la période de la Paix de l'Église n'étant qu'un intermède avant la tempête.

CHARLES BEARD (1861) : UNE RÉPONSE À MARY-ANNE SCHIMMELPENNINCK

Dans la préface de son important ouvrage, *Port-Royal, a contribution to the History of Religion and Literature in France*[3] édité en 1861, Charles Beard rend hommage à Mary-Anne Schimmelpenninck, qui fit œuvre de pionnière, puisqu'elle exhuma de l'oubli Port-Royal. Néanmoins, il souligne le caractère incomplet de ses *Mémoires* qui négligèrent l'aspect littéraire et sociologique du sujet. Charles Beard, qui tient compte des récents apports de la recherche française, tente de faire œuvre de renouvellement. En effet, l'auteur désire offrir au lecteur une approche originale, complémentaire mais différente de celle de Sainte-Beuve. L'optique de Charles Beard est celle d'un historien protestant ; il souligne les affinités de Port-Royal avec le protestantisme, affinités dont les jansénistes n'étaient pas conscients. En effet, Saint-Cyran fit partager ses conceptions théologiques, une véritable anthropologie, aux religieuses de Port-Royal. Cette vision du monde, de la nature humaine, heurta les jésuites, farouches défenseurs de la pureté de la foi catholique et de

3 2 vol., Longman, Green and Roberts, London, 1861. Cet ouvrage n'a jamais été traduit en français.

l'infaillibilité du pape. L'origine du jansénisme puise ses sources dans la rébellion : révolte contre la scolastique traditionnelle, volonté d'un retour à la source augustinienne, rejet de l'ultramontanisme au nom des libertés gallicanes. Néanmoins, ce qui ne fut pas pardonné à Port-Royal, c'était de défendre la conception augustinienne de la grâce, de rejeter le molinisme, c'est-à-dire la justification par les œuvres.

Dans le premier tome de son ouvrage, l'auteur consacre trois chapitres à la période de la grande persécution. Ils succèdent au coup de tonnerre que représenta la diffusion des *Provinciales* de Blaise Pascal. Il s'agit des chapitres VI, VII et VIII, intitulés successivement :

- calomnies, miracle, persécution
- le temps des épreuves,
- la prison.

Charles Beard commente la dispersion des douze religieuses enlevées en relevant les propos de la mère Angélique de Saint-Jean d'Andilly, qui n'attend de secours que de Dieu. Il décrit le caractère policier de la journée du 26 août 1664. En effet, il relève que la communauté subit de la part d'Hardouin de Péréfixe des mesures de rétorsion. Les religieuses furent traitées comme des criminelles qui auraient insulté le roi. Il relate les propos de monsieur Bail qui estimait que si l'on avait été en Espagne, on aurait habillé les religieuses comme des démons et on les aurait brûlées vives. À la lecture du procès-verbal de cette fameuse journée, tout Paris se moqua d'Hardouin de Péréfixe. L'auteur estime, au vu des documents dont il disposait, que l'archevêque fit preuve de simonie, car il n'obtint son archevêché qu'en promettant de détruire Port-Royal. En outre, il prit possession d'un archevêché où fourmillaient des irrégularités qu'il préférait ignorer. Bref, selon Charles Beard, il choisit de s'attaquer à une communauté vertueuse qu'il tenta de diviser, en emprisonnant les religieuses, par peur des jésuites.

Ce furent les religieuses les plus courageuses et les plus intelligentes qui furent enlevées, enlèvement qui devait pousser le reste de la communauté à signer le formulaire. En captivité, elles affrontèrent un rude isolement. De rares nouvelles de Port-Royal, déformées ou qui avaient pour objectif de leur nuire, leur furent transmises. L'Église usa contre elles de l'arme de la terreur spirituelle. Charles Beard manifeste son étonnement, peu de captives ont signé en dépit des pressions, même familiales, qu'elles subirent. L'auteur décrit les souffrances morales des prisonnières en évoquant les revirements des sœurs Candide Le Cerf et Melthide du Fossé. La première craignit de mourir sans les sacrements et céda aux menaces ; de retour à Port-Royal de Paris, elle se rétracta et rejoignit la communauté rebelle, délivrée de ses anxiétés. La sœur du Fossé, hautement estimée pour sa charité, signa deux fois, se rétracta à chaque fois, envahie par les remords. Elle ne put regagner Port-Royal des Champs qu'au moment de la Paix de l'Église. De la *Relation de captivité* de la mère Angélique de Saint-Jean, Charles Beard retient essentiellement l'isolement de la mère et sa crise de conscience. Il rappelle aussi le puissant lien spirituel qui l'unissait à sa communauté. Les souffrances de la mère Agnès émeuvent Charles Beard. Il rappelle la dureté des conditions de captivité qui firent souffrir une religieuse âgée, d'une santé fragile. Enfermée dans une chambre étroite, sombre, étouffante, la mère fut soumise à un grand isolement. Elle dut supporter la pitié pleine de mépris de ses geôlières, bien incapables de la comprendre. L'auteur admire la tolérance de la mère Agnès et sa bonté. En effet, elle laissa sa nièce libre de signer le formulaire, respectant sa liberté de conscience. Elle refusait d'exercer sa suprématie au sujet de la foi d'autrui.

Après l'enlèvement des douze religieuses, les sœurs Briquet et de Brégy prirent le relais de la résistance et croisèrent avec éloquence et fermeté le fer avec leur archevêque. Elles furent enlevées à leur tour.

Finalement, la captivité des religieuses rebelles prit fin ; ce fut un échec pour l'archevêque. La mère Agnès obtint la réunion de sa communauté à Port-Royal des Champs.

FRANCES MARTIN (1873) ET ELLA KING SANDERS (1905) : L'INDOMPTABLE RÉSISTANCE D'ANGÉLIQUE ARNAULD

Selon Frances Martin, qui consacra un ouvrage à Angélique Arnauld, *Angélique Arnauld abbess of Port-Royal*[4], la résistance de la communauté de Port-Royal fut dirigée par la mère Angélique Arnauld. Son esprit indomptable lui survécut, car il continua d'inspirer les religieuses persécutées. Dans le dernier chapitre de son étude biographique, intitulé « la fin », Frances Martin retrace le début de la période de la grande

---

4 London, Macmillan and Co, 1873. Cet ouvrage n'a jamais été traduit.

persécution et commente l'attitude de la mère Angélique Arnauld. Celle-ci insuffle courage, résignation et humilité à sa communauté, le regard porté vers l'éternité. L'auteur souligne son déploiement d'énergie et d'activité durant la difficile année 1661. Angélique Arnauld passait ses nuits à écrire et à donner des ordres pour tenter de protéger son monastère. Le départ des petites pensionnaires fut pour elle une dure épreuve. Elle subit l'ordre du roi qui fit sortir les postulantes du couvent, condamnant Port-Royal à une lente asphyxie.

Jour après jour, elle dut affronter une situation de plus en plus angoissante. Elle tomba gravement malade le 10 avril 1661 à Port-Royal de Paris. Elle trouva le courage d'écrire une longue lettre à la reine mère, un plaidoyer sans reproche et sans amertume. Le 12 juin, le grand vicaire et le nouveau supérieur de Port-Royal désignés par le roi visitèrent le monastère. La mère Angélique Arnauld, alitée, répondit avec énergie au grand vicaire et protesta de l'innocence de sa communauté. Le 6 août, elle mourut, au plus fort de la persécution. Les religieuses refusèrent de signer un formulaire qui condamnait les cinq propositions contenues dans un livre en latin qu'elles n'avaient jamais lu. Elles ne voulurent pas condamner Jansénius comme hérétique, alors qu'elles croyaient que c'était un saint dont les doctrines par leur pureté pouvaient régénérer le monde. C'étaient les convictions et l'enseignement de la mère Angélique Arnauld.

Fidèles à son enseignement, les religieuses voulurent demeurer fermes dans leur refus de la signature jusqu'à la fin. Condamnées par l'Église, elles connurent la persécution, les souffrances et la privation des sacrements. L'auteur évoque brièvement la captivité de la mère Agnès. Alors qu'elle pensait mourir, la mère Agnès se heurta au refus des sacrements et fut menacée d'être jetée, une fois morte, à la voirie. Ces moyens de pression échouèrent. La scission des deux monastères est expliquée ainsi : les religieuses qui n'avaient pas été influencées par Saint-Cyran et Singlin échappèrent à la tutelle de la famille Arnauld et obéirent à leurs nouveaux supérieurs, se détournant de l'esprit héroïque de Port-Royal. Néanmoins, l'influence de la mère Angélique Arnauld perdura en dépit de son rejet par l'Église catholique.

Ella King Sanders, dans son ouvrage qui fonde l'histoire de Port-Royal sur la réforme de la mère Angélique Arnauld, *Angélique of Port-Royal*[5],

5 London, Skeffington and Son, 1905. L'ouvrage n'a jamais été traduit.

met en lumière l'influence prégnante de Saint-Cyran, que marquent le rigorisme et l'intransigeance. Son enseignement permit aux religieuses de surmonter les épreuves de la persécution et de rechercher le martyre. Le courage de la mère Angélique Arnauld fut un modèle pour les religieuses et demeura une source d'inspiration durant leur propre captivité. L'auteur souligne que la mère Angélique Arnauld elle-même s'attendait à être enlevée. Elle pensait devoir passer des années dans un monastère hostile, placé sous la domination des jésuites. Ensevelie dans un profond silence, livrée aux pressions des persécuteurs qui se heurteraient à son mutisme, elle imiterait l'agonie du Christ, une grâce à ses yeux. Cette captivité correspondrait alors à son désir le plus profond, quitter toutes choses. Une soif de souffrance, qui n'est pas de la résignation, marque la communauté. Le christo-centrisme de Port-Royal, contemplation du Christ en agonie sur le calvaire, guide la résistance des religieuses. L'influence du Christ souffrant imprégna toute la communauté. De quel Christ s'agit-il ? C'est le Christ de l'Église primitive, des Pères, qui guide les religieuses : un Christ humilié portant le poids des péchés de l'humanité, le Dieu des pauvres qui s'est abaissé, qui a épousé leur humanité. Les religieuses de Port-Royal furent animées par cette sainte folie de la croix qui les poussa à rechercher la souffrance. Ella King Sanders souligne le rôle important que joua Claude de Sainte-Marthe durant la période de la grande persécution. Il contribua à transformer les paisibles et discrètes religieuses de Port-Royal en indomptables héroïnes de la foi, défiant un pouvoir qui les craignait. Le sentiment d'unité de la communauté était fondé sur l'entière confiance que les religieuses accordaient à leurs mères. Les interrogatoires des religieuses en constituent la meilleure preuve. Interrogées séparément, les religieuses répondirent chacune en fonction de leur propre tempérament et de leur personnalité, néanmoins l'ensemble des réponses révèle un profond sentiment d'unité. En effet, les religieuses de Port-Royal, entrées en résistance, demeurèrent fidèles au véritable esprit et à l'œuvre de la mère Angélique Arnauld qui rayonnèrent au sein du monastère jusqu'à sa destruction.

ETHEL ROMANES : LES RELIGIEUSES, DE VÉRITABLES CATHOLIQUES (1907)

Dans la préface de son ouvrage, *The story of Port-Royal*[6], Ethel Romanes présente les port-royalistes comme un pieux rassemblement de chrétiens orthodoxes qui refusèrent les conceptions ultramontaines. À la recherche du royaume de Dieu, ils furent victimes de calomnies et furent présentés comme des hérétiques, des calvinistes. La persécution les a empêchés de modifier la destinée de l'Église de France, qui, sous leur influence, aurait offert un visage différent, celui d'une Église plus proche des laïcs. Ceux-ci auraient pu participer à la liturgie en comprenant les offices traduits du latin. Cette proximité aurait épargné à l'Église de France la montée de l'incroyance. En opposition à cette Église française, l'auteur souligne l'esprit de tolérance qui anima l'Église anglicane et l'Église catholique d'Angleterre. Ces deux Églises abritèrent en leur sein des sensibilités différentes qu'unissait le même credo.

Peu de péripéties de l'histoire du christianisme sont aussi tristes que l'histoire de Port-Royal. La persécution et la destruction du monastère sont des actes insensés et criminels. Néanmoins, les souffrances de Port-Royal ne furent pas vaines. En effet, sa défaite va se transformer en victoire posthume.

La dispersion des Petites écoles en mars 1660 marque le début de la fin, car Louis XIV voulut en finir avec le jansénisme. La monarchie absolue ne tolérait aucune résistance, ni ecclésiastique, ni politique. L'indépendance de Port-Royal et les brillantes intelligences qui émergèrent en son sein lui parurent insupportables.

Les intimidations policières commencèrent en mars 1661, lorsque monsieur Bail fut désigné par les autorités pour remplacer les confesseurs légitimes du monastère. Il mit en place une procédure d'enquête, dès le 12 juillet 1661, et demanda aux religieuses de condamner la doctrine de Jansénius, jumelle de celle de Calvin. Il leur reprocha leurs pratiques pleines d'irrégularités, ce qui stupéfia la communauté. L'auteur décrit monsieur Bail comme un homme brutal et insultant, sans lumière spirituelle, qui interrogea quinze religieuses. Il fut dominé, lors de ces interrogatoires, par la mère Angélique de Saint-Jean d'Andilly, qui parvint à le déstabiliser. Les entretiens des sœurs converses sont

6 London, John Murray, Albemarle Street, W., 1907.

particulièrement révélateurs de l'orthodoxie du monastère ; francs et naïfs, ils prouvent l'innocence de la communauté. L'enquête policière suivit son cours. Ainsi, le lieutenant civil visita les appartements des belles amies de Port-Royal de Paris, car la cour s'imaginait que des rassemblements et des complots se tramaient derrière les portes de ces pièces. La mère Angélique Arnauld mourut dans ce climat d'extrême tension. Elle avait tenté de consoler sa communauté, insistant sur le caractère salvateur de cette persécution.

Ethel Romanes qualifie la mère Angélique Arnauld de véritable sainte, qui aurait condamné la soif d'écriture des religieuses de la seconde génération car, aux yeux de la mère, cette extraordinaire passion d'écrire risquait de se transformer en autosatisfaction et en obstination.

Les religieuses durent signer le formulaire sans explications, les démarches des amis auprès de la cour furent inutiles. Or, elles refusèrent les restrictions mentales et la casuistique des jésuites, ce d'autant plus qu'elles pensaient que les propositions condamnées ne figuraient pas dans l'*Augustinus* de Jansénius. Ethel Romanes souligne l'orthodoxie des religieuses qui rejettent les thèses des jésuites, notamment l'infaillibilité du pape, une hérésie à leurs yeux. Il est clair pour l'auteur que les religieuses étaient de loyales catholiques.

Les tentatives d'accommodements furent vaines et Hardouin de Péréfixe se heurta au refus de la signature. Pour Ethel Romanes, l'archevêque jouait un vilain rôle, car il tenta de supprimer la liberté de conscience des religieuses, leur autonomie intellectuelle. Un vrai chrétien refuse l'obéissance aveugle ; obéir, ce n'est pas être frappé d'aveuglement. Or, l'ultramontanisme exige cette obéissance aveugle liée au pouvoir pontifical qui ne cesse de se renforcer depuis le Moyen-Âge. Un théologien de l'envergure du Grand Arnauld ne pouvait que s'opposer à cette évolution.

Durant leur captivité, Hardouin de Péréfixe continua de tourmenter les religieuses, les privant de l'accès à la communion. Ethel Romanes porte un vif intérêt aux *Relations de captivité* de la mère Agnès et d'Angélique de Saint-Jean, qu'elle étudie longuement.

La mère Agnès, âgée et malade, se soumet à son sort. Elle se déclare prête à boire la coupe que Dieu lui a préparée et veut tout oublier, hormis Jésus crucifié. Elle désire s'unir à Dieu, mener une vie secrète en son sein. La captivité, un sacrifice, est aussi l'occasion d'un renouvellement spirituel. L'auteur souligne la tendresse des liens qui unissaient la mère Agnès à sa nièce Marie-Angélique de Sainte-Thérèse, qui partageait sa captivité et qui signa le formulaire. Face à l'éternité, les controverses sur la signature paraissaient bien futiles. Durant ses dernières semaines de captivité, la mère Agnès s'employa à opérer le transfert des religieuses rebelles à Port-Royal des Champs. Elle dut répondre aux objections de jeunes religieuses qui n'acceptaient pas ce transfert.

Ethel Romanes établit un intéressant parallèle entre la captivité de la mère Agnès et celle d'Angélique de Saint-Jean d'Andilly. Celle-ci était un grand esprit, comparable à celui de Blaise Pascal. Son récit offre un extrême intérêt. En prison, elle tenta de lutter contre la douleur de l'exil, reconstituant en esprit l'édifice spirituel de Port-Royal, dont les sœurs formaient les pierres vivantes. Néanmoins, sa situation était difficile ; âgée de quarante ans, elle n'avait jamais quitté Port-Royal où elle était entrée à l'âge de six ans. Dépaysée en prison, elle affronta une nouvelle communauté qui ne partageait pas les idéaux de Port-Royal. Elle était enfermée sous clé une grande partie de la journée. Elle découvrit que les confesseurs des Annonciades étaient jésuites. Ethel Romanes évoque sa crise spirituelle, une crise assez banale : l'âme doute. La mère vécut la tentation de renoncer à son combat. Néanmoins, la paix de Dieu la réconforta. Sa plus grande souffrance : être privée de l'Eucharistie. Hardouin de Péréfixe demeura sourd à ses supplications.

Ethel Romanes évoque brièvement les polémiques qui opposèrent la mère à madame de Rantzau. Elle souligne le caractère incisif d'Angélique de Saint-Jean, son esprit caustique, son ironie. À la fin de sa captivité, les religieuses du couvent des Annonciades apprécièrent Angélique de Saint-Jean. L'auteur s'interroge : le Grand Arnauld aurait-il pu éviter ce drame que constitue l'enlèvement des religieuses ? La réponse est toute trouvée : la persécution frappe les pauvres, les serviteurs dévoués du Christ.

Ethel Romanes déplore le sort qui attendait les religieuses réunies à Port-Royal des Champs. Victimes de la tyrannie du roi à cause de leur esprit d'indépendance, les meilleurs enfants de l'Église de France furent écartés de la Sainte Table. Néanmoins, selon l'auteur, l'heure de la vengeance allait bientôt sonner.

MARY E. LOWNDES : LES RELIGIEUSES DE PORT-ROYAL, DES FEMMES MODERNES (1909)

L'ouvrage de Mary E. Lowndes, *The Nuns of Port-Royal : As seen in their own Narratives*[7] (« les religieuses de Port-Royal selon leurs propres relations ») offre au lecteur une compilation de mémoires, actes et relations composés par les religieuses. Il s'agit d'une sélection, centrée sur l'action et la personnalité de l'abbesse Angélique Arnauld, actrice d'un grand moment de l'histoire ecclésiastique. Les récits choisis répondent à un ordonnancement chronologique et tentent de cerner le climat qui régnait au sein du monastère, le fameux esprit de Port-Royal.

La préface de l'ouvrage offre un vif intérêt, car l'auteur interprète l'histoire du monastère : la communauté de Port-Royal, en lutte, présente des caractéristiques modernes. Port-Royal est un précurseur, les religieuses étant des pionnières de la condition féminine actuelle, de son émancipation. Même si Port-Royal offre le visage d'un monde entièrement féminin, un univers voué à la prière et ayant fait vœu d'obéissance, obéissance allant jusqu'à la soumission, les religieuses peuvent être comparées aux femmes contemporaines. En effet, la lecture de leurs écrits laisse apparaître des femmes très humaines dont la ferveur religieuse était mâtinée de rationalisme et de bon sens. Elles exerçaient leur esprit critique tout en cultivant sincérité et franchise, analysaient les arguments de leurs adversaires et cernaient leurs motivations. Elles échappèrent aux murs de leur clôture, jouant un rôle éminent sur la scène du monde, grâce à leur courage et à leur intelligence. Elles adhérèrent avec force au combat anti-moliniste, défendirent Jansénius. Elles choisirent donc l'action, ne se résignant pas à la passivité qu'impliquait leur statut de religieuses. La persécution leur offrit un combat à leur mesure. Refusant de se cantonner dans le silence, les religieuses réagirent. Elles mirent en œuvre de remarquables qualités, objets d'étonnement pour la société : persévérance, éloquence, rationalité, esprit juridique. Au nom de leur cause, elles endurèrent un isolement qui renforça leurs convictions.

Dans le XXVe et dernier chapitre de son ouvrage, Mary E. Lowndes évoque brièvement les qualités littéraires et la hauteur de vue des *Relations de captivité*. Elle ne commente que deux *Relations*, celles de la mère Agnès et d'Angélique de Saint-Jean d'Andilly. Elle constate que,

---

7 London, Henry Frowde Oxford University Press, 1909. Cet ouvrage n'a jamais été traduit.

dans sa captivité, la mère Agnès sut préserver sa sérénité et son esprit de tolérance ; en effet, elle respecta la liberté de conscience de sa jeune nièce. La jeune génération prit la relève. La stature d'Angélique de Saint-Jean la domina. Elle affronta en prison une campagne de fausses rumeurs : la mère Agnès aurait signé le formulaire. Angélique de Saint-Jean fut assaillie de doutes et les fondements de sa foi furent ébranlés. Elle connut une période de profonde angoisse. Après cette période de détresse, son esprit se clarifia, lorsqu'elle apprit que la mère Agnès n'avait pas signé. Cette épreuve la fortifia. L'auteur qualifie la mère Angélique de Saint-Jean d'intellectuelle et souligne sa remarquable intelligence.

La destruction du monastère ne fit que renforcer l'image de Port-Royal au sein du mouvement janséniste. Celui-ci survécut et gagna en violence, tout en développant un esprit sectaire. À présent que ces querelles religieuses se sont tues, nous pouvons connaître d'une manière objective les victimes de cette cause. Finalement, le combat de Port-Royal s'appuyait sur deux valeurs : l'honneur et la loyauté individuelle, plutôt que sur des convictions théologiques et doctrinales.

LILIAN REA : L'ENTHOUSIASME DE PORT-ROYAL (1912)

Dans la préface de son ouvrage, *The enthusiasts of Port-Royal*[8], Lilian Rea évoque le caractère pittoresque de ce mouvement religieux, le jansénisme, avec son centre spirituel, l'abbaye de Port-Royal, dont les principaux acteurs jouèrent un rôle majeur dans l'histoire religieuse du XVIIe siècle. À ses yeux, la communauté des religieuses et les Solitaires se sentaient remplis et inspirés par la présence divine, l'enthousiasme au sens étymologique du terme. Le monastère lui-même représente une organisation originale qui forme l'aristocratie du catholicisme en France, dont Lilian Rea tente de retracer l'histoire. De Port-Royal rayonne une ferveur à la fois individuelle et collective. En se retirant du monde, les Messieurs et les religieuses exercèrent paradoxalement une influence déterminante, à la fois politique, sociale et littéraire, sur le Grand Siècle. Néanmoins, l'auteur réfute le terme de jansénisme que les ennemis de Port-Royal attribuèrent à Port-Royal et commente le mépris du monde que prônaient les augustiniens : le siècle est corrompu, imbu de vains amusements, c'est l'empire du diable. Port-Royal attire les élites, car le

---

8 London, Methuen and Co Ltd., 1912. Cet ouvrage n'a jamais été traduit.

monastère forme un pôle de sainteté, où l'on fait pénitence. Sa tranquillité, son silence en font un séduisant havre de paix. Pourtant, Port-Royal échoua dans sa mission, restaurer l'esprit de l'Église primitive au sein même de l'Église catholique.

Lilian Rea découpe l'histoire de Port-Royal en quatre phases : un Port-Royal naissant (1610-1636) que marquent la réforme de la mère Angélique Arnauld et la rencontre entre la mère et Saint-Cyran, la phase de l'apogée du monastère (1636-1653) illustrée par les Solitaires et les « belles amies » de Port-Royal, la phase de la maturité que domine la persécution (1653-1669), puis le déclin qui aboutit à la destruction du monastère (1669-1712).

L'auteur consacre les chapitres X et XI de sa troisième partie aux visites de l'archevêque de Paris, Hardouin de Péréfixe et à la captivité des religieuses rebelles. Lilian Rea considère que la période de la grande persécution relève du second Port-Royal, plus querelleur et moins conciliateur, avide de martyre. Elle souligne la surprise de l'archevêque de Paris découvrant l'âpreté de la résistance des religieuses, des adversaires coriaces qu'il combattit. Néanmoins, la douceur de la mère Agnès, son mysticisme à l'espagnole sont soulignés. Les *Relations de captivité* des religieuses enlevées sont évoquées en une seule phrase, ce sont des témoignages courageux, des récits magnifiques. Le plus beau récit, le plus émouvant, demeure celui de la mère Angélique de Saint-Jean d'Andilly, car il révèle ses souffrances. La mère incarne l'esprit de sa tante, la grande Angélique Arnauld. De cette *Relation*, Lilian Rea retient les débats de la mère avec la pédante madame de Rantzau que la mère terrassa avec aisance et ironie. La fin de la captivité n'interrompt pas les souffrances des religieuses qui, enfermées à Port-Royal des Champs, sont considérées par le pouvoir comme des prisonnières de guerre, et doivent recourir à des subterfuges pour s'approcher de la Sainte Table.

MARGARET TROUNCER : LA FACE SOMBRE DE PORT-ROYAL, UNE RELIGION ORGUEILLEUSE DE LA TERREUR ET DU MÉPRIS (1957)

Dans son ouvrage, *The reluctant abbess*[9] (« l'abbesse rebelle »), une biographie de la mère Angélique Arnauld, l'illustre réformatrice, Margaret Trouncer[10] s'attache à démontrer que l'abbesse manifestait un

9 London, Hutchinson of London, 1957. Cet ouvrage n'a jamais été traduit.
10 L'auteur s'est convertie au catholicisme en 1930.

tempérament qui la prédisposait à l'hérésie, car elle méprisait la nature humaine, la bonté humaine et le libre-arbitre. Son mépris s'étendait aux religieuses. Elle leur imposa, malgré leurs réticences, la direction de Saint-Cyran, un excentrique qui fit régner à Port-Royal une religion de la terreur. Bien que se sentant elle-même infaillible, elle ne croyait pas à l'infaillibilité du pape. Elle refusa de signer le formulaire et les religieuses suivirent son exemple. Elles préférèrent se mettre en marge de l'Église plutôt que de condamner un ami de Saint-Cyran, Jansénius. En effet, l'orgueil de la mère Angélique Arnauld lui interdisait de se déjuger et elle ne voulut pas perdre la face en obéissant au pape. Louis XIV décida de détruire Port-Royal qui avait attiré sa méfiance, méfiance suscitée par l'individualisme de Port-Royal et ses intenses activités clandestines.

Dans l'appendice de son ouvrage, Margaret Trouncer met en lumière le rôle de la mère Angélique de Saint-Jean d'Andilly. Elle dépeint ainsi la mère :

> [...] grande, mince, belle et froide, sa nature dangereuse ayant causé bien du souci à sa tante, la mère Angélique de Saint-Jean a passé plusieurs mois en captivité chez les Annonciades (Trouncer, 1957, p. 261).

Elle souligne que les religieuses rebelles se considéraient comme des élues souffrant le martyre « avec joie et tremblement » (*ibid.*,). Elle évoque brièvement les *Relations de captivité* des religieuses :

> [...] la plupart des douze prisonnières ont écrit une relation de ce qu'elles appelèrent leur persécution ; celle d'Angélique de Saint-Jean est extrêmement intéressante, c'est un chef-d'œuvre d'orgueil intellectuel (*ibid.*,).

Cet orgueil fut la cause de la ruine de Port-Royal.

UNE PASSION ROMANTIQUE, SAINTE-BEUVE ET REUCHLIN

SAINTE-BEUVE : LA PEINTURE D'UN PORT-ROYAL IDÉAL (1840-1859)

Le *Port-Royal*[11] de Sainte-Beuve est l'aboutissement d'un travail de trente années. Pour l'auteur, Port-Royal est un organisme vivant, un personnage. Véritable contre-société, nébuleuse spirituelle, Port-Royal doit être sauvé de l'oubli. Sainte-Beuve s'est assigné cette gigantesque tâche. Il va reconstruire un Port-Royal idéal, littéraire et spirituel. Tout le XVIIe siècle sera ordonné autour de ce noyau incandescent. Sainte-Beuve veut ressusciter les maîtres spirituels du mouvement, les religieuses et aussi les personnages secondaires, avant que toutes ces figures ne s'effacent, que leur spiritualité ne tombe dans l'oubli, et que la poussière ne détruise leurs écrits. Sainte-Beuve va guider ses lecteurs dans un labyrinthe d'existences révolues.

Son *Port-Royal* peut s'analyser comme un grand roman historique qui épouse la libre forme de l'essai. Port-Royal constitue le lieu d'un drame religieux et sacrificiel, qu'imprègne un romantisme intimiste. Le cloître devient une serre où s'épanouissent des âmes tendues vers l'éternité. Sainte-Beuve réalise une osmose entre prosaïsme et hiérophanie. En effet, le Dieu caché rythme l'existence et la lutte des religieuses qui attendent ses signes. Port-Royal est parcouru par une double tension, celle d'une lutte à mort avec le roi, celle du dévoilement du Dieu caché qui se révèle dans la souffrance. Bonheur et martyre sont liés. L'œuvre offre une grande unité de ton. La révolte aboutit à l'échec, thème romantique par excellence. Il en est de même de la mort qui va engloutir toute la souffrance des religieuses, leur combat. Autre thème faustien qui innerve l'œuvre : la révolte de l'âme, une tentation face à un monde où règne la raison du Prince. Cette rébellion refuse un monde inhumain, désenchanté où s'ourdissent de ténébreuses conspirations.

Port-Royal est renvoyé à une sorte d'univers intemporel. Il semble vivre en autarcie dans un monde hostile. Il croît, atteint sa perfection, vit un bel automne et meurt dans une catastrophe finale. Il n'y a pas

---

11 L'édition originale parut en 6 volumes de 1840 à 1859.

d'avant, pas d'après. C'est un monolithe qui constitue un mythe. En effet, Port-Royal renvoie à un idéal que vivent les religieuses rentrées en résistance. Les éléments héroïques de Port-Royal s'incarnent en de grandes figures : la mère Angélique Arnauld, la mère Agnès, puis Angélique de Saint-Jean d'Andilly. Les portraits de ces abbesses traduisent une vérité humaine empreinte de dolorisme. En moraliste, Sainte-Beuve dresse une véritable typologie de leurs caractères spirituels. Par la diversité de ses charismes, Port-Royal se rapproche de l'Église primitive. En fait, la religion des moniales est une religion romantique. La religion se transforme en religiosité, la foi en émotion, la dévotion devient parfum. Port-Royal, l'âme, le cœur du XVIIe siècle fut rejeté, brisé. C'est l'âge classique en négatif, mis en scène en une série de tableaux – des éclairs – qui marquent la mémoire collective : la journée du guichet, l'annonce de la libération de Saint-Cyran aux religieuses, l'enlèvement des moniales rebelles, la captivité de la mère Angélique de Saint-Jean, le retour à Port-Royal des Champs, la destruction du monastère.

Le premier, Sainte-Beuve a eu le mérite d'exhumer de l'oubli la *Relation de captivité* de la mère Angélique de Saint-Jean, dont il admirait le génie. Selon lui, elle constitue un témoignage privilégié de l'esprit de Port-Royal. Cette *Relation*, un trésor méconnu de la littérature classique à ses yeux, est la plus riche et la plus intéressante des *Relations*, d'un point de vue psychologique et moral. Avec finesse et sensibilité, Sainte-Beuve aborde le cœur et l'esprit de la mère Angélique de Saint-Jean d'Andilly dont la captivité va dévoiler le tempérament. Il la considère comme une grande religieuse, en chemin dans « les détours du labyrinthe de la grâce » (Sainte-Beuve, 1952-1955, t. II, p. 703). Il souligne que « sa forte intelligence et son âme passionnée ne pouvaient se loger dans cette vie de privation, et sous cette règle de contrainte, qu'en creusant sans cesse du côté de l'éternité pour unique perspective » (*ibid.*,). Sainte-Beuve a étudié la tension qui rythme la *Relation de captivité* de la mère. Il y distingue quatre périodes qui marquent une évolution de l'état psychologique d'Angélique de Saint-Jean. La seconde étape, celle de la captivité d'Angélique de Saint-Jean le passionne, car la religieuse doute et est ébranlée. Elle est victime d'une crise qui affecte les fondements de sa foi. Une surabondance de grâce dénoua cette épreuve spirituelle. En effet, selon Sainte-Beuve, l'esprit de cette *Relation* est d'incarner la doctrine de la grâce. Ce point de vue est remarquable de justesse, car cette grille de lecture peut s'appliquer à l'ensemble des *Relations de captivité.* Sainte-Beuve évoque brièvement les polémiques que soutint la mère Angélique de Saint-Jean face à ses adversaires, Hardouin de Péréfixe et madame de Rantzau. Ne s'intéressant pas aux problèmes théologiques et aux débats sur les cinq propositions qui l'ennuient, voire l'agacent, Sainte-Beuve ne les effleure que pour souligner l'intelligence de la mère Angélique de Saint-Jean et le caractère piquant de la situation. En revanche, la poésie qui embellit cette *Relation* l'enchante. Il en cite les images avec bonheur. Pour Sainte-Beuve, il s'agit d'une poésie « sans soleil et sans fleur, rien qu'en dedans et toute en parfum » (*ibid.*, p. 719). La Bible inspire cette poésie dont l'esthétique nocturne en clair-obscur fait songer aux tableaux de Georges de La Tour. Enfin, le regard très romantique que porte Sainte-Beuve sur la mère Angélique de Saint-Jean mérite d'être évoqué, car son jugement a influencé toute l'historiographie ultérieure. Il met en avant l'ardeur sentimentale de la mère et qualifie son âme de « malade » (*ibid.*,). En effet, il relève le don qu'elle avait de se tourmenter ; la faiblesse nerveuse, que traduisent ses larmes, est assimilée à une maladie. Sainte-Beuve omet le sens mystique et ascétique de ses larmes. Il transforme la mère en figure proche de Lucie, la sœur de *René.*

Sainte-Beuve établit aussi un intéressant parallèle avec la mère Angélique Arnauld, l'illustre réformatrice qu'il admire, distinguant la première génération de Port-Royal qu'il idéalise, de la seconde, plus scientifique et plus contestataire. À cet effet, il commente la *Relation de captivité* de la sœur de Brégy dont il reconnaît la valeur littéraire. Cependant, il n'apprécie guère cette jeune religieuse. En fait, il lui reproche son insolence, car la sœur de Brégy, habile polémiste, avait réponse à tout. Sainte-Beuve admire cependant « quelques belles paroles » (*ibid.*, p. 741) de la religieuse. Il semble vouer davantage de sympathie à la sœur Briquet. Néanmoins, il déplore le caractère rationnel de son écriture. Puis, il compare les tempéraments de ces deux religieuses. Il oppose celui de la sœur de Brégy, « de race précieuse » (*ibid.*, p. 742), à celui de la sœur Briquet de « souche gallicane et doctrinaire » (*ibid.*,). Celle-ci est croquée comme une amusante personne doctrinaire qui frôle le protestantisme, car elle cite la Bible.

Sainte-Beuve omet de commenter la résistance des religieuses. Il n'apprécie pas leur refus de signer le formulaire. La portée théologique de ce refus ne l'intéresse pas. Cette rébellion féminine, qui ose s'opposer à l'Église et à l'État, le déroute. En outre, il refuse de considérer les religieuses comme un groupe spirituel soudé, et limite son champ de vision à des individualités plus ou moins dignes d'intérêt. Il sous-estime la culture biblique des religieuses.

Ainsi, Sainte-Beuve néglige l'environnement spirituel, politique et social des religieuses captives. Il n'appréhende pas l'atmosphère polémique qui imprégnait les débats sur la grâce. Il ne mesure ni les enjeux des cinq propositions, ni les tourments que causèrent aux religieuses rebelles la privation de la communion. La persécution qui s'abat sur le monastère, le rôle d'Hardouin de Péréfixe, des jésuites, sont évacués. C'est un véritable tabou : l'image de l'Église en serait ternie. De même, le caractère procédurier de la communauté est passé sous silence. Il échappe à l'illustre critique que les religieuses défendent leurs droits face à l'arbitraire du pouvoir. Il préfère mettre l'accent sur le rayonnement intellectuel et spirituel de l'abbaye qui a marqué le règne de Louis XIV, la générosité[12] des religieuses, leur souci de réforme, leur idéal de pureté, leur soif de martyre. Surtout, il scinde le destin de Port-Royal en deux périodes : l'une idéale, celle de la première génération, pure et isolée du monde, l'autre, celle de la seconde génération, dont l'idéal serait déjà altéré par les polémiques. C'est la première image, mythique, qu'il va léguer à l'historiographie, creusant l'écart entre un harmonieux Port-Royal dominé par la mère Angélique Arnauld, la fondatrice de la réforme, et un second Port-Royal, plus procédurier, qui porte en lui les germes d'un jansénisme querelleur qui aurait dévoyé l'esprit du premier Port-Royal.

HERMANN REUCHLIN : LA GLOIRE DE PORT-ROYAL (1839-1844)

La monumentale *Histoire de Port-Royal* d'Hermann Reuchlin (1810-1873), éditée en 1839 pour le premier tome, et en 1844 pour le second volume, par Hamburg und Gotha, ne fut jamais traduite en français. Pourtant, son premier volume parut alors que Sainte-Beuve édita le second volume de son *Port-Royal.* Sainte-Beuve ne considérait pas Reuchlin comme un rival. En effet, le *Port-Royal* de Reuchlin aborde des problèmes théologiques et spirituels pour lesquels Sainte-Beuve ne manifestait

12 Au sens du XVIIe siècle : noblesse de sentiments, magnanimité, bravoure.

que peu d'intérêt. En revanche, la rigueur intellectuelle de Reuchlin le stimula. Par contre, Reuchlin, dans son avant-propos du tome II de son *Histoire*, reconnaît sa dette à l'égard de Sainte-Beuve. Il souligne néanmoins que leurs études présentent des objectifs différents. Alors que Sainte-Beuve présente Port-Royal dans le cadre d'une optique littéraire, soulignant les apports de Port-Royal à la langue française, Reuchlin souhaite étudier Port-Royal à la lumière de l'Histoire de l'Église, de la Contre-Réforme. Il souligne le rôle-clé des jésuites et du gallicanisme de l'Église de France. Sous le règne de Louis XIV, l'Église connut sa période la plus brillante, alors que ses membres illustres, Bossuet, Fénelon et Antoine Arnauld frôlèrent, aux yeux de Rome, le schisme. Néanmoins, l'évolution du catholicisme français, durant le règne du Roi-Soleil, est dépendante de la conjoncture diplomatique internationale.

Pour Reuchlin, l'histoire de Port-Royal est l'histoire d'un symbole ; il souligne que, pour les jansénistes, Port-Royal représente ce que fut La Rochelle pour les protestants. C'est le dernier enfant du gallicanisme français ; du reste, ces hommes et femmes sont d'ascendance robine, patricienne, un milieu assez étroit. Saint-Cyran et le Grand Arnauld avaient voulu insuffler à l'Église un certain dynamisme, alors que le roi voulait mater le Parlement et que le gallicanisme procédurier irritait la papauté.

L'historien allemand s'intéresse particulièrement à la grande persécution, la période 1661-1665. La captivité des religieuses forme le noyau dur de cette étude. Reuchlin lui consacre 149 pages. Tout comme l'ouvrage de Sainte-Beuve, le *Port-Royal* de Reuchlin est marqué de thèmes romantiques : le caractère dramatique et héroïque de la résistance des religieuses, leur solitude face aux épreuves, le complot ténébreux des jésuites et la traîtrise de la sœur Flavie, l'attente fiévreuse d'une intervention divine, la poétique du désert. Une autre influence y est prégnante : le protestantisme de Reuchlin, très attentif à la liberté de conscience et au caractère tyrannique du règne de Louis XIV. Il éprouve peu d'indulgence pour une papauté qui utilise les jésuites pour consolider son pouvoir et étouffer tout esprit critique.

D'emblée, Reuchlin pose les enjeux du formulaire, une œuvre de ténèbres. Il s'agit de plaire au roi, en signant. C'est un acte de soumission. Le formulaire, un piège, a pour fonction de détruire Port-Royal. Ses ennemis considéraient que les deux monastères de Paris et des

Champs constituaient la place forte du jansénisme et la pépinière de futurs opposants. Il n'y avait aucune issue pour les religieuses vouées à la clôture et directement livrées à leurs ennemis. Reuchlin, à cet effet, cite une lettre du père Annat, en date du 29 août 1664, à son agent romain Fabri[13]. Celle-ci prouve que le confesseur du roi était informé du moindre détail de ce qui se passait à Port-Royal. Le père Annat y expose la stratégie du pouvoir : hormis les religieuses de « la race des Arnauld », les autres captives peuvent être gagnées une à une. Il souligne aussi l'opiniâtreté sans borne de l'abbesse, la mère de Ligny, dont la rébellion fut blâmée par sa famille.

Le roi est clairement nommé comme étant le persécuteur direct des religieuses. Il va devoir affronter une communauté très proche de ses mères, les abbesses, que les religieuses vénèrent. Reuchlin attribue la force de la résistance de la communauté à l'influence de Saint-Cyran. Celui-ci voulait restaurer la pureté de l'Église primitive et placer le chrétien sous la tutelle de la loi de Dieu qui prime sur les normes de l'État et les injonctions de la papauté. Deux domaines prouvent cette influence, la pratique de la pénitence et la confiance en l'assistance et la miséricorde divines. Les lectures des religieuses, notamment les biographies des Pères du Désert, imprégnèrent leur psychisme. Port-Royal se dresse seul, insoumis, dans un paysage religieux que la royauté, souvent rivale de la papauté, domine.

Pour Reuchlin, Port-Royal constitue un édifice spirituel fondé sur une foi vivace. Dieu vit dans le cœur de chaque religieuse ; ce sentiment d'intimité avec Dieu et de confiance en son assistance ne peut que renforcer la communauté dans ses convictions, et la rendre peu sensible aux pressions sociales et aux injonctions d'obéissance. Selon Reuchlin, la persécution révèle aux religieuses leur prédestination. Ce sont des élues, la majorité des chrétiens étant vouée à la damnation. Les religieuses refusèrent de tenir compte des arguments de leurs adversaires. Dieu donne ses lumières aux cœurs purs. Reuchlin appréhende la psychologie de la communauté entrée en résistance. Il décrit l'atmosphère apocalyptique que la persécution fit régner dans le monastère. Pour les religieuses, le temps de la moisson, des vendanges, où la vigne du Seigneur va être foulée, est proche. C'est l'heure de vérité, qui demeure une affaire de conscience personnelle et qui place chaque religieuse face

13 Reuchlin la découvrit dans les archives du Vatican.

à ses responsabilités. Certaines religieuses souhaitaient être persécutées. Les pressions de la cour les galvanisèrent.

Reuchlin consacre sept pages à la privation de la communion, un acte, à ses yeux, d'une violence inouïe. En effet, cette sanction le choque. Il est plus sensible à cette épreuve spirituelle infligée aux religieuses que les historiens français. Son analyse puise ses sources dans la spiritualité spécifique de Port-Royal, notamment celle de la mère Agnès Arnauld, très représentative. Il souligne que la vénération du Saint-Sacrement et l'accès à la Sainte Table étaient une obligation et un plaisir pour le croyant qui attendait tout de la grâce divine. L'hostie était la source de la grâce de Dieu, une jouissance spirituelle. À la communion réelle, les religieuses vont substituer une communion symbolique, en imitant les martyrs. Elles-mêmes seront des hosties immolées. Ainsi, durant leur captivité, elles participeront au sacrifice du Christ.

Reuchlin demeure l'unique historien qui commenta d'une manière approfondie la *Relation de captivité* de la mère Agnès. Il admire la mère, une éminente personnalité, dont la spiritualité suscita l'admiration de ses contemporains, notamment celle de Bossuet. Reuchlin souligne d'emblée la vive souffrance que fut pour la mère la privation de la communion. Il relève aussi la signification de la captivité pour la mère Agnès : souffrance salutaire, la captivité renouvelle le baptême. La mère Agnès prend pour modèle les Pères du Désert, ces anachorètes que la solitude privait de l'accès à la communion. Reuchlin admire la sérénité de la mère Agnès, sa simplicité face aux dures conditions de sa captivité. Il tient à rappeler qu'elle évoqua souvent le souvenir de saint François de Sales et de sainte Jeanne de Chantal. Pour Reuchlin, les *Relations de captivité* des deux nièces de la mère Agnès, qui partagèrent sa cellule, contribuent à éclairer la propre *Relation* de la mère ; elles sont complémentaires. L'historien s'intéresse surtout à la signature du formulaire par Marie-Angélique de Sainte-Thérèse d'Andilly, signature qui fit beaucoup de bruit dans le monde. Il en explique la signification : la sœur appréhendait l'avenir. Être privée de la communion et des derniers sacrements lui était intolérable. Les fondements de sa foi furent ébranlés, elle en souffrit même physiquement. Il évoque l'attitude d'Hardouin de Péréfixe qui n'exigeait qu'un acte d'obéissance. L'historien commente en quelques lignes la signature de Marie-Charlotte de Sainte-Claire, victime de la solitude et des intenses pressions qu'elle avait subies. Il relève l'ambiguïté de sa signature.

Reuchlin commente également la *Relation de captivité* de la mère Angélique de Saint-Jean d'Andilly. Il admire son talent poétique, un don demeuré en friche à Port-Royal, qui en aurait entravé l'expression. Il souligne la pugnacité de la mère, il la qualifie de guerrière. La religieuse écrit sous l'égide de Judith qui sauva Israël. Les images bibliques qui embellissent sa narration sont celles de l'hostie, de la victime, du sacrifice. Reuchlin prouve, citations à l'appui, que la mère s'identifiait totalement au Christ. Selon Reuchlin, le caractère de la mère Angélique de Saint-Jean d'Andilly révèle sa glorieuse filiation. Elle est digne de la grande Angélique, sa tante. Elle doit également être associée à son oncle, le Grand Arnauld. Tous les deux, redoutables polémistes, à l'esprit juridique, voire procédurier, forment un véritable binôme à l'assaut des molinistes, n'acceptant pas la forme de catholicisme que mettent en œuvre les jésuites.

Pour Reuchlin, la souffrance des religieuses et leur refus d'obéir aux autorités les font entrer dans l'histoire. Elles illustrent glorieusement Port-Royal en France, dans toute l'Église, et leur résistance imprime sa marque à l'histoire universelle. Le rejet de l'obéissance aveugle, la pureté de leurs intentions, sont les plus beaux titres de gloire de Port-Royal.

L'épilogue de cette vaste étude est imprégnée de considérations mélancoliques et désenchantées. Les thèmes romantiques de la mort, du néant, de la solitude et des ruines parcourent sa brève conclusion. Alors que l'abbé Le Sesnes d'Étemare, dans un contexte biblique et figuriste, avait illustré ses *Gémissements* par une véritable poétique des ruines, Reuchlin se livre dans le cimetière de Port-Royal des Champs déserté, baigné d'une atmosphère crépusculaire, à une poignante méditation : pourquoi l'échec de Port-Royal ?

D'un combat qui a marqué le règne de Louis XIV, il ne reste que des ruines, des tombes vides, les morts n'y sont plus, les pierres tombales ont été enlevées. L'échec de Port-Royal, c'est de s'être appuyé sur la tradition, sur le passé que Jansénius et Saint-Cyran ont voulu faire renaître. Ils tentèrent de revivifier l'Église, en s'appuyant sur saint Augustin. Port-Royal, un monde clos, une forteresse assiégée, a voulu changer le monde, en réformant l'Église. Jamais, au sein du catholicisme français, un tel effort qu'animèrent une énergie inébranlable et la force du savoir, ne fut entrepris. Néanmoins, le temps des Solitaires, de la vie dans une thébaïde, l'époque de saint Augustin, étaient achevés. Les ruines de

Port-Royal symbolisent la fin du premier jansénisme théologique, tourné vers le passé. Ce qui est mort ne peut être revivifié. La vie ne doit pas être recherchée auprès des disparus. C'est l'enseignement, chèrement payé, de Port-Royal[14].

HOSTILITÉ ET RÉHABILITATION AU TEMPS DE LA TROISIÈME RÉPUBLIQUE

L'ABBÉ FUZET : LA RÉSISTANCE DES RELIGIEUSES, UN DOSSIER À CHARGE (1876)

L'ouvrage de l'abbé Fuzet, *Les jansénistes du XVIIe siècle, leur histoire et leur dernier historien M. Sainte-Beuve*, fut édité en 1876. Il s'agit d'une réponse au célèbre *Port-Royal* de Sainte-Beuve. L'ouvrage de l'abbé Fuzet connut une influence notable dans les milieux catholiques. Dans sa préface, Fuzet reproche à l'illustre critique son admiration pour Port-Royal et la tendresse qu'il voue à ses personnages dépeints en victimes de l'intolérance de la royauté. Il refuse la distinction qu'opéra Sainte-Beuve entre un premier Port-Royal, pur, peuplé de saints et de saintes, et un second Port-Royal, celui du XVIIIe siècle. Pour lui, « les dévots de Saint-Cyran et ceux du diacre Pâris sont absolument de la même famille » (Fuzet, 1876, p. 8). Bien plus, le jansénisme est responsable de la déchristianisation de la France, car il anticipe le siècle des Lumières. Par ses dogmes inhumains, il enfanta l'irréligion, par sa rébellion, il encouragea la révolte contre la royauté.

Fuzet a décidé de mettre au grand jour les traits peu flatteurs qui caractérisent les héros jansénistes. Ceux-ci ont suscité un esprit d'opposition contre l'autorité doctrinale du pape et ont affaibli l'Église, en se soustrayant aux enseignements du Saint-Siège. Port-Royal a produit des fruits empoisonnés. L'abbé Fuzet s'attache à le démonter.

À cet effet, il va consacrer le chapitre XIII de son ouvrage à la période de la grande persécution (1661-1665). Il manifeste un grand intérêt pour la révolte des religieuses qui refusent de signer le formulaire. Pour lui,

---

14 Reuchlin, 1839-1844, t. II, p. 633-634.

leur résistance est viciée à la base. Il dresse de la communauté un portrait peu flatteur. Celle-ci va offrir à l'Église un bien triste spectacle : celui de sa résistance. L'abbé estime que les religieuses ont été instruites par leurs confesseurs des problèmes théologiques en cours, ce qui leur a permis de déjouer les plans de leurs adversaires. Elles pensaient que Dieu leur envoyait des signes et alléguaient des songes mystérieux, preuve de l'approbation de Dieu. Bref, les religieuses sont des fanatiques manipulées qui délirent. La manière peu respectueuse dont elles croquèrent Hardouin de Péréfixe indigne profondément l'abbé Fuzet. Hardouin de Péréfixe est décrit comme « le bonhomme Gorgibus de Molière » (*op. cit.*, p. 374), qui doit affronter des précieuses, des « esprits infatués » (*ibid.*,). Sainte-Beuve donne le beau rôle aux religieuses, alors que ce sont des « filles impertinentes et orgueilleuses » (*ibid.*, p. 375). En plus, ce sont des hypocrites qui agissent sournoisement :

> Elles s'étaient concertées pour amuser le prélat par de longues discussions oiseuses [...]. Dès qu'elles entendent parler de soumission et de signature, elles font les étonnées et jurent de ne pas savoir le premier mot des questions doctrinales que Rome a tranchées. Néanmoins, pressées par l'archevêque, elles lui déduisent les raisons qu'elles ont de ne pas obéir avec une facilité qui dénote une longue étude de la théologie augustinienne, et une assurance hautaine qui dévoile leur invincible opiniâtreté (*ibid.*,).

L'abbé Fuzet rappelle quelques scènes mémorables de cette résistance, notamment la scène de l'enlèvement du 26 août 1664. Hardouin de Péréfixe y endosse le rôle d'une victime qui bénéficie de la sympathie de l'auteur. L'archevêque, dont la patience est soulignée, se heurte au juridisme d'une communauté agressive qui proteste d'abus. Il doit faire face à une dangereuse guerre théologique. En effet, les religieuses et leurs directeurs, des crypto-calvinistes, rejettent l'autorité de pape et son infaillibilité. Pour les rebelles, la véritable Église est l'Église primitive, dont l'esprit refleurit à Port-Royal.

Les religieuses, des guerrières, sont ridiculisées. Soldats d'une troupe dérisoire, elles forment une « armée d'Achab en jupons[15] » (*ibid.*, p. 381). C'est la mère Angélique de Saint-Jean qui va s'attirer les foudres de

15 L'abbé Fuzet fait allusion à un extrait de lettre écrite par Angélique de Saint-Jean au Grand Arnauld et que cite Sainte-Beuve dans son Port-Royal : « [...] hasardez-nous. Peut-être que nous serons les valets de pied des princes de l'armée d'Achab, qui devaient entrer les premiers dans le combat et gagner la bataille » (Sainte-Beuve, *op. cit.*, t. II, p. 660).

l'abbé. Prophétesse illuminée, elle ose résister avec superbe à ses supérieurs légitimes. Fuzet énumère à charge ses interprétations mystiques de la persécution que contrebalance le « procédé parlementaire » (*ibid.*, p. 387), c'est à dire son âpreté à défendre le fait et le droit. Néanmoins, il reconnaît sa « grande âme » (*ibid.*, p. 389) et son « grand esprit » (*ibid.*,). En effet, selon l'abbé, elle mêlait à son rationalisme le « mysticisme le plus ardent » (*ibid.*,). Fuzet souligne ses liens étroits avec le Grand Arnauld : elle le conseillait souvent. Les idées de résistance ouverte du Grand Arnauld triomphèrent au sein de la communauté.

ERNEST LAVISSE : UNE RÉSISTANCE ANACHRONIQUE (1906-1907)

Ernest Lavisse, historien institutionnel de la Troisième République, dans son *Louis XIV*, manifeste une hostilité certaine au jansénisme. Il est favorable aux jésuites, plus pragmatiques dans la conduite des hommes et qui savent s'adapter aux nécessités du temps. Le jansénisme, une dissidence, ne pouvait qu'être voué à l'échec. Homme d'ordre, la rébellion politique janséniste choque l'historien. Il a, du reste, utilisé l'ouvrage de l'abbé Fuzet.

Lavisse a bien compris que les religieuses refusaient la signature du formulaire ; néanmoins, elles se laissèrent influencer par les Messieurs qui voulurent les protéger. La distinction du fait et du droit était une tactique purement politique ; celle-ci prouvait l'habileté de leur conduite, voire leur duplicité. Selon Lavisse, être seul contre tous, c'était la gloire que Port-Royal recherchait. Lavisse commente ainsi les visites d'Hardouin de Péréfixe à Port-Royal, visites objets d'actes et de relations peu respectueux de la part des religieuses :

> Elles les dressèrent (les actes) avec une parfaite liberté d'esprit, s'amusant du gros bon sens du bonhomme évêque, de son geste d'ôter et de remettre son bonnet carré, de son impatience, [...] après qu'il avait commandé de parler, c'était Chrysale en conversation avec des filles savantes en théologie [...] (Lavisse, 1906, t. VII, vol. II, Livre VI, p. 5).

Analysant la fameuse scène de l'enlèvement, la journée du 26 août 1664, il souligne l'exaltation des religieuses, leur sentiment de revivre les scènes de la Passion, notamment l'arrestation du Christ au Mont des Oliviers. Il évoque la vacuité des protestations des religieuses face à un archevêque inébranlable. La captivité des religieuses enlevées n'est évoquée que pour indiquer qu'elles « troublaient les maisons où elles étaient reléguées » (*ibid.*, p. 6). Pour Lavisse, les religieuses étaient presque conscientes de leur échec face au silence de Dieu dont elles se sentaient abandonnées. L'idée de martyre est anachronique, les religieuses mènent un combat dépassé, les austères valeurs jansénistes elles-mêmes ne sont plus adaptées à la société :

> Des femmes enfermées prient, discutent, chantent, rêvent, s'exaltent, cherchent à leur vie et à leur mort des précédents dans l'histoire de la Passion et des vierges martyres. Or, ni le lieutenant-civil, ni le chevalier du Guet n'étaient des bourreaux, ni le bonhomme archevêque un préteur romain. Il n'y avait pas à Paris d'amphithéâtre où jeter des martyrs aux bêtes. La distance entre l'héroïsme de ces femmes, qui auraient affronté la mort avec joie, et la petitesse du péril couru, avertit que toute cette vie de Port-Royal est un anachronisme (*ibid.*, p. 12).

L'ABBÉ BRÉMOND : UNE RÉSISTANCE SECTAIRE DE VIERGES FOLLES (1920)

Dans le cadre de sa volumineuse *Histoire littéraire du sentiment religieux en France*, Henri Brémond consacre une longue étude à *L'école de Port-Royal*[16]. Port-Royal est intégré dans la partie de son *Histoire* consacrée à *La conquête mystique*. Cette *École de Port-Royal* est une réponse au *Port-Royal* de Sainte-Beuve. Brémond veut déconstruire le mythe de Port-Royal érigé par Sainte-Beuve. Alors que pour celui-ci, Port-Royal constitue un pôle d'attraction littéraire et spirituel pour l'ensemble du XVIIe siècle, dont l'œuvre et les écrits rayonnent et illustrent l'abbaye, la démarche de l'abbé Brémond a pour objectif de banaliser l'apport de Port-Royal, en l'intégrant au courant du mysticisme français du XVIIe siècle ; il s'agirait même d'une école de spiritualité plutôt banale.

Dans son avant-propos, l'abbé Brémond souligne que sa perspective est exclusivement religieuse. Il établit le constat suivant : en tant que mouvement religieux, le premier jansénisme s'intègre dans la spiritualité de son temps et n'apporte rien de nouveau. L'abbé Brémond veut donc résister à l'analyse de Sainte-Beuve, l'originalité de Port-Royal serait surfaite. Port-Royal exerce encore une fascination sur les esprits, car il s'est donné un grand air « de religion et d'austérité » (Brémond, 1938, t. IV, p. 31). Le jansénisme constituerait un mouvement « puritain de

16 Il s'agit du volume IV, paru en 1920.

l'espèce la plus commune » (*ibid.*, p. 34-35). C'est Saint-Cyran qui est le père spirituel de Port-Royal. L'abbé le dépeint comme un malheureux dont la vie fut marquée par l'échec, un génie et un saint manqués, bref un cerveau mal fait, un comploteur. Son héritage fut exploité par un grand homme, Antoine Arnauld, et par un parti puissant. Ses velléités rigoristes furent développées par la *Fréquente communion*, la charte du jansénisme. Celui-ci, dès l'origine, constitue un système. Il tenterait d'unir directement le fidèle à Dieu, sans recourir à la grâce des sacrements et en se détachant de l'autorité de l'Église. Le véritable élu acquerrait une omnipotence spirituelle. L'abbé Brémond reproche à Saint-Cyran, qui va exercer sur la communauté de Port-Royal une influence déterminante, des « propos anarchistes répétés » (*ibid.*, p. 153).

Henri Brémond va s'attacher à étudier la spiritualité de la mère Agnès, témoin d'un Port-Royal intime, qui façonna l'élite de la communauté des religieuses. Il reconnaît le rôle central de la mère dans le cadre de la résistance des religieuses. L'abbé Brémond souligne le caractère original de sa spiritualité que marquent des influences salésiennes, voire franciscaines. Néanmoins, c'est la spiritualité de Condren qu'elle comprit le mieux. Elle se perdait en Dieu. C'est une fille de l'école française de spiritualité qui n'a pas l'esprit sectaire. Comment expliquer alors la résistance et la rébellion de la communauté ? Selon l'abbé Brémond, Louis XIV commit une erreur stratégique en faisant enlever la mère Agnès ; il pensait qu'en son absence, la communauté signerait le formulaire. Au contraire, la maison fut livrée à une jeune génération qui « ancra Port-Royal dans le schisme » (*ibid.*, p. 237). Port-Royal entra alors en décadence, décadence à la fois religieuse et morale ; la preuve, les *Relations* des religieuses, des petites *Provinciales* méchantes et rageuses, d'un « esprit endiablé » (*ibid.*,). En outre, les signeuses furent persécutées par les religieuses rebelles à Port-Royal de Paris. Les visites d'Hardouin de Péréfixe sont qualifiées d'« indignes farces » (*ibid.*, p. 238), car une atmosphère tragi-comique les imprègne. L'abbé Brémond est vivement choqué par les communions pratiquées sans autorisation de la hiérarchie. Les religieuses rebelles sont qualifiées de déséquilibrées, de vierges folles. À la démence des premiers jours succède un « orgueil froid, tranquille, invincible » (*ibid.*, p. 239). L'abbé Brémond a pris la mesure des enjeux. Selon lui :

> Il ne s'agit plus d'une simple mutinerie ; on dépasse même les audaces ordinaires de l'esprit de secte et l'on s'oriente, sans le vouloir, mais logiquement,

> vers une émancipation plus radicale. Ces phrases tranchantes, dégagées, annoncent déjà l'acuité, l'indépendance absolue de Madame du Deffand[17]. Je ne dis pas que leur foi soit en péril [...]. Ce n'est pas le jansénisme qui les a flétries, rétrécies, désolées ; c'est l'aigreur même de leur révolte qui les a rendues jansénistes. L'hiver est venu (*ibid.*, p. 240).

UNE ENTREPRISE DE RÉHABILITATION : AUGUSTIN GAZIER ET CÉCILE GAZIER (1922-1929)

Augustin Gazier : le récit d'une résistance poignante (1922)

L'histoire du mouvement janséniste depuis ses origines jusqu'à nos jours d'Augustin Gazier est la seconde histoire complète du jansénisme (en langue française). L'auteur y consacra ses derniers jours. Il voulut certainement répondre à Brémond avec qui il avait été en relations. Leur correspondance, qui nous est parvenue, débute par une lettre du 10 février 1909. Il s'agit essentiellement, de la part de l'abbé Brémond, de demandes de renseignements. Or, l'abbé Brémond passa très vite à l'anti-jansénisme et, dès 1911, il attaqua indirectement Augustin Gazier. Puis les coups de patte se succédèrent.

Tout en entamant un dialogue avec Sainte-Beuve, cette *Histoire* se veut une réhabilitation de Port-Royal, victime des jésuites. Selon Augustin Gazier, ceux-ci ont fabriqué le jansénisme pour imposer leurs conceptions ultramontaines et molinistes. C'est le père Annat qui manipule Hardouin de Péréfixe et l'oblige à persécuter la communauté des religieuses.

Pour Augustin Gazier, la période de la grande persécution est une tragédie, « dont le récit détaillé serait véritablement poignant » (Gazier, 1922-1923, vol. I, p. 162). Les écrits des religieuses permettent de connaître les événements de cette période, notamment l'*Histoire des persécutions*, un ouvrage collectif fondamental. Les religieuses subissent une véritable torture morale. Le pouvoir veut leur extorquer une signature qu'elles « considèrent comme une apostasie » (*ibid.*, p. 163). Augustin Gazier réfute le point de vue de Sainte-Beuve qui reprochait aux religieuses une obstination maladive. De même, il reproche à l'illustre critique son omission des procès-verbaux des 11 et 14 août 1664, le témoignage de l'orthodoxie de la communauté, le testament spirituel des religieuses avant

17 Madame du Deffand (1697-1780), amie de Voltaire, tint un salon célèbre et rédigea une correspondance demeurée fameuse. Elle mena une vie jugée dissolue.

leur dispersion. Cependant, Augustin Gazier constate que les religieuses, filles de robins, « étaient essentiellement formalistes, procédurières, avocassières, voire processives » (*ibid.*, p. 166). À ses yeux, ce n'est pas leur seul défaut. Il leur reproche leur croyance aux songes prophétiques, leur illuminisme, et leurs recours aux livres saints ouverts au hasard.

De la journée du 26 août 1664, Augustin Gazier retient deux faits marquants : le recours à la violence policière, deux cents archers envahissant la cour du monastère, et la violence d'Hardouin de Péréfixe qui menace une mère Agnès impotente. Augustin Gazier explique le succès de la résistance des religieuses grâce à leur stratégie. Elles avaient suivi les *Avis* que la mère Agnès avait rédigés en vue de la persécution. Grâce à ces instructions, elles demeurèrent fermes. Hardouin de Péréfixe, en enlevant les religieuses les plus influentes de la communauté, commit une erreur. En effet, de nouvelles religieuses prirent la relève. Augustin Gazier met en valeur une religieuse que Sainte-Beuve négligea : la sœur Pineau qui sut faire front et qui écrivit une *Relation* « qui est un document historique de grande valeur. Cette *Relation* de plus de cent grandes pages a été insérée dans l'*Histoire des persécutions* ; elle est remplie de détails précis et parfois très piquants [...] » (*ibid.*, p. 171-172).

Quant à la captivité des religieuses enlevées, Augustin Gazier n'y consacre qu'un bref paragraphe. Il les qualifie de saintes et relève qu'elles édifièrent les communautés qui les détenaient. L'attitude de la sœur Anne-Eugénie de Boulogne, madame de Saint-Ange, est particulièrement digne d'être citée. Puis il évoque Racine qui éprouvait une vive admiration pour les *Relations de captivité* « dressées par la Sœur Angélique de Saint-Jean, par la sœur Briquet et par quelques autres » (*ibid.*, p. 174).

Cécile Gazier : une étude fervente (1929)

L'*Histoire du monastère de Port-Royal* de Cécile Gazier (1878-1936), la nièce d'Augustin Gazier, est centrée sur la communauté des religieuses de Port-Royal. En tant que bibliothécaire de la bibliothèque de la rue Saint-Jacques, elle exploita un grand nombre de pièces manuscrites inédites, notamment les lettres de la mère Angélique de Saint-Jean d'Andilly. Ses objectifs : éclairer des points demeurés obscurs et compléter le Port-Royal de Sainte-Beuve, tout en retraçant la destinée du monastère, depuis son origine jusqu'à la destruction de Port-Royal des Champs.

Un des apports de cette *Histoire du monastère de Port-Royal*, durant la période de la grande persécution, consiste en l'analyse de la psychologie et de l'état d'esprit de la communauté de Port-Royal. Cécile Gazier donne la clé d'interprétation de cette résistance farouche. Pour les religieuses, le formulaire n'était qu'un prétexte, un instrument pour les molester et les outrager. Elles connaissaient les conséquences de leur refus de signer et acceptaient les souffrances qui les attendaient :

> À ces pauvres femmes en effervescence, la signature paraissait le pire des péchés, comme un monstre apocalyptique, et ceux qui l'exigeaient, prenaient pour elles l'apparence de ministres de Satan (Gazier, 1929, p. 211).

Cécile Gazier relève leur refus de l'obéissance aveugle et compare l'intellect rationnel des religieuses et leur attitude face à la hiérarchie à ceux des visitandines, qui étaient venues à Port-Royal de Paris, sur ordre d'Hardouin de Péréfixe, pour reprendre en main la communauté rebelle. Elle met en lumière l'esprit de Port-Royal, son originalité :

> Aucun reproche, en somme, n'était à adresser aux filles de la Visitation qui se bornaient à exécuter des ordres ; mais entre elles et les religieuses de Port-Royal, malgré les vertus des unes et des autres, il y avait incompatibilité absolue d'éducation et d'habitudes chrétiennes. Les premières, brisées par la discipline des Jésuites, regardaient toute discussion comme un crime et ne concevaient pas le devoir hors d'une obéissance absolue et aveugle. Les secondes, formées à l'école beaucoup plus libérale des Messieurs, n'abjuraient pas leur intelligence en inclinant leur volonté [...].
>
> Deux phrases choisies dans les *Relations* préciseront la différence des mentalités : la Mère Eugénie à genoux révère comme des oracles « les moindres paroles sorties de la sainte et sacrée bouche de M. l'archevêque ».
>
> La sœur Briquet répond vivement au grand-vicaire qui lui affirme que pour lui, il croirait noires, sur la parole du prélat, les marches blanches de l'autel : « votre croyance, monsieur, ne changerait pas leur couleur » (*ibid.*, p. 225-226).

Cécile Gazier consacre le chapitre VII de son *Histoire* à la captivité des religieuses en exil. Il s'agit d'une étude assez brève, moins exhaustive que celle de Reuchlin, consacrée aux *Relations* de certaines prisonnières. Cécile Gazier n'établit pas le corpus de ces *Relations*. En effet, elle focalise son intérêt sur les *Relations de captivité* des mères Angélique de Saint-Jean d'Andilly et Agnès Arnauld. Les *Relations* des sœurs Anne-Eugénie de Boulogne, de Brégy, Briquet et de l'abbesse la mère de Ligny sont effleurées avec brièveté. Les autres *Relations* ne sont pas évoquées.

Au début de son chapitre VIII, Cécile Gazier, tout en commentant les analyses de Sainte-Beuve consacrées aux *Relations de captivité*, établit le constat suivant :

> Leurs différentes captivités ont donné lieu à toute une littérature, treize d'entre elles en ayant dans la suite, écrit la relation. Ce n'est donc pas le manque de documents qui embarrasse ici l'historien, mais bien plutôt leur abondance. Sainte-Beuve, lui-même, semble s'y être un peu perdu ; et, de tous ces récits, n'en a étudié longuement qu'un, le plus intéressant, celui de la Sœur Angélique de Saint-Jean (*ibid.*, p. 233-234).

Avec empathie, Cécile Gazier décrit les conditions de captivité et les souffrances de la mère Angélique de Saint-Jean. Elle soulève le point essentiel à ses yeux de cette *Relation* : les épreuves spirituelles qu'elle affronta. À cet effet, Cécile Gazier compare la crise qu'elle connut aux tourments de Blaise Pascal :

> Seule devant Dieu, elle éleva le débat et se posa à elle-même des pourquoi angoissés qui allaient bien au-delà des misérables questions pour lesquelles on la tourmentait. Comme Pascal, peut-être, avant la nuit d'extase, elle sentit sa foi en péril ; sous le souffle inconnu du doute, il lui sembla que vacillaient les croyances qui étaient toute sa vie, sans aucun appui humain, elle connut l'agonie de l'esprit qui est le supplice des grandes âmes [...] (*ibid.*, p. 234-235).

L'auteur, à l'appui de nombreuses lettres manuscrites de la bibliothèque de Port-Royal, indique que la mère Angélique de Saint-Jean demeura en correspondance amicale avec les Filles Bleues du couvent des Annonciades où elle avait été détenue. Du reste, l'attitude des geôlières fut complexe ; beaucoup refusèrent d'appliquer les mesures rigoureuses ordonnées par Hardouin de Péréfixe.

Cécile Gazier voue une vive admiration à la mère Agnès, « inébranlable dans ses convictions, mais respectueuse de celles des autres » (*ibid.*, p. 239). Elle commente les réactions de la mère après la signature de sa nièce, en s'attachant à démonter son esprit salésien. La mère Agnès appartient, pour Cécile Gazier, à la première et toute pure génération de Port-Royal. Elle reprend donc à son compte la dichotomie qu'opéra Sainte-Beuve entre l'ancienne et la nouvelle génération de Port-Royal. Elle démontre cette différence entre les deux générations en s'appuyant sur les exemples de deux captives de l'ancienne génération : la mère prieure Dorothée Le Conte et la sœur Anne de Sainte-Eugénie Boulogne, madame de Saint-Ange dans le monde. Cécile Gazier estime que c'étaient « des femmes d'âge formées à l'école de la mère Agnès, incapables, comme elle, de ne rien faire qui leur parut trahir la vérité, mais prêtes, comme elle aussi, à baisser tant qu'elles pouvaient et – la conscience sauve – pour donner à l'Église des preuves de leur obéissance » (*ibid.*, p. 242). La jeune génération, quant à elle, refusait d'envisager même l'ombre d'une signature. Elle rejeta le formulaire « comme des soldats refusent de se rendre » (*ibid.*, p. 243) et résista aux pressions des familles. Cécile Gazier se penche sur le cas de la sœur Thomas du Fossé qui signa le formulaire. Elle relève son tempérament inquiet, sa présomption et ses revirements.

La fin de la captivité est un déchirement pour la communauté, car les religieuses rebelles doivent quitter définitivement Port-Royal de Paris, leur vraie patrie. Cécile Gazier, pour clore ce chapitre consacré à la captivité des religieuses, offre à ses lecteurs de larges extraits de la *Relation de captivité* de la mère Angélique de Saint-Jean qui relate la réunion des brebis de retour d'exil. Celles-ci ont purifié leurs robes dans le sang de l'Agneau. L'auteur relève la tendresse de l'accueil que Port-Royal des Champs réserva à ses membres qui avaient été dispersés.

LA RÉSISTANCE DES RELIGIEUSES, UNE SOURCE D'INSPIRATION LITTÉRAIRE

SAINT-RENÉ TAILLANDIER : *LA TRAGÉDIE DE PORT-ROYAL*, UN ROMAN HISTORIQUE (1950)

Madeleine Marie-Louise Chevrillon[18] écrivit, sous le pseudonyme de Saint-René Taillandier, de nombreux romans historiques et des biographies, ouvrages consacrés au XVIIe siècle. Parmi ces romans figure *La tragédie de Port-Royal*, publiée en 1950.

Dans son avant-propos, l'auteur déclare sa sympathie pour le monastère, et sa fascination pour l'esprit de Port-Royal qu'elle découvrit en lisant les *Mémoires* de Fontaine. L'initiateur de cette découverte fut

18 C'était la nièce de Taine.

Augustin Gazier. En effet, celui-ci lui avait présenté les reliques des religieuses, notamment leurs livres de prières. Elle commente le titre de son roman ; il s'agit d'une phrase prononcée par Hardouin de Péréfixe lorsqu'il dut exiger la signature du formulaire :

> Voilà la tragédie de Port-Royal qui commence ! (Saint-René Taillandier, 1950, p. 111).

En fait, deux axes orientent la plume de l'auteur : d'une part, les relations entre la mère Angélique Arnauld, l'illustre réformatrice, et la reine de Pologne, Marie de Gonzague, et d'autre part, la persécution que subit le monastère jusqu'à sa destruction finale. Pour la romancière, la communauté a opté pour une stratégie du refus de la signature, refus qui a duré soixante ans. En fait, le monastère, cité spirituelle vouée à l'adoration du Saint-Sacrement, a payé sa fidélité à Saint-Cyran.

La résistance désespérée des religieuses s'explique par leur spiritualité. Pour elles, les échecs de la vie et les épreuves témoignent de la grâce divine. Port-Royal vit hors du temps et refuse de se plier aux exigences des « Puissances[19] ». Le monastère interpelle la société et lui demande de vivre un état d'exception que marquent la pénitence et la solitude. En refusant de condamner Jansénius et son ami Saint-Cyran, les religieuses de Port-Royal transforment le formulaire en une affaire d'État. La querelle n'est plus confinée dans les arcanes romains, elle devient une querelle religieuse française.

Saint-René Taillandier décrit brièvement la fameuse journée de l'enlèvement et commente le procès-verbal que rédigea la sœur Briquet ; selon l'auteur, il s'agit d'une « nouvelle mazarinade qui eut les honneurs de l'imprimerie clandestine » (*ibid.*, p. 185). En effet, l'archevêque y fut cruellement caricaturé, alors qu'il représentait la plus haute autorité de l'Église de France. La date du 26 août marque, pour l'auteur, le début de la fin de Port-Royal ; les religieuses deviennent des emmurées. Un cercle vicieux est enclenché, car la persécution va renforcer la résistance des religieuses. En effet, la séquestration va engendrer l'exaltation des rebelles. La captivité des religieuses enlevées est évoquée brièvement et de manière édulcorée. Saint-René Taillandier réfute le terme de geôlières que les *Relations de captivité* attribuèrent aux religieuses des couvents où elles furent détenues :

19 On trouve cette expression dans la correspondance de la mère Angélique.

> Chacune a écrit sa relation de captivité. Solitude dans la cellule, étroite surveillance, mais beaucoup de bonté, de charité, de compassion. On a respecté leurs règles, enlevé sur leurs lits les matelas amollissants, fourni leur frugal plateau d'aliments maigres ; elles ont été libres d'accepter ou refuser dans leur cellule une compagne chargée de les assister pour les soins de santé ou de ménage (*ibid.*, p. 189).

La captivité, très dure, de la mère Agnès est idéalisée :

> Ces filles de Mme de Chantal ne seront pas pour la sœur de la grande Angélique des geôlières mais des amies respectueuses et consternées (*ibid.*, p. 190).

De même, l'auteur minimise la résistance des religieuses qui refusent simplement de porter un jugement téméraire en approuvant, par leur signature, la condamnation de Jansénius, condamnation dont elles n'ont rien à savoir. Saint-René Taillandier dresse le bilan de leur lutte, un combat de la fidélité, dont la spiritualité va se ternir pour finir en crédulité :

> Voyons seulement comment, au cours de tant d'années, avec de longues intermittences, l'esprit de la lutte, chez ces femmes véritablement mises au pied du mur, s'altère, se trouble, s'aventure dans cette région dangereuse où, sans qu'il soit facile d'en tracer la frontière, en une suite logique qui ne sait plus s'arrêter, franchit l'invisible limite qui sépare cette logique même de la déraison, la fidélité de l'obstination, la spiritualité d'une sorte de spiritisme, la foi en l'esprit des morts de la crédulité en la seule vertu de leurs ossements. Tout ce lent, pénible glissement, anobli pour ces pauvres emmurées par l'immolation volontaire à l'infaillibilité de leurs maîtres (*ibid.*, p. 183).

Saint-René Taillandier consacre le dernier chapitre de son ouvrage à la vie posthume de Port-Royal. Elle constate que ni Louis XIV, ni le Régent, n'ont pu faire taire Port-Royal. Bien au contraire, la publication des écrits jansénistes se multiplie après la destruction de Port-Royal des Champs, et les dates de leur diffusion correspondent aux grandes dates de la dislocation monarchique. L'auteur met en évidence un changement de climat : alors que les premières publications semblent correspondre à l'esprit de Port-Royal, le climat change avec l'affaire de la bulle *Unigenitus*. Ce conflit violent et désordonné entraîne un durcissement. Ainsi, les *Histoires de Port-Royal* de Besoigne et de Dom Clémencet rompent avec la sérénité du premier Port-Royal. Le point de ralliement des jansénistes demeure la haine vouée aux jésuites. Le second jansénisme devient un labyrinthe dans lequel se précipitent en foule les appelants. Le jansénisme n'est plus une école spirituelle réservée à une élite restreinte qui a voulu se couper du monde, mais un mouvement de masse, dominé par les bonnets carrés du Parlement, où retentissent les cris des convulsionnaires.

Saint-René Taillandier conclut son chapitre en estimant que Port-Royal a refusé la modernité et s'est réfugié dans un passé reconstruit :

> Nos amis de Port-Royal ont fixé leurs regards sur le passé, ils n'ont pas scruté l'avenir ; ils ont vécu dans une sorte de fin du monde où, pour chacun, rien n'importe plus que de faire son salut. Ils ont pris pour maîtres et modèles les Pères du désert (*ibid.*, p. 228).

MONTHERLANT : LA CONSÉCRATION DU MYTHE DE PORT-ROYAL (1954)

C'est Montherlant, grand lecteur du *Port-Royal* de Sainte-Beuve, qui fit connaître au public la résistance des religieuses de Port-Royal et qui mit en scène la fameuse journée de l'enlèvement des religieuses rebelles, point d'orgue tragique de leur combat. *Port-Royal* remporta un vif succès. L'auteur constate :

> Je suis arrivé à créer de l'émotion avec des problèmes théologiques, une langue surannée, et de la litote (Montherlant, 1972, p. 946).

La pièce en un seul acte, à l'instar des tragédies grecques, consacre le mythe de Port-Royal et démontre avec éclat l'étroitesse des relations entre mythe et tragédie. Les journées du 21 août, jour où Hardouin de Péréfixe, lors de sa visite, priva les religieuses de la communion, et du 26 août où, appuyé par la force publique, il prit possession du monastère de Paris et fit enlever douze religieuses rebelles, sont condensées en une seule journée capitale.

Ce drame met en relief le mythe de Port-Royal et lui confère une puissante aura. En effet, *Port-Royal* revêt les dimensions d'un récit symbolique : il fait découvrir au spectateur une situation universelle dont les protagonistes sont représentés comme des héros. Ici, il s'agit du monastère de Port-Royal, de son esprit et de ses incarnations, la mère Angélique de Saint-Jean d'Andilly, la mère Agnès et la sœur Françoise[20]

20 Il s'agit de la sœur Christine Briquet ; le personnage ne correspond pas tout à fait à la vérité historique.

qui affrontent un monde corrompu et violent. Une lutte à mort oppose des personnages destinés à l'oblation, au monde, à l'autorité que représente Hardouin de Péréfixe. Une morale du sacrifice innerve l'ensemble de cette pièce et en fait toute sa grandeur. Les religieuses sont des victimes, non seulement innocentes, mais également incomprises. Une noblesse secrète, ignorée du monde, les inspire, leur morale du sacrifice demeure méconnue. Montherlant souligne leur héroïsme et leur saint orgueil :

> C'est ce haut sentiment d'elles-mêmes qui leur faisait penser qu'elles ne pourraient être que foudroyées, qu'elles seraient les dernières, que tout périrait avec elles (*ibid.*, p. 943).

Le nœud incandescent de la pièce : le problème de l'obéissance. Une lutte à mort se déroule sous les yeux du spectateur entre Port-Royal, qui vit d'un christianisme exigeant, incompatible avec l'ordre politique du monde, et la position de l'Église qui impose aux âmes une obéissance aveugle. Il s'agit d'une épopée spirituelle. En effet, Port-Royal affronte le conformisme du monde et constitue une menace sociale par sa soif d'un retour aux sources, à l'évangile et au christianisme primitif. La mère Angélique de Saint-Jean sera la représentation de cette pure révolte contre le pouvoir. Montherlant va mettre en scène ce combat symbolique entre la mère et son supérieur. Ce rite sacrificiel est à l'image d'une corrida, spectacle qui passionnait Montherlant. Le thème de la souffrance parcourt l'ensemble de la pièce : cette douleur des religieuses mêle angoisse et anxiété, comme l'expriment les propos de la mère Angélique de Saint-Jean, avant son entrée dans les ténèbres du doute.

C'est le caractère poétique de *Port-Royal* qui permet au mythe de se déployer et de s'ancrer dans l'imaginaire de l'espace culturel français. Cette mise en scène poétique de la résistance des religieuses devient un témoignage intemporel, objet de méditation :

> Qu'une pièce comme Port-Royal témoigne en faveur du christianisme ; que, par elle, la Sœur Angélique de Saint-Jean continue de témoigner, au sombre milieu du XXe siècle, en faveur de ce que pour quoi elle a vécu [...] (*ibid.*, p. 940).

En effet, par la persécution, Port-Royal et ses religieuses sont rentrés dans l'histoire :

> On dira sans doute que d'autres ordres, au XVIIe siècle, réalisaient eux aussi le christianisme, et sans faire parler d'eux. Mais la persécution a mis le seul Port-Royal en lumière. Dans la nuit de l'histoire, éclairé par ses larmes (*ibid.*, p. 918).

L'atmosphère poétique du monastère

La foi vibrante des religieuses, leur exaltation mystique, leur ascétisme érémitique, leur sentiment de solitude dans un monastère, citadelle assiégée, nimbent la pièce d'une atmosphère très poétique. Les songes et les rêves, qui poursuivent leur cheminement prémonitoire dans la vie quotidienne, accentuent la face nocturne de Port-Royal. En effet, il fait ténèbres en plein jour. Le pouvoir, un monstre rugissant, occupe une nuée d'une noirceur hors du commun, et va du Louvre au monastère qui attise ses rugissements. La lutte des religieuses devient une bataille symbolique qui revêt l'aspect fantastique de l'*Apocalypse* :

> L'histoire de Port-Royal est un épisode de la lutte très ancienne de l'Esprit Saint contre la Bête (Montherlant, 1954, p. 42).

La vision de l'orage, qui enflamme un ciel noir, envahit les rêves des religieuses et annonce la persécution qui plonge le monastère dans les ténèbres :

> Je me retournais vers une fenêtre, et je voyais l'air tout en feu, et une nuée à la fois noire et enflammée, comme on en voit dans ces affreux mois de l'été, quand il va faire orage [...] (*ibid.*, p. 75).

La météorologie, aux phénomènes surprenants, se mue en épiphanie. Durant le mois d'août, un mauvais mois, un mois de feu, règnent le silence et l'abandon de Dieu. Cette sécheresse paralyse l'âme et asphyxie le corps :

> Il y a quelques jours où les météores s'approchent de la terre, et la frôlent, puis ils s'éloignent, et l'on respire à nouveau. Les météores, ou le char de feu quand il rasa la terre entre Élisée et Élie (*ibid.*, p. 72).

La chaleur de midi, en ce jour fatidique du 26 août, marque le retrait de Dieu. Le règne du diable commence :

> Aujourd'hui, le 26 août... Le milieu de l'année, et le milieu du jour. L'heure des démons du milieu du jour. Je ne sais ce qui est le pis : ou le milieu du

> jour, ou le réveil, avec la journée qu'il va falloir changer. Ce grand silence d'août. (*ibid.*, p. 69).

En effet, le monde extérieur appartient aux démons ; son contact souille même au parloir. Il faut s'en purifier. L'arrivée de l'archevêque et de sa troupe d'archers et d'exempts, qui violent un espace sacré, revêt une dimension à la fois fantastique et bouffonne. Ces personnages, confondus dans une espèce d'anonymat – ce ne sont que les instruments du pouvoir – incarnent des animaux exotiques et brillent d'un éclat diabolique, à la Jérôme Bosch. Ils se déplacent dans une espèce de jungle :

> [...] Joints aux ecclésiastiques, cela fait un groupe bariolé qui ressemble de plus en plus à une assemblée d'insectes coruscants et effrayants – d'énormes insectes de la forêt vierge – qui hypnotise une troupe d'oiseaux apeurés (*ibid.*, p. 95).

Face aux armes, les religieuses, d'une manière intemporelle, sont immergées dans le cycle liturgique et jouent un autre drame, qui se superpose au leur, elles revivent la Passion du Christ. Les archers deviennent les légionnaires romains, la cour du monastère se transforme en prétoire. Prêtes au sacrifice, elles exultent. En ce jour de gloire, elles participent à la souffrance du Christ, oblation sanglante que leur scapulaire à la croix rouge illustre.

Le caractère pathétique d'Angélique de Saint-Jean d'Andilly

L'héroïne de la pièce est sans conteste Angélique de Saint-Jean d'Andilly dont Montherlant retrace le cheminement spirituel. Dépeinte comme une femme forte au début de *Port-Royal*, elle est en proie au doute qui l'ébranle intérieurement et remet en cause sa raison de vivre. Elle va ressentir l'absence de Dieu et rentrera lentement dans les ténèbres. Elle se battra alors pour un idéal qui s'effondre en son âme, sous les yeux des spectateurs.

L'intérêt du personnage dans l'œuvre de Montherlant : sa dualité et son caractère dramatique que l'auteur évoque dans sa préface. Montherlant souligne le contraste que forme son aspect extérieur, sécheresse, dureté, fermeté, et l'intériorité de son psychisme qu'elle tente de dissimuler, tendresse de sa nature, sensibilité, ébranlement nerveux, crainte de la solitude, peur de la prison. Son goût de la persécution mêle orgueil et romantisme.

Montherlant est sensible à son imagination poétique et à son éloquence. S'inspirant de sa *Relation de captivité*, il redonne vie à ses propos convertis en images symboliques, de nature biblique. Ceux-ci dévoilent le psychisme de la mère :

> Pardonnez-moi, ma Mère, mais me voici tout juste devant les portes des ténèbres, et je crois en effet qu'il ne me reste rien. Si j'avançais d'un pas de plus... Déjà le vent qui sort des Portes fait vaciller la flamme de ma lampe ; s'il arrivait qu'il aille l'éteindre ? Déjà je ne peux plus parler, ma langue se colle à mon palais, et les prières que je voudrais faire ne seraient pas des prières mais des cris (*op. cit.*, p. 82).

Le retrait de Dieu est évoqué par la métaphore de la sécheresse, alors que la grâce divine tombe en pluie et défait la souffrance. La persécution, attendue et espérée, prend la forme du vent qui fait frémir le feuillage de l'arbre, mais n'en ébranle pas le tronc. Le silence de Dieu, une feuille immobile. La persécution est rendue tangible par l'agitation guerrière d'un monde fantastique, c'est l'assaut de forces sombres et maléfiques qui cernent le monastère et menacent les âmes à l'heure fatidique de midi :

> Les fantômes qui vont dans les ténèbres, les flèches qui volent le jour, et les démons de l'heure de midi, ces fantômes, ces flèches et ces démons que nous évoquons à Complies, je puis dire que moi aussi je suis repue de leurs menaces, et que je suis repue d'avoir peur (*ibid.*, p. 78).

L'imaginaire d'Angélique de Saint-Jean est dominé par la nuit, thème cher à Montherlant. L'obscurité n'est que le reflet de la nuit de l'âme qui envahit Angélique de Saint-Jean avant sa captivité. Elle déclare avoir franchi les Portes des Ténèbres avec une indicible horreur, alors que la nuit s'abat sur le monastère livré aux ennemis, aux sœurs de la Visitation, des « sœurs de la nuit » (*ibid.*, p. 139).

La mère, en visionnaire, mesure toute l'horreur de la souffrance qui l'attend, prisonnière d'un monde hostile, privée des sacrements et de toute assistance humaine. Seule, elle va rentrer dans sa nuit.

PORT-ROYAL : LA NOSTALGIE DE JULIEN GREEN (1922-1998)

Julien Green admire le XVIIe siècle français, que caractérise une « âme vigoureuse et positive » (Green, 1975, t. IV, p. 4), marque de la jeunesse, de la fierté, de la joie[21]. Port-Royal, Blaise Pascal et Molière occupent une place privilégiée dans son *Journal*.

Port-Royal entra très tôt dans la vie de Julien Green ; dès 1919, le jeune Julien Green fut attiré par les livres jansénistes des bouquinistes. Il se constitua une bibliothèque d'ouvrages de spiritualité, en écartant certains car ils l'auraient « chassé du monde ». C'étaient les ouvrages de Port-Royal[22]. Il revint sur sa décision dans les années 1922-1923 et collectionna ces livres d'une théologie menaçante. Port-Royal agit alors sur lui « comme une sorte de frein pendant toute sa jeunesse » (*ibid.*, t. V, p. 153) et ne sortit jamais tout à fait de sa vie ; il signifiait le renoncement aux plaisirs de la chair qu'impose un Dieu sévère qui choisit avec parcimonie ses élus[23]. Ce problème de l'élection sera, pour Julien Green, un objet constant de préoccupation[24]. Port-Royal, c'est aussi un lieu, le monastère détruit des Champs. Le 3 octobre 1932, le *Journal* de Julien Green évoque ce lieu mythique, un paysage, image d'une âme, la sienne. Le jansénisme s'incarne dans ce paysage « d'une simplicité si tragique » (*ibid.*, t. IV, p. 197), nu et dépouillé. Le 23 avril 1946, il visite Port-Royal des Champs une seconde fois. L'écrivain est sensible à la beauté de « ce lieu foudroyé » (*ibid.*, p. 908) et évoque brièvement le petit musée, d'une « mélancolie navrante » (*ibid.*, p. 909), où il se recueille devant le masque funéraire de la mère Angélique Arnauld et la ceinture de fer de Blaise Pascal. Il sent encore bouillonner en son cœur l'indignation face à la persécution des religieuses, telle qu'il l'avait lue à maintes reprises dans l'*Abrégé* de Racine[25].

La nostalgie de Port-Royal, qui avait traduit certaines aspirations spirituelles françaises, saisira longtemps l'écrivain :

> Il y a des jours où je languis après Port-Royal. Étrange de penser que si longtemps après sa disparition le vide soit encore là et n'ait pu être comblé. Je pense, bien entendu, à un Port-Royal en quelque sorte idéal et lavé de tout soupçon d'hérésie. Il y avait là quelque chose qui répondait à un désir particulier de la spiritualité française, et je crois qu'en foudroyant les solitaires Louis XIV a infligé au pays une blessure secrète qui ne se refermera jamais (*ibid.*, t. IV, p. 1165).

21 Green, *op. cit.*, t. IV, p. 14.
22 *Autobiographie, Mille chemins ouverts* (*ibid.*, p. 1007).
23 *Jeunesse* (*ibid.*, t. V, p. 1272).
24 *Ibid.*, t. IV, p. 1247.
25 L'auteur affirme avoir lu une dizaine de fois cet *Abrégé* (*ibid.*, t. IV, p. 1235).

Julien Green oppose un Port-Royal intemporel au relâchement contemporain du monde. Port-Royal offre un recul critique et une vision pessimiste de l'humanité qui provoque le détachement :

> Mieux vaut dix mille fois le jansénisme le plus strict que le relâchement du monde. J'écris ceci après avoir relu dans mon journal d'admirables citations de Fontaine, de Singlin et de Saint-Cyran. Il y a toute une partie de soi que l'on condamne et que l'on repousse de toutes ses forces quand on reprend contact avec Port-Royal (*ibid.*, p. 1343).

Il évoque pour la première fois les religieuses de Port-Royal en louant la hauteur de ton et de style de la mère Agnès :

> Lettres de la mère Agnès Arnauld à la sœur de Pascal. Le ton est celui de Port-Royal : impitoyable. Elle lui dit de laisser là ses politesses quand elle lui écrit et de ne plus envoyer de lettres où il y a de grands espaces pour le respect : tout cela n'est bon que pour le monde. Comme cette hauteur me plaît ! (*ibid.*, p. 1265).

En effet, Julien Green éprouve une véritable joie spirituelle lorsqu'il lit ces *Lettres* qui le plongent en plein XVIIe siècle[26]. Le 19 septembre 1954, il note dans son *Journal* son admiration pour la mère Angélique Arnauld qui affronta la grande persécution au soir de sa vie. Il loue le ton « royal » (*ibid.*, p. 1363) de sa lettre destinée à la reine mère et le son de sa voix qui évoque l'absolu, sa patrie. Pour lui, la religion de Port-Royal a grande allure. Il note que le premier Port-Royal était souriant, « plein de chants » (*ibid.*, p. 1369), comme l'ont relevé les mémorialistes. Or, selon Julien Green, Montherlant s'est attaché à la légende, mettant en scène un Port-Royal austère, à la longue figure. L'auteur concède néanmoins que cette tristesse est due à la persécution policière qui tourmenta les religieuses. Julien Green regrette de ne pas retrouver dans le drame de Montherlant « la surnaturelle insouciance qu'il y avait dans ce couvent, cette remise totale entre les mains de Dieu » (*ibid.*,). À ses yeux, les religieuses sont parfaitement orthodoxes, car elles recourent fréquemment à la communion. Elles n'ont pas lu les ouvrages jansénistes, et sont donc ignorantes des débats en cours.

Le 15 novembre 1954, il évoque la pièce de Montherlant dans son journal. Il la trouve admirable, mais regrette que Montherlant ait

26 *Ibid.*, p. 1461.

prêté aux religieuses le ton des mémorialistes. Les religieuses « sont des romaines plutôt que des chrétiennes. Elles ont des réponses à l'antique » (*ibid.*, p. 1369-1370).

Il reprend ses réflexions dans l'article consacré à *Port-Royal* paru dans la revue *La Table Ronde* n° 84 de décembre 1954. Il y fait l'éloge de la pièce de Montherlant. Pour Julien Green, le *Port-Royal* de Montherlant est un drame statique et audacieux. En effet, le thème, la signature du formulaire, est rebelle à toute « complaisance » (Green, 1954, p. 25) de théâtre. Le texte, d'une beauté austère, fait songer aux tableaux de Philippe de Champaigne : le blanc et le rouge des habits religieux se détachent sur le fond gris des parois sans ornements. La couleur générale de Port-Royal, son atmosphère, sont suggérées. *Port-Royal* mêle à la fois éclat et grisaille. Les religieuses joignent leur raisonnement à leur éloquence, car elles ont tendance à raisonner, à plaider leur cause. Julien Green souligne qu'on retrouve dans la pièce de Montherlant la tension de la phrase de Port-Royal et sa hauteur de ton. La religion de Port-Royal est élitiste. Par son austérité elle refuse de plaire. Ce caractère ne traduit-il pas l'orgueil des Arnauld ? Les religieuses défendent avec courage leur « vie surnaturelle » (*ibid.*,) face à l'obligation de la signature. Ainsi, le personnage-clé de la pièce, Angélique de Saint-Jean qui osa affronter l'archevêque de Paris, surmonte, lors de cette fameuse journée du 26 août 1664, sa propre peur. En effet, sa foi est en péril, et cette tentation la fait trembler. La scène où elle s'ouvre à sa tante, la mère Agnès, attire l'attention de Julien Green. Il met en lumière son caractère pathétique, si proche de Corneille. Le climat spirituel de la pièce reflète une atmosphère assombrie par la persécution. Port-Royal représente le drame de l'innocence, et fait pénétrer le spectateur dans le camp des victimes.

Après avoir assisté à la première représentation de la pièce, Julien Green commente ce spectacle dans son *Journal*, le 14 décembre 1954. Il trouve la pièce plus belle à la scène qu'à la lecture :

> Pendant deux heures et demie, je suis resté sans bouger, écoutant chaque parole de cette pièce d'une austérité janséniste à souhait. L'art de l'auteur est d'avoir fait passer l'angoisse de ces âmes religieuses parmi des spectateurs qui sont pour la plupart fort étrangers aux problèmes de la grâce et à qui cela serait bien égal d'être privés de la communion, mais on n'écoute pas la sœur Angélique de Saint-Jean qu'on ne souffre avec elle (Green, 1975, t. IV, p. 1376-1377).

L'amour pour Port-Royal ne quittera jamais Julien Green ; il sera toujours sensible à sa langue, à son atmosphère et à sa retenue. Ainsi, le 19 février 1974, il écrira dans son *Journal*, *La bouteille à la mer.*

> Les documents sur Port-Royal émeuvent toujours par le ton dont il y est parlé de Dieu. Jamais de fausses notes comme au XIXe siècle ni de cacophonie comme au nôtre. Les portraits d'Arnauld, de Saint-Cyran, de la mère Agnès et de la mère Angélique font grande impression – intimident (Green, 1976, p. 208).

UNE RÉSISTANCE MAGNIFIÉE ET EXEMPLAIRE :
CHRISTIAN BOBIN, *LES RUINES DU CIEL* (2009)

Dans son ouvrage très poétique, un éloge du XVIIe siècle, le siècle des mystiques, l'auteur célèbre la résistance des religieuses de Port-Royal. Il pénètre dans le passé de Port-Royal, actualisé par un travail stylistique original. En effet, Christian Bobin peint une série de petits tableaux qui se succèdent à vive allure, sans ordre chronologique. Ce sont les personnages mythiques de Port-Royal, Blaise Pascal, le docteur Hamon, la mère Angélique Arnauld, les religieuses, dont les figures vivantes ont traversé le temps, qui apparaissent en un éclair. Le passé surgit *hic et nunc* et se matérialise dans une vie quotidienne ressuscitée où paysages, végétation et animaux délivrent un message mystique. Le titre de gloire des grandes figures de Port-Royal : avoir osé dire non à un souverain jaloux de son autorité qui veut dompter les consciences, avoir résisté à contre-courant.

En fusionnant images fulgurantes et maximes hiératiques, Christian Bobin dévoile un Port-Royal onirique, qui sait lire les signes de Dieu. Le monastère détruit, un lieu de l'histoire demeuré vivant, émerge des terres marécageuses proches de Versailles. Il enveloppe le paysage d'une douceur angélique. Alors qu'une nuée de courtisans, des mouches, s'agitent à Versailles, un Port-Royal humble, baigné par la lumière céleste, surgit du silence. Demeure des anges, c'est un rosier sauvage, loin du bruissement du monde. Celui-ci s'arrête au seuil du couvent, une clôture qui enferme l'infini.

D'emblée, l'écrivain évoque la destruction, sur ordre du roi, de Port-Royal des Champs. Louis XIV, un ogre, se repaît des chairs mortes des religieuses déterrées. Port-Royal, un obstacle à la souveraineté absolue du Roi-Soleil, devait être effacé, rayé de la mémoire des hommes. Monastère singulier, Port-Royal avait inquiété la royauté, dès le début de la réforme entreprise par la mère Angélique Arnauld.

Port-Royal en appelait au roi des cieux. La mémoire de Port-Royal fut préservée, car elle fut construite par l'écrit, préservée par l'écriture. L'inlassable travail des copistes, ces « vanniers de l'absolu » (Bobin, 2009, p. 27), retirés au cœur du désert, avaient sauvé cette thébaïde figée dans son éternité, où passé et présent s'épousent. Les religieuses peuplent ce paradis, lumineuses, nimbées d'un éclat violent. Leur vêtement, c'est un tablier de boucher sanglant : des croix écarlates sur une robe blanche. Leur visage rayonne, car elles possèdent Dieu. Ce sont des guerrières qui ne cèdent pas :

> Soudain j'ai vu le tablier de boucher des religieuses de Port-Royal avec la croix sanglante sur leur poitrine, preuve du travail bien fait, j'ai entendu la violence de leur réponse à la violence du monde et j'ai encore plus aimé ces filles qu'un évêque jugeait pures comme des anges, orgueilleuses comme des démons (*ibid.*, p. 152).

À l'ascétisme de l'habit des religieuses répond l'apparat des femmes de la cour et la robe d'or, d'un luxe inouï, de madame de Montespan. Ces femmes fardées aux joues écarlates, symboles de la vanité du monde, dont les artifices mortifères séduisent, ne savent pas qu'elles sont déjà mortes. La jeune sœur Briquet renonça à ce faste et choisit la joie réelle. Elle affronta son évêque :

> Les insolentes réponses de la jeune Briquet renvoient l'homme d'Église à l'incurable mélancolie de sa sagesse. À la suite de cet interrogatoire, douze religieuses sont exilées dans d'autres monastères. Madeleine organise la résistance avec les sœurs qui restent. Interdite de communion, elle se confesse par écrit à un prêtre janséniste qui en retour lui fait parvenir sous un pli une hostie consacrée. Les années passent, l'archevêque se décolore dans ses dentelles, la petite Briquet meurt à quarante-sept ans plus fraîche que l'aube (*ibid.*, p. 94).

De même, la mère prieure de Port-Royal de Paris fit face à l'enlèvement en prononçant des paroles, un aphorisme, qui résument tout l'esprit de Port-Royal :

> La mère prieure chassée de Port-Royal, interrogée sur le lieu où elle souhaite être conduite, répond que cela lui est égal : j'espère trouver Dieu partout où je serai (*ibid.*, p. 147).

Christian Bobin célèbre l'aptitude de Port-Royal à la joie et à la sérénité, en dépit de l'hostilité du monde. Cette capacité au bonheur, ancrée dans la perception de la présence divine, est exemplaire. L'omniprésence divine qui s'incarne dans Port-Royal est tangible. Ses marqueurs : la joie, le ciel et la lumière. En effet, Dieu, mouvement qui inonde les âmes des religieuses, leur fait goûter une joie réelle :

> Rien n'agit jamais en nous que Dieu c'est à dire cette grande vague de joie sur laquelle nos vies, sans savoir comment, parfois se tiennent (*ibid.*, p. 52).
>
> En 1645 Madeleine Briquet, orpheline, est confiée à Port-Royal à l'âge de trois ans. Elle y grandit en gaieté. À quinze ans elle fait le choix définitif de la vie monacale. Ses oncles grands bourgeois, pour l'en dissuader, la plongent quatre mois au milieu du monde dans l'espoir que les fêtes l'enivrent : elles ne font qu'affermir son goût d'une joie réelle (*ibid.*, p. 93-94).

Cette plénitude se déploie dans la vie quotidienne, la plus humble, prémisse d'une félicité céleste, car cette gaieté exprime l'amour de Dieu :

> Selon Saint-Cyran nul ne sera heureux dans le ciel s'il ne l'a été sur la terre (*ibid.*, p. 26).

En effet, le signe distinctif de la faveur divine, de la grâce, est une implosion de joie enracinée dans l'austérité, telles « les clochettes blanches du muguet » (*ibid.*, p. 64).

Le monde des religieuses reflète dans sa blancheur, sa luminosité, la lumière céleste, celle de l'invisible. Cette lumière spirituelle, celle du cœur, transfigure les visages et les écrits de Port-Royal. Elle entraîne les âmes dans un mouvement dynamique d'ascension. Les cœurs qui vibrent à l'unisson du monastère symbolisent « une volière vibrante de lumière blanche » (*ibid.*, p. 87), leurs écrits sont comme « un blé de lumière » (*ibid.*, p. 85). Ils offrent espoir et joie aux lecteurs contemporains.

Port-Royal et ses héroïnes sont devenus un mythe dont le rayonnement s'est déployé dans l'espace européen. L'image de Port-Royal, sauvée de l'oubli, fut reconstruite et diffusée grâce au travail d'édition des écrits des religieuses entrepris par les jansénistes du XVIIIe siècle. La communauté des religieuses incarna alors de nouvelles valeurs qui contestaient l'ordre politique et l'absolutisme, au nom de l'esprit critique et de la liberté de conscience.

Lorsque le jansénisme perdit définitivement la bataille, le mythe de Port-Royal connut une nouvelle métamorphose : Port-Royal, voué à l'échec par ses exigences de pureté, fut l'objet de méditations passionnées et engendra de monumentales historiographies.

Le XXe siècle, dans un premier temps, sous l'influence de Sainte-Beuve, poursuivit le dialogue avec l'illustre critique et tenta de cerner l'image des religieuses, objet de polémiques, balançant entre apologie et tentative de démolition du mythe. La *legenda* de Port-Royal et la lutte des religieuses bénéficièrent d'une nouvelle jeunesse : le *Port-Royal* de Montherlant illustra magistralement le destin des religieuses, en incarnant sur scène leur combat, une lutte éternelle entre le bien et le mal. Puis, Julien Green et Christian Bobin, tout en soulignant la singularité des religieuses et leur force d'âme, célébrèrent la poésie et la spiritualité qui caractérisent le monastère. Celui-ci, tout en témoignant de la présence de Dieu en ce monde, devint le symbole de la liberté de l'esprit humain et de la gratuité de l'amour divin. Ainsi, pour les écrivains du XXe siècle et du début d'un XXIe siècle frappé par la crise, des religieuses démunies, malgré la prison et la violence dont elles furent les victimes, ont créé un espace d'autonomie et de liberté intérieure. Les *Relations de captivité*, témoins privilégiés de ce combat contre les autorités, ont affirmé et transmis cet indestructible esprit de Port-Royal, qui par son exigence éthique, demeure un objet d'admiration et un sujet d'inspiration.

CONCLUSION

Les *Relations de captivité* forment la matrice du mythe de Port-Royal. Œuvres à la fois individuelles et collectives de religieuses en révolte et d'une communauté en péril, ces écrits retracent l'histoire d'un combat contre la signature du formulaire. Ce refus d'obtempérer affronte l'autorité du roi et du pape. Il fait appel à la liberté de conscience et à la rationalité. Fidèles disciples de saint Augustin, les religieuses s'opposent aux conceptions novatrices des jésuites et refusent de condamner la théologie de Jansénius résumée en cinq propositions extraites de son œuvre posthume, l'*Augustinus*. Les religieuses, grâce à leur plume éloquente, défendent un monastère innocent, injustement persécuté.

Leurs récits brillent d'un vif éclat : en prison, ces femmes mettent en œuvre une stratégie de défense élaborée avant leur enlèvement du 26 août 1664. Témoins de l'augustinisme de Port-Royal, ces *Relations* dévoilent l'intériorité des captives. Ce sont des aveux douloureux pour celles qui ont signé le formulaire et des louanges à Dieu. Ces religieuses très humaines décrivent avec spontanéité leurs souffrances spirituelles. Elles exposent aussi les débats houleux qui les opposent à leurs adversaires, Hardouin de Péréfixe, archevêque de Paris, leur supérieur, les visiteurs et leurs geôlières. Leur culture leur permet souvent de briller et de vaincre. Ces écrits présentent un grand intérêt historique car ils permettent une meilleure connaissance de la communauté et de son parcours : les évocations autobiographiques y abondent, la vie à Port-Royal y surgit. Les arguments soulevés dans le cadre des polémiques en prison témoignent de la culture et de l'intellectualisme de beaucoup de captives.

Les *Relation*s sont des textes singuliers. Ils brillent d'un vif éclat au sein de la vaste production littéraire de Port-Royal. Par leur talent, leur vivacité, leur pittoresque, l'écriture des religieuses se démarque des écrits masculins de Port-Royal durant la période de la grande persécution. En effet, les religieuses captives, grâce à la puissance poétique de leur écriture, ont pu exprimer l'indicible : un monde intérieur demeuré libre en prison. Cette rébellion, mise en scène et justifiée par les religieuses elles-mêmes, bouleverse l'image de la femme, celle imposée par l'Église et celle que les historiens de Port-Royal ont construite. Les historiens de Port-Royal, notamment l'abbé Le Sesne d'Étemare et Racine, ont édulcoré la révolte des religieuses. Ils les ont dépeintes comme des victimes passives. L'historiographie a estimé que les religieuses ont été guidées par des normes affectives et ont été influencées par leurs confesseurs et directeurs. Elles ont été privées de leur destin. Pourtant, leurs adversaires, notamment Hardouin de Péréfixe, ont bien cerné l'enjeu de leur lutte. À leurs yeux, ces religieuses sont dangereuses, car elles endossent le rôle de femmes savantes, imbues de leur supériorité. Elles contestent la domination intellectuelle masculine, s'appuyant sur leur bon sens, faisant valoir les droits de la conscience, s'opposant à l'idolâtrie de l'état, à la tyrannie. Elles se mêlent de théologie, investissent le champ masculin des controverses réservées à des spécialistes. Elles font preuve d'une liberté intellectuelle et d'une fermeté qui ébranle les fondements d'une société patriarcale placée sous le contrôle d'une Église qui ordonne la soumission. Elles se démarquent des religieuses des autres ordres, passent pour des originales. Leur caractère singulier prend vie dans leurs *Relations de captivité*, témoins de l'humanité de ces femmes, de leur intelligence, des sentiments de colère et d'injustice qui les animent. Ces écrits illustrent un nouveau rapport à Dieu. Pour preuve, les rites qui cimentent la communauté et les invocations à la Vierge, au Christ, aux saints qui jalonnent les péripéties des mandements imposant la signature.

Les historiographes du monastère ont remodelé l'image des religieuses captives. Leur rébellion fut minimisée voire évacuée, l'aspect politique de leur combat occulté. Au fil du temps les historiographes de Port-Royal, Pierre Guilbert, Dom Clémencet, ont estompé le caractère des religieuses de Port-royal, affadi leur personnalité : elles sont devenues des symboles sans personnalité. Cette désincarnation atteint son point culminant à la veille de la Révolution. Les religieuses sont fondues dans un groupe collectif d'où n'émergent que quelques noms. Racine, de son côté, a inscrit le combat des religieuses dans le cadre d'une histoire sacrée, mystérieux témoignage de la volonté divine. Les religieuses sont nimbées de sérénité et de componction. Ce sont des victimes, celles des jésuites : leur rôle actif, leur tempérament offensif disparaissent. Racine minimise l'obligation de la signature du formulaire, une question anodine. C'est le doute qui empêche les religieuses de signer. L'aspect politique de la rébellion est occulté.

Longtemps les historiens de Port-Royal se sont interrogés sur l'orthodoxie des religieuses et leur proximité avec le protestantisme, car elles invoquent les droits de la conscience pour ne pas signer le formulaire. Or, les *Relations de captivité*, fruits littéraires de leur révolte, permettent d'en appréhender la complexité et l'originalité. En effet, ces narrations sont ambivalentes. Écrits intimistes, confessions augustiniennes, elles expriment la sensibilité de leurs auteurs, traduisent les souffrances de prisonnières isolées, violemment arrachées à leur communauté. Ce sont des récits de l'errance de l'âme à la recherche de Dieu, dans la nuit ; les abîmes de la signature, de la chute, les tentent. Ces écrits sont offensifs : les religieuses cultivées, parfaitement informées des enjeux de la signature, ferraillent avec l'archevêque de Paris et avec leurs geôlières. Cet aspect polémique, visant à démontrer l'orthodoxie de Port-Royal, permit l'utilisation ultérieure des *Relations de captivité* par le noyau janséniste que dirigèrent Quesnel et ses disciples. Les *Relations* devinrent, aux yeux de leurs éditeurs, des écrits de propagande de la cause janséniste. Elles contribuèrent à élaborer le mythe de Port-Royal et à célébrer la mémoire du monastère. Il faut donc inscrire ces récits dans un mouvement historique d'une longue durée, celui de la contestation janséniste. En effet, les problèmes théologiques engendrés par l'*Augustinus* se transformèrent en problème de société. Rapidement, les débats théologiques ardus et complexes soulevés par l'*Augustinus* sortirent du cercle des érudits ; ils bouleversèrent la France du dix-huitième siècle. Le jansénisme, progressivement, à partir de Paris et de son Parlement, gagna la France entière. La contestation janséniste, jamais mâtée, finit par ébranler les fondements de la royauté tout en divisant durablement le clergé de France. Le potentiel contestataire des *Relations de captivité* n'échappa pas au cercle janséniste. Les *Relations*, témoignages de la répression de deux absolutismes, celui de la royauté et celui de l'Église post-tridentine, formèrent le noyau incandescent de ce mouvement protéiforme qui renaquit de ses cendres en 1713 et qui récupéra la mémoire de Port-Royal. Exhumées de l'oubli et publiées en 1724. Ces *Relations* devinrent des brûlots lancés contre la bulle *Unigenitus*, des œuvres de propagande échappant à l'intention de leurs auteurs. Elles constituent des témoignages capitaux qui éclairent l'âpreté de la rébellion janséniste. Les religieuses furent transformées en martyres et en inspiratrices. Elles firent l'objet d'un véritable culte. Les jansénistes mettent en œuvre un intense travail de propagande, imitant les religieuses rebelles qui présentent des qualités et des attitudes exemplaires. En effet, les religieuses firent de leur claustration un espace de liberté intellectuelle. Elles construisirent leur propre *legenda*, leur résistance offrant des caractéristiques communes avec l'épopée. La *gesta* de Port-Royal fut largement diffusée. Ainsi les religieuses sont bien les fondatrices de l'édifice mémoriel de Port-Royal.

Les *Relations de captivité* circulèrent tout d'abord au sein du réseau de Port-Royal, avant de parcourir l'ensemble du dix-huitième siècle, jusqu'à la veille de la Révolution. Après l'échec définitif du jansénisme, les *Relations de captivité* et le combat des religieuses devinrent des sources d'inspiration littéraire et poétique. Le romantisme s'empara du sujet. Sainte-Beuve, dans son *Port-Royal*, décrit avec empathie la lutte de religieuses emblématiques : il consacre de longues pages à Angélique de Saint-Jean d'Andilly et à sa *Relation de captivité*, un trésor méconnu de la littérature classique. Il manifeste un intérêt particulier pour les sœurs Briquet et de Brégy. Néanmoins, de nombreuses religieuses sont omises, notamment celles qui ont signé le formulaire et qui se sont repenties.

Le rayonnement de Port-Royal se répand en Europe au cours du dix-neuvième siècle. Un vaste public international peut découvrir les religieuses de Port-Royal, en Angleterre et en Allemagne. La monumentale *Histoire de Port-Royal* de l'historien allemand Hermann Reuchlin apporte un nouvel éclairage mélancolique et désenchanté sur l'échec du monastère. Celui-ci forme un monde clos tentant un retour vers un passé augustinien pour réformer l'Église. Reuchlin admire la *Relation* de la mère Agnès Arnauld, éclairée par les *Relations* de deux de ses nièces, Marie-Charlotte et Marie-Angélique Arnauld d'Andilly. Pour Reuchlin, les religieuses en révolte sont entrées dans l'histoire. À l'heure actuelle, une nouvelle page s'ouvre pour ces religieuses. Elles sont considérées comme des héroïnes, des femmes fortes qui ont trouvé leur juste place dans l'histoire des femmes. La stature mythique des religieuses fut mise en lumière par des femmes anglaises qui étudièrent leur rébellion avec sympathie. Mary-Anne Schimmelpenninck souligne que Port-Royal interpelle tous les chrétiens. Charles Beard poursuit son travail. Il étudie la personnalité des religieuses et porte un vif intérêt aux religieuses qui ont signé le formulaire. À ses yeux, elles furent victimes de la terreur spirituelle qui les frappait et ont cédé aux menaces. Selon Mary E. Lowndes les religieuses de Port-Royal sont des femmes modernes ; elles sont des pionnières de la condition féminine actuelle. Elles échappèrent aux murs de leur clôture, choisissant l'action.

Le mythe de Port-Royal se déploie en France durant le vingtième siècle. Après des polémiques animées par l'abbé Fuzet, Ernest Lavisse et l'abbé Brémond, les religieuses firent l'objet d'une réhabilitation par Augustin et Cécile Gazier. Elles échappent au regard des spécialistes pour atteindre le grand public. La pièce de Montherlant qui exalte l'atmosphère poétique du monastère connut un vif succès. Julien Green, dans son *Journal*, se déclare un nostalgique de Port-Royal. Enfin, Christian Bobin célèbre l'aptitude au bonheur de la communauté des religieuses qui anticipe une félicité céleste.

Ainsi, la rébellion des religieuses de Port-Royal, dont témoignent d'une manière concrète et privilégiée les *Relations de captivité*, a traversé les siècles. Elle fut réactivée par la bulle *Unigenitus* lors du second jansénisme et instrumentalisée par les appelants. En effet, les témoignages des religieuses correspondaient à l'esprit du temps, leurs souffrances, notamment la privation de la communion, faisaient écho aux fameux billets de confession. Le jansénisme, à l'agonie au début du dix-neuvième siècle, a disparu. Par contre, les religieuses de Port-Royal n'ont pas quitté la scène. Leurs *Relations de captivité* méritent d'être exhumées et éditées dans le cadre d'une édition critique. C'est chose faite puisque notre thèse soutenue en janvier 2016 à l'Université Paris XIII-Sorbonne – Paris Cité, sous la direction de Marie-José Michel, a établi le corpus de ces *Relations* et a complété l'édition de 1724, livrant une version intégrale non tronquée. La plupart de ces écrits, outre leur grand intérêt historique, méritent d'intégrer le rang des chefs d'œuvres littéraires du Grand Siècle. Ils s'imposent comme des témoignages exceptionnels dans le cadre de l'histoire des femmes et de l'histoire des idées politiques.

BIBLIOGRAPHIE

LES SOURCES

Constitutions du monastère de Port-Royal du Saint-Sacrement, Mons, Gaspard Migeot, 1665 ; rééd. V. Alemany et J. Lesaulnier, Paris, Nolin, 2004.

Divers Actes, Lettres et Relations des religieuses de Port-Royal, dits *Divers Actes de P.-R.* ou *Relations in-4*, s. l., s. n., 1724.

Histoire des cinq propositions de Jansénius, Liège, chez Daniel Moumal, s. n., 1699.

Histoire des persécutions des religieuses de Port-Royal écrite par elles-mêmes, 1664, à Ville Franche, aux dépens de la Société, 1753.

Le journal de l'abbaye de Port-Royal, ms. P.-R. 64, Bibliothèque de la Société de Port-Royal.

Mémoires pour servir à l'histoire de Port-Royal et à la vie de la Révérende Mère Marie-Angélique de Sainte-Madeleine Arnauld, réformatrice de ce monastère, dits *Mémoires d'Utrecht*, Utrecht, 3 vol. in-12, 1742-1744.

Mémoires sur la destruction de l'abbaye de Port-Royal des Champs, s. l., s. n., 1711.

Recueil de Plusieurs Pièces pour servir à l'Histoire de Port-Royal, dit *Recueil d'Utrecht*, Utrecht, aux dépens de la Compagnie, 1740.

Relation concernant les Lettres que les Religieuses de Port-Royal ont écrites, pendant les dix mois qu'elles furent renfermées sous l'autorité de la mère Eugénie, s. l., s. n.

Relation de la captivité de Mère Madeleine de Sainte Christine, Religieuse de Port-Royal, s. l., 1718.

Relation de la captivité de la Sœur Marguerite de Sainte Gertrude, religieuse de Port-Royal et la Rétractation qu'elle a faite de ses deux Signatures, s. l., 1718.

Relation écrite par Mère Marie-Angélique Arnauld de ce qui est arrivé de plus considérable dans Port-Royal, Chroniques de Port-Royal, n° 41, Paris, Vrin, 1992, p. 10-93.

Vies intéressantes et édifiantes des religieuses de Port-Royal, éd. Pierre Leclerc, 2 vol., 4 tomes, Utrecht, aux dépens de la Compagnie, 1750-1751.

ARNAULD, mère Agnès, *Lettres de Mère Agnès Arnauld*, éd. Prosper Faugère [et Rachel Gillet], 2 vol., Paris, Benjamin Duprat, 1858.

ARNAULD, mère Agnès, *L'Image d'une religieuse parfaite et d'une imparfaite, avec les occupations intérieures pour toute la journée*, Paris, Charles Savreux, 1665a.

ARNAULD, mère Agnès, *Avis donnés aux religieuses de Port-Royal sur la conduite qu'elles doivent garder au cas qu'il arrivât du changement dans le gouvernement de la Maison*, Divers Actes de P.-R., s. l., s. n., 1724, p. 73-91.

ARNAULD, mère Angélique, *Lettres*, 3 vol., Utrecht, aux dépens de la Compagnie, 1742-1744.

ARNAULD, Antoine, *Apologie pour les Religieuses de Port-Royal*, s. l., s. n., 1665b.

ARNAULD, Antoine, *Mémoire pour les Religieuses de Port-Royal, Relation de la Persécution des Religieuses de Port-Royal*, 1664, à Ville Franche, aux dépens de la Société, 1753.

ARNAULD, Antoine, *Seconde Lettre de Monsieur Arnauld docteur de Sorbonne à un Duc et Pair de France*, Paris, 3e éd., 1657.

ARNAULD, Antoine, *Œuvres complètes*, 42 vol., édition Paris-Lausanne, 1775-1783.

ARNAULD D'ANDILLY, Angélique de Saint-Jean, *Conférences sur les Constitutions du monastère de Port-Royal*, 3 vol., Utrecht, 1760.

ARNAULD D'ANDILLY, Angélique de Saint-Jean, *Discours appelés Miséricordes*, Utrecht, chez Corneille Le Fevre, 1735.

ARNAULD D'ANDILLY, Angélique de Saint-Jean, *Réflexions de la R. Mère Angélique de S. Jean pour préparer ses Sœurs à la persécution, conformément aux Avis que la R. Mère Agnès avait laissés sur cette matière aux Religieuses de ce monastère*, s. l., 1737.

ARNAULD D'ANDILLY, Angélique de Saint-Jean, *Réflexions sur la conformité de l'état où étaient alors les Religieuses de Port-Royal avec celui de J.-C. dans l'Eucharistie*, s. l., 1710.

ARNAULD D'ANDILLY, Angélique de Saint-Jean, *Relation de Captivité*, s. l., 1711.

ARNAULD D'ANDILLY, Angélique de Saint-Jean, *Relation de Captivité*, éd. Louis Cognet, Paris, Gallimard, 1954.

BARCOS, Martin de, *Correspondance*, éd. Lucien Goldmann, Paris, P.U.F., 1956.

BESOIGNE, Jérôme, *Histoire de l'abbaye de Port-Royal*, 6 vol. in-12, Cologne, aux dépens de la Compagnie, 1752.

BESOIGNE, Jérôme, *Histoire de l'abbaye de Port-Royal*, rééd. fac-similé, Slatkine reprints, Genève, 1970.

BESOIGNE, Jérôme, *Vies des quatre évêques engagés dans la cause de Port-Royal*, 2 vol., Cologne, aux dépens de la Compagnie, 1756.

BOSSUET, Jacques Bénigne, *Lettre à la révérende mère abbesse et aux religieuses de Port-Royal sur le jansénisme*, Œuvres choisies, t. XXVI, Paris, Impr. Lebel, 1821-1823.

BOULETREAU, François, *édition de la Correspondance de Mère Angélique Arnauld… avec Louise-Marie de Gonzague…, reine de Pologne*, thèse non éditée, Paris, Sorbonne, Hautes Études, 1980.

CLÉMENCET, dom Charles, *Histoire générale de Port-Royal, depuis la réforme de l'abbaye jusqu'à son entière destruction*, 10 vol., Amsterdam, 1755-1757.

DELASSAULT, Geneviève, *Le Maître de Sacy, Choix de Lettres inédites*, Paris, Nizet, 1959.

DUPRÉ, Gertrude, *Relation de la captivité de la sœur Marguerite de Sainte-Gertrude*, s. l., s. n., 1718.

ÉTEMARE, Jean-Baptiste Le Sesne de Ménilles d', *Les gémissements d'une âme vivement touchée de la destruction du saint monastère de Port-Royal des Champs*, 3e éd., s. l., 1734.

FONTAINE, Nicolas, *Mémoires ou histoire des Solitaires de Port-Royal*, édition critique de Pascale Thouvenin, Paris, Honoré Champion, 2001.

GOLDMANN, Lucien, *Correspondance de Martin de Barcos avec les abbesses de Port-Royal et les principaux personnages du groupe janséniste*, Paris, P.U.F., Gallimard, 1956.

GUILBERT, Pierre, *Mémoires historiques et chronologiques sur l'abbaye de Port-Royal des Champs*, 7 vol., Utrecht, 1755-1756.

HAMON, docteur, *Écrit touchant l'Excommunication*, Recueil de 1724, t. I, P.-R. 171, s. l., 1724.

HAMON, docteur, *Principes de conduite dans la défense de la vérité*, s. l., 1734.

HAMON, docteur, *Traités de Piété pour l'Instruction et la consolation des Religieuses de Port-Royal*, Amsterdam, chez Nicolas Potgieter, 1727.

HERMANT, Godefroi, *Mémoires*, éd. Augustin Gazier, 6 vol., Paris, Plon-Nourrit, 1905-1910.

JANSENIUS, Cornelius, *Discours de la réformation de l'homme intérieur*, d'après la traduction en français établie par Robert Arnauld d'Andilly, éditée en 1642, Houilles, éd. Manucius, coll. le Philosophe, 2004.

LANCELOT, Claude, *Mémoires touchant la vie de M. de Saint-Cyran*, éd. Denis Donetzkoff, Paris, Nolin, coll. Univers Port-Royal, 2003.

LE MAISTRE DE SACY, Isaac Louis, *La Bible*, éd. Philippe Sellier, Paris, Robert Laffont, coll. Bouquins, 1990.

LE MAISTRE DE SACY, Isaac Louis, *Lettres chrétiennes et spirituelles*, Paris, chez Élie Josset, 1690.

LE TELLIER, Michel, *Recueil historique des bulles et constitutions, brefs, décrets et autres actes, de ces deux derniers siècles tant dans les matières de la foi que dans celle des mœurs, depuis le saint concile de Trente jusqu'à notre temps*, 3e éd. augmentée, Mons, Gaspard Migeot.

LOUIS XIV, *Mémoires*, Paris, Jacques Longon, 1978.

NICOLE, Pierre, *Les Imaginaires*, Liège, Adolphe Beyers, 1692a.

NICOLE, Pierre, *Les Visionnaires*, Liège, Adolphe Beyers, 1692b.

PASCAL, Blaise, *Les Provinciales, Pensées et opuscules divers*, éd. Philippe Sellier et Gérard Ferreyrolles, Paris, Classiques Garnier, coll. La Pochotèque, 2004.

PASCAL, Blaise, *Œuvres complètes, œuvres diverses (1657-1662)*, éd. Jean Mesnard, t. III et t. IV, Paris, Desclée de Brouwer, Bibliothèque européenne, 1992.

PASCAL, Blaise, *Œuvres complètes*, éd. Michel Le Guern, Paris, Gallimard, La Pléiade, 2000a.

PASCAL, Blaise, *Pensées*, éd. Philippe Sellier, Paris, Le Livre de Poche classique, 2000b.

PERIER, Gilberte, *La vie de Jacqueline Pascal*, Paris, La Table Ronde, 1994.

POULAIN, Mlle, [pseudonyme], *Nouvelle histoire abrégée de Port-Royal*, 4 vol., Paris, Varin, Froullé, Mequignon, 1786.

QUESNEL, Pasquier, *Correspondance*, publiée avec des notes par Mme Albert Le Roy, 2 vol., Paris, Perrin, 1900.

QUESNEL, Pasquier, *Pasquier Quesnel et les Pays-Bas, Correspondance*, publiée avec introduction et annotations par J.A.G. Tans, Paris, Vrin, 1960.

RACINE, Jean, *Œuvres complètes*, Paris, Seuil, L'Intégrale, 1962.

RACINE, Jean, Œuvres Complètes, t. II, *Divers textes intéressant Port-Royal* et *Abrégé de l'histoire de Port-Royal*, Paris, Gallimard, La Pléiade, 1966.

RAPIN, René, Père, *Mémoires sur l'Église et la société, la cour, la ville et le jansénisme 1644-1669*, éd. Léon Aubineau, 3 vol., Paris, Gaume Frères et J. Duprey, 1865.

RIVET, dom, *Nécrologe de l'abbaye de Notre-Dame de Port-Royal des Champs, ordre de Cîteaux, Institut du Saint-Sacrement, qui contient les éloges historiques avec les épitaphes des fondateurs et bienfaiteurs de ce monastère, et des autres personnes de distinction, qui l'ont obligé par leurs services, honoré d'une affection particulière, illustré par la profession monastique, édifié par leur pénitence et leur piété, sanctifié par leur mort, ou leur sépulture*, Amsterdam, Nicolas Potgieter, 1723.

SAINT-CYRAN, Jean Duvergier de Hauranne, *Lettres inédites*, éd. Annie Barnes, Paris, Vrin, 1962.

SIBERTIN-BLANC, Brigitte, *Angélique de Saint-Jean Arnauld d'Andilly d'après sa correspondance de 1624 à 1669*, thèse d'école des Chartes non éditée, manuscrit déposé à la Bibliothèque de Port-Royal, 1962.

SINGLIN, Antoine, *Lettres*, éd. Anne-Claire Josse, Paris, Nolin, coll. Univers Port-Royal, 2004.

THOMAS DU FOSSÉ, Pierre, *Mémoires pour servir l'histoire de Port-Royal*, Rouen, F. Bouquet, 1876-1879.

VUILLART, Germain, *Lettres à M. Louis de Préfontaine (1694-1700)*, introduction et notes de Ruth Clark, Genève-Lille, Droz, 1951.

OUVRAGES GÉNÉRAUX

Dictionnaire de l'Ancien Régime, dir. Lucien BÉLY, Paris, P.U.F., 1996.

Dictionnaire des Lettres françaises, Le XVIIe siècle, dir. Cardinal Georges GENTRE, éd. révisée, Paris, Fayard, 1996.

Dictionnaire du français classique, la langue du XVIIe siècle, éd. Gaston Cayrou, Paris, Klinckieck, 2000.

Dictionnaire du français classique, J. DUBOIS, R. LAGANE, A. LEROND, Paris, Larousse, coll. Trésors du français, 1992.

ADAM, Antoine, *Histoire de la littérature française au dix-septième siècle*, t. II, Paris, Albin Michel, Bibliothèque de l'évolution de l'Humanité, 1997.

ALBERIGO, Giuseppe, *Les conciles œcuméniques – De Trente à Vatican*, t. II, *Les décrets*, Paris, Cerf, 1994.

ANTOINE, Michel, *Louis XV*, Paris, Fayard, 1989.

AUGUSTIN, saint, *Confessions*, éd. Philippe Sellier (réédition de la traduction de Robert Arnauld d'Andilly), Paris, Gallimard, coll. Folio, 1993.

BEAUVALET-BOUTOUYRIE, Scarlett, *Les femmes à l'époque moderne*, Paris, Belin, 2003.

BELIN, Christian, *La conversation intérieure, la méditation en France au XVIIe siècle*, Paris, Honoré Champion, coll. Lumière classique, 2002.

BÉLY, Lucien, *La France au XVIIe siècle*, Paris, P.U.F., 2009.

BÉNICHOU, Paul, *Morales du Grand Siècle*, Paris, Gallimard, coll. Idées, 1973.

BERNOS, Marcel, *Femmes et gens d'Église dans la France classique XVIIe – XVIIIe siècle*, Paris, Cerf, 2003.

BERTIÈRE, Simone, *Mazarin, Le maître du jeu*, Paris, éd. de Fallois, 2007.

BIET, Christian, *Les Miroirs du Soleil, Littératures et classicisme au siècle de Louis XIV*, Paris, Gallimard, coll. Découverte, 1989.

BLUCHE, François, *Dictionnaire du Grand Siècle*, Paris, Fayard, 1990.

BLUCHE, François, *Louis XIV*, Paris, Fayard, 1986.

BOBIN, Christian, *Les ruines du ciel*, Paris, Gallimard, 2009.

BOWERSOCK, Glenn W., *Rome et le martyre*, Paris, Flammarion, 2002.

BRUNEAU, Marie-Florine, *Racine, Le jansénisme et la modernité*, Paris, José Corti, 1986.

CHATELIER, Louis, *Le Catholicisme en France*, t. II, *Le XVIIe siècle, 1600-1650*, Paris, Sedes, 1995.

CHAUNU, Pierre, FOISIL, Madeleine, DE NOIRFONTAINE, Françoise, *Le basculement religieux de Paris au XVIIIe siècle*, Paris, Fayard, 1998.

COGNET, Louis, abbé, *De la Dévotion moderne à la Spiritualité française*, Paris, Fayard, 1958.

CORNETTE, Joël, *Absolutisme et Lumières 1652-1783*, Paris, Hachette, coll. Carré-Histoire, 5e éd., 2008.

COURCELLE, Pierre, *Les Confessions de saint Augustin dans la tradition littéraire*, Paris, Études augustiniennes, 1963.

CRAVERI, Benedetta, *L'âge de la conversation*, Paris, Gallimard, 2002.

DEAN, Herbert, *The political and social ideas of S. Augustine*, New York and London, Cumbia University press, 1963.

DELUMEAU, Jean, *La Peur en Occident*, Paris, Fayard, 1978.

DELUMEAU, Jean, *Le catholicisme entre Luther et Voltaire*, Paris, P.U.F., Nouvelle Clio, n° 30 bis, 1971, rééd. avec Monique Cottret, 1996.

DEREGNAUCOURT, Gilles, et POTON, Didier, *La vie religieuse en France aux XVIe-XVIIe*, Paris, Orphys, 1994.

DUBY, Georges, PERROT, Michèle, *Histoire des femmes en Occident*, t. III, *XVIe-XVIIIe siècle*, Paris, Plon, coll. Tempus, 2002.

DUCHÊNE, Roger, *Être femme au temps de Louis XIV*, Paris, Perrin, 2004.

DUCHÊNE, Roger, *Les précieuses ou comment l'esprit vint aux femmes*, Paris, Fayard, 2001.

DUFOUR-MAÎTRE, Myriam, *Les précieuses, Naissance des femmes de lettres en France au XVIIe siècle*, Paris, Honoré Champion, coll. Champion Classiques, 2008.

DUFOURCQ, Élisabeth, *Histoire des chrétiennes*, Paris, Bayard, 2008.

DULONG, Claude, *La vie quotidienne des femmes au Grand Siècle*, Paris, Hachette, 1984.

DUVIGNAC-GLESSGEN, Marie-Ange, *L'ordre de la Visitation à Paris aux XVIIe et XVIIIe siècles*, Paris, Cerf, 1994.

FOISIL, Madeleine, *Femmes de caractère au XVIIe siècle*, Paris, éd. de Fallois, 2004.

FUMAROLI, Marc, *L'âge de l'éloquence*, Paris, Albin Michel, coll. Bibliothèque de l'évolution de l'Humanité, 1980.

FERREYROLLES, Gérard, GUION, Béatrice, QUANTIN, Jean-Louis, *Bossuet*, Colloque de la Sorbonne, Paris, P.U.P.S., 2008.

GENETIOT, Alain, *Le classicisme*, Paris, P.U.F., 2005.

GODINEAU, Dominique, *Les femmes dans la société française, XVIe–XVIIIe siècle*, Paris, Armand Colin, 2003.

GOLDMANN, Lucien, *Le Dieu caché. Étude sur la vision tragique dans les* Pensées *de Pascal et dans le théâtre de Racine*, Paris, Gallimard, P.U.F., 1955.

GONÇALVES, José, *Philippe de Champaigne*, Paris, ACR édition, 1995.

GREEN, Julien, *Journal*, t. IV et t. V, Paris, Gallimard, La Pléiade, 1975.

GREEN, Julien, *La bouteille à la mer, journal, 1972-1976*, Paris, Plon, 1976.

GROETHUYSEN, Bernhard, *Die Entstehung der bürgerlichen Welt und Lebensanschauung in Frankreich*, Frankfurt am Main, Max Niemeyer Verlag Tübingen, 1978.

HAASE-DUBOSC, Danielle, VIENNOT, Éliane, *Femmes et pouvoirs sous l'Ancien Régime*, Paris, Rivages/Histoire, 1991.

HÉBERT, François, *Mémoires du curé de Versailles*, Paris, Les éditions de France, 1927.

JOUHAUD, Christian, et VIALA, Alain, *De la Publication entre Renaissance et Lumières*, Paris, Fayard, 2002.

JOUHAUD, Christian, *Sauver le Grand-Siècle ? Présence et transmission du passé*, Paris, Seuil, 2007.

KRUMENACKER, Yves, *L'École Française de Spiritualité*, Paris, Cerf, 1999.

LACOUTURE, Jean, *Jésuites*, Paris, Seuil, 1991.

LANDRY, Jean-Pierre, et MORLIN, Isabelle, *La littérature française du dix-septième siècle*, Paris, Armand Colin, 1993.

LAVISSE, Ernest, *Histoire de France*, t. VII, *Louis XIV*, Paris, Hachette, 1906.

LEBRUN, François, *Le XVII*e *siècle*, Paris, Armand Colin, 2003.

LE GALL, André, *Racine*, Paris, Flammarion, 2004.

LE ROY LADURIE, Emmanuel, *L'Ancien Régime*, 2 vol., Paris, Hachette/Pluriel, 1993.

MANDRIOU, Robert, *La France aux XVII*e *et XVIII*e *siècles*, Paris, P.U.F., coll. Clio, 1970.

MANDRIOU, Robert, *Louis XIV et son temps*, Paris, P.U.F., 1973.

MANDRIOU, Robert, *L'Europe absolutiste, Raison et raison d'État 1649-1775*, Paris, Fayard, 1977.

MARAL, Alexandre, *Le Roi-Soleil et Dieu*, Paris, Perrin, 2012.

MARTIN, Henri-Jean, *Livre pouvoirs et société à Paris au XVII*e *siècle à Paris*, 2 vol., Genève, Droz, 1969.

MERLIN, Hélène, *Public et littérature en France au dix-septième siècle*, Paris, Les Belles Lettres, 1994.

MESNARD, Jean, *La culture du dix-septième siècle*, Paris, P.U.F., 1992.

MESNARD, Jean, *Précis de Littérature française du dix-septième siècle*, Paris, P.U.F., 1990.

MICHEL, Jacqueline, *L'aventure janséniste dans l'œuvre de Henry de Montherlant*, Paris, Nizet, 1976.

MORNET, Daniel, *Histoire de la littérature française classique*, Paris, Colin, 1940.

MUCHEMBLED, Robert, *Culture populaire et culture des élites dans la France moderne*, Paris, Flammarion, 1978.

NICOLAS, Jean, *La rébellion française 1661-1789*, Paris, Gallimard, coll. Folio histoire, 2008.

NIDERST, Alain, *Les Français vus par eux-mêmes. Le siècle de Louis XIV*, Paris, Robert Laffont, coll. Bouquins, 1997.

PAPASOGLI, Benedetta, *La mémoire du cœur au XVII*e *siècle*, Paris, Honoré Champion, 2008.

PARMENTIER, Bérengère, *Le siècle des moralistes*, Paris, Seuil, 2000.
PAVEL, Thomas, *L'art de l'éloignement, Essai sur l'imagination classique*, Paris, Gallimard, Folio Essais, 1996.
PETITFILS, Jean-Christian, *Louis XIV*, Paris, Perrin, coll. Tempus, 2002.
PRÉCLIN, édouard, *Les luttes politiques et doctrinales aux XVIIe et XVIIIe siècles*, Paris, Bloud et Gay, 1955.
QUANTIN, Jean-Louis, *Le rigorisme chrétien*, Paris, Cerf, 2001.
RANKE, Léopold, *Histoire de la papauté pendant les XVIe et XVIIe siècles*, Paris, Robert Laffont, coll. Bouquins, 1986.
RANUM, Orest, *Les Parisiens du XVIIe siècle*, Paris, Armand Colin, 1973.
RAPLEY, Elizabeth, *The devotes, Women and church in Seventeenth-Century France*, Montréal, McGill-Queen's University Press, 1990.
REYNES, Geneviève, *Couvents de femmes : la vie des religieuses cloîtrées dans la France des dix-septième et dix-huitième siècles*, Paris, Fayard, 1987.
ROCQUAIN, Félix, *L'esprit révolutionnaire avant la révolution*, Paris, Plon, 1878.
ROHOU, Jean, *Le XVIIe siècle, une révolution de la condition humaine*, Paris, Seuil, 2002.
SAINT-SIMON, Louis de Rouvroy, duc de, *Mémoires*, 7 vol., Paris, P.U.F., La Pléiade, 1948-1961.
SAINT-SIMON, Louis de Rouvroy, duc de, *Mémoires*, 8 vol., Paris, Hachette, 1978.
SÉE, Henri, *Les idées politiques en France au XVIIe siècle*, Paris, Librairie Félix Lacan, 1923.
SELLIER, Philippe, *Essais sur l'imaginaire classique*, Paris, Honoré Champion, 2003.
TAVENEAUX, René, *Le Catholicisme dans la France classique*, Paris, Sedes, 1994.
TIMMERMANS, Linda, *L'Accès des femmes à la culture, 1598-1715*, Paris, Honoré Champion, 1993.
TOURNAND, Jean-Claude, *Introduction à la vie littéraire du XVIIe siècle*, Paris, Dunod, 1970.
VENARD, Marc, *Histoire du christianisme*, t. IX, *L'âge de raison*, Paris, Desclée, 1997.
VIENNOT, Éliane, *La France, les femmes et le pouvoir*, t. II, Paris, Perrin, 2008.
WANEGFFELEN, Thierry, *Une difficile fidélité – Catholiques malgré le concile en France XVIe – XVIIe siècles*, Paris, P.U.F., 1999.
ZUBER, Roger, CUENIN, Micheline, *Le Classicisme*, Paris, Flammarion, 1998.

OUVRAGES SUR PORT-ROYAL

Dictionnaire de Port-Royal, dir. Jean LESAULNIER et Antony McKENNA, Paris, Honoré Champion, 2004.

Pascal et Port-Royal, Tricentenaire de la mort de Pascal, Paris, Fayard, 1962.

ADAM, Antoine, *Du Mysticisme à la révolte. Les jansénistes du dix-septième siècle*, Paris, Fayard, 1968.

BEARD, Charles, *Port-Royal, a contribution to the History of Religion and Literature in France*, 2 vol., London, Longman, Green and Roberts, 1861.

BONNOT, Isabelle, *Hérétique ou saint ? Henry Arnauld, évêque janséniste d'Angers au dix-septième siècle*, Paris, Nouvelles éditions latines, 1984.

BOURNET, Léon, *La Querelle janséniste*, Paris, éd. Pierre Téqui, 1924.

BRÉMOND, Henri, *Histoire littéraire du sentiment religieux en France*, t. IV, *La conquête mystique, L'école de Port-Royal*, Paris, Librairie Bloud et Gay, 1938.

BRUGGEMAN, J., et VAN DE VEN, A.-J., *Inventaire des pièces françaises se rapportant à l'abbaye de Port-Royal des Champs et son cercle et à la résistance contre la Bulle Unigenitus et à l'appel* (ancien fonds d'Amersfoort), La Haye, Martinus Nijhoff, 1972.

BUGNON-SECRÉTAN, Perle, *Mère Agnès Arnauld*, Paris, Cerf, 1996.

BUGNON-SECRÉTAN, Perle, *Mère Angélique Arnauld*, Paris, Cerf, 1991.

CARR JR., Thomas M., *Voix des abbesses du Grand Siècle, La Prédication au féminin à Port-Royal*, Tübingen, Gunter Narr Verlag, coll. Biblio 17, 2006.

CARREYRE, Jean, *Le jansénisme durant la régence*, 2 vol., Louvain, Bibliothèque d'histoire ecclésiastique, 1932-1933.

CHANTIN, Jean-Pierre, *Le Jansénisme*, Paris, Cerf, 1996.

COGNET, Louis, *Claude Lancelot solitaire de Port-Royal*, Paris, Sulliver, 1950a.

COGNET, Louis, *La Réforme de Port-Royal*, Paris, Flammarion, 1950b.

COGNET, Louis, *Mère Angélique et saint François de Sales*, Paris, Flammarion, 1951.

COGNET, Louis, *Le Jansénisme*, Paris, P.U.F., coll. Que sais-je ?, 1961.

CONLEY, John J., S. J., *Adoration and annihilation – The convent philosophy of Port-Royal*, Indiana, University of Notre-Dame Press, 2009.

COTTRET, Monique, *Jansénismes et Lumières, Pour un autre* XVIIe *siècle*, Paris, Albin Michel, Bibliothèque Histoire, 1998.

COURCELLES, Dominique de, *Le sang de Port-Royal*, Paris, De L'Herne, 1994.

COUSIN, Victor, *Jacqueline Pascal*, Paris, Didier et Compagnie, 1869.

COUSSON, Agnès, *L'Écriture de soi, Lettres et récits autobiographiques des religieuses de Port-Royal*, Paris, Honoré Champion, 2012.

DEDIEU, Joseph, *L'agonie du jansénisme (1715-1790)*, Revue d'histoire de l'Église de France, avril 1928.

DELASSAULT, Geneviève, *La pensée janséniste en dehors de Pascal*, Paris, Buchet/Chastel, 1963.

DELASSAULT, Geneviève, *Louis-Isaac Le Maître de Sacy et son temps*, Paris, Nizet, 1957.

DELFORGE, Frédéric, *Jacqueline Pascal*, Paris, Nolin, 2002.

DENIS, Georges, *Port-Royal*, Nantes, Roumegoux et Compagnie, 1924.

DIEUDONNÉ, P., *La paix clémentine*, Louvain, Presses Universitaires, bibliotheca ephemeridum theologicarum lovaniensium, n° 167, 2003.

DOYLE, William, *Jansenism*, New-York, Macmillan Press Ltd, coll. Studies in European History, 2000.

DUINKER, Anna Catharina Maria, *Claude de Sainte-Marthe prêtre et confesseur de Port-Royal*, Haarlem, Tjeenk Willink en Zoon, 1932.

ESCHOLIER, Marc, *Port-Royal*, Paris, Robert Laffont, 1965.

FERREYROLLES, Gérard, *Pascal et la raison du politique*, Paris, P.U.F., 1984.

FINOT, Édouard, *Port-Royal et Magny*, Paris, Georges Chamerot, imprimeur-éditeur, 1888.

FRENCKEN, Joséphine, *Agnès Arnauld*, Nimègue, Utrecht, Van de Vegt et Van Leeuwen, 1932.

FUZET, abbé, *Les jansénistes du XVIIe siècle*, Paris, Bray et Retaux, 1876.

GASTELLIER, Fabian, *Angélique Arnauld*, Paris, Fayard, 1998.

GAZIER, Augustin, *Histoire générale du mouvement janséniste depuis ses origines jusqu'à nos jours*, 2 vol., Paris, Champion, 1922-1923.

GAZIER, Cécile, *Histoire du monastère de Port-Royal*, Paris, Perrin, 1929.

GAZIER, Cécile, *Les belles amies de Port-Royal*, Paris, Perrin, 1930.

GAZIER, Cécile, *Ces Messieurs de Port-Royal*, Paris, Perrin, 1932.

GAZIER, Cécile, *Histoire de la Société et de la Bibliothèque de Port-Royal*, Paris, P.U.F., 1966.

GOLDMANN, Lucien, *Le Dieu caché. Étude sur la vision tragique dans les* Pensées *de Pascal et dans le théâtre de Racine*, Paris, Gallimard, 1956.

HALLAYS, André, *Le pèlerinage de Port-Royal*, Paris, Librairie Académique Perrin, 1909.

HAMMOND, Nicholas, *Fragmentary Voices, Memory and Education at Port-Royal*, Tübingen, Gunter Narr Verlag, coll. Biblio 17, 2004.

HARDY, Georges, *Le cardinal de Fleury et le mouvement janséniste*, Paris, Honoré Champion, 1925.

HILDESHEIMER, Françoise, *Le jansénisme*, Paris, Publisud, 1992.

JACCARD, L.-Frédéric, *Saint-Cyran précurseur de Pascal*, Lausanne, éditions de La Concorde, 1944.

JANSEN, Paule, *Arnauld d'Andilly défenseur de Port-Royal*, Paris, Vrin, 1973.
KING SANDERS, Ella, *Angélique of Port-Royal*, London, Skeffington and Son, 1905.
KOLAKOWSKI, Leszek, *Dieu ne nous doit rien*, Paris, Albin Michel, 1997.
KOSTROUN, Daniella, *Feminism, Absolutism, and Jansenism, Louis XIV and the Port-Royal Nuns*, Cambridge, Cambridge University Press, 2011.
KRÜGER, Max, *Die entwicklung und beteutung des Nonnenklosters Port-Royal im 17. Jahrhundert (1609-1709)*, Romanistische Arbeiten n° XXVI, Halle, Max Niemeyer Verlag, 1936.
LAPORTE, Jean, *La doctrine de Port-Royal*, 2 vol., Paris, P.U.F., 1951-1952.
LE GUERN, Michel, *Pascal et Arnauld*, Paris, Honoré Champion, 2003.
LAUDENBACH, Hélène, *Chroniques de Port-Royal*, Paris, La Table Ronde, 1955.
LEFEBVRE, Henri, *Pascal*, 2 vol. (t. I, 1949, t. II, 1954), Paris, Nagel, 1949-1954.
LE GALL, André, *Pascal*, Paris, Flammarion, 2000.
LESAULNIER, Jean, *Port-Royal insolite, édition critique du Recueil de choses diverses*, Paris, Klincksieck, 1992.
LESAULNIER, Jean, *Images de Port-Royal*, Paris, Nolin, 2002.
LOWNDES, Mary E., *The Nuns of Port-Royal : As seen in their own Narratives*, London, Henry Frowde Oxford University Press, 1909.
LYON-CAEN, Nicolas, *La boîte à Perrette, Le jansénisme parisien au XVIIIe siècle*, Paris, Albin Michel, coll. L'évolution de l'humanité, 2010.
MAIRE, Catherine, *Les convulsionnaires de Saint-Médard*, Paris, Gallimard, coll. Archives, 1985.
MAIRE, Catherine, *De la cause de Dieu à la cause de la nation*, Paris, Gallimard, 1998.
MARINER, Francis, *Histoires et autobiographies spirituelles : les Mémoires de Fontaine, Lancelot et Du Fossé*, Tübingen, Gunter Narr Verlag, coll. Biblio 17, 1998.
MARTIN, Frances, *Angélique Arnauld abbess of Port-Royal*, London, Macmillan and Co., 1873.
MAULVAULT, A., *Répertoire alphabétique des personnes et des choses de Port-Royal*, Paris, Honoré Champion, 1902.
MICHEL, Marie-José, *Jansénisme et Paris 1640-1730*, Paris, Klincksieck, 2000.
MONTHERLANT, Henri de, *Port-Royal*, Paris, Gallimard, coll. Folio, 1954,
MONTHERLANT, Henri de, *Théâtre*, Paris, Gallimard, La Pléiade, 1972.
NAMER, Georges, *L'abbé Le Roy et ses amis*, Paris, école Pratique des Hautes Études, 1964.
NEWTON, William Ritchey, *Sociologie de la communauté de Port-Royal*, Paris, Klincksieck, 1999.
NOIRFONTAINE, Françoise de, *Croire, souffrir et résister, Lettres de religieuses opposantes à la bulle Unigenitus*, Paris, Nolin, coll. Univers Port-Royal, 2009.
ORCIBAL, Jean, *Jean Duvergier de Hauranne, abbé de Saint-Cyran et son temps (1581-1638)*, Louvain-Paris, Vrin, 1947.

ORCIBAL, Jean, *Port-Royal entre le miracle et l'obéissance, Flavie Passart et Angélique de Saint Jean Arnauld d'Andilly*, Paris, Desclée de Brouwer, 1957.
ORCIBAL, Jean, *Saint-Cyran et le jansénisme*, Paris, Seuil, coll. Maîtres spirituels, 1961.
ORCIBAL, Jean, *Études d'Histoire et de Littérature religieuses*, Paris, Klincksieck, 1997.
PARGUEZ, Jacques, *La Bulle Unigenitus et le jansénisme politique*, Librairie Maurice Glomeau, Paris, 1936.
PLAZENET, Laurence, *Port-Royal*, Paris, Flammarion, 2012.
REA, Lilian, *The enthusiasts of Port-Royal*, London, Methuen and Co Ltd., 1912.
REUCHLIN, Hermann, *Geschichte von Port-Royal*, 2 vol., Hamburg und Gotha, 1839-1844.
ROMANES, Ethel, *The story of Port-Royal*, London, John Murray, Albemarle Street, W., 1907.
SAINTE-BEUVE, Augustin de, *Port-Royal*, 3 vol. (t. I., 1952, t. II, 1954, t. III, 1955), Paris, Gallimard, La Pléiade, 1952-1955.
SAINT-RENÉ TAILLANDIER, *La tragédie de Port-Royal*, Paris, Plon, 1950.
SEDWICK, Alexander, *Jansenism in Seventeenth-Century France. Voices from the Wilderness*, Charlottesville, University Press of Virginia, 1977.
SEDWICK, Alexander, *The Travails of Conscience – The Arnauld Family and the Ancient Regime*, Harvard University Press, 1998.
SELLIER, Philippe, *Pascal et la liturgie*, Paris, P.U.F., 1966.
SELLIER, Philippe, *Pascal et saint Augustin*, Bibliothèque de l'évolution de l'Humanité, Paris, Albin Michel, 1995.
SELLIER, Philippe, *Port-Royal et la littérature*, 2 vol., Paris, Honoré Champion, 1999-2000.
SCHIMMELPENNINCK, Mary-Anne, *Select memoirs of Port-Royal*, 2 vol., Philadelphia, Henry Longstreth, 1853.
TANS, J. A. G., *Pasquier Quesnel et les Pays-Bas*, Paris, Vrin, 1960.
TAVENEAUX, René, *La Vie quotidienne des Jansénistes*, Paris, Hachette, 1973.
TAVENEAUX, René, *Jansénisme et réforme catholique*, Nancy, Presses Universitaires de Nancy, 1992.
TROUNCER, Margaret, *The reluctant Abbess*, London, Hutchinson of London, 1957.
VAN KLEY, Dale K., *Les origines religieuses de la révolution française*, Paris, Seuil, coll. L'univers historique, 2002.
WEAVER, F. Ellen, *The Evolution of the Reform of Port-Royal*, Paris, Beauchesne, 1978.
WEAVER, F. Ellen, *Madame de Fontpertuis, une dévote janséniste*, Paris, Klincksieck, 1998.
WEAVER, F. Ellen, *La Contre-Réforme et les Constitutions de Port-Royal*, Paris, Cerf, 2002a.
WEAVER, F. Ellen, *Mademoiselle de Joncoux*, Paris, Cerf, 2002b.

ARTICLES OU CONTRIBUTIONS

ARMOGATHE, Jean-Robert, « Le fantôme du jansénisme ou la rhétorique de la déviance », *Antoine Arnauld*, La Rochelle, Rumeurs des âges, 1994, p. 35-47.

ARMOGATHE, Jean-Robert, « La spiritualité de Pierre Nicole : antimysticisme ou intellectualisme ? », *Chroniques de Port-Royal*, n° 45, Paris, Vrin, 1996, p. 83-99.

ARMOGATHE, Jean-Robert, « Henri Brémond et Port-Royal, une relation passionnée », *Chroniques de Port-Royal*, n° 49, Paris, Vrin, 2000, p. 55-69.

ASAHINA, Yoshina, « Les deux Angélique de Port-Royal », *Chroniques de Port-Royal*, n° 41, Paris, Vrin, 1992, p. 157-170.

BASSET, Guy, « Imaginaires et Visionnaires : écrits de circonstance ? », *Chroniques de Port-Royal*, n° 45, Paris, Vrin, 1996, p. 277-289.

BAXTER, Carol, « Pure as angels, Proud as Lucifer : an Anatomy of Resistance by the Community of Port-Royal », *La femme au XVIIe siècle, actes du colloque de Vancouver, University of British Columbia, 5-7 octobre 2000*, Tübingen, Gunter Narr Verlag, coll. Biblio 17, 2002, p. 337-362.

BERNOS, Marcel, « Résistances féminines à l'autorité ecclésiastique à l'époque moderne (XVIIe – XVIIIe siècles) », *Clio, Histoire, Femmes et Sociétés*, n° 15, Presses Universitaires du Mirail, 2002, p. 105-110.

BERSANIS, Jean, « L'*Abrégé de Port-Royal* ou Racine évangéliste », *Chroniques de Port-Royal*, n° 17-18, Paris, Vrin, 1969, p. 5-20.

BLANC, André, « Angélique de Saint-Jean à travers Sainte-Beuve et Montherlant », *Chroniques de Port-*Royal, n° 34, Paris, Vrin, 1985, p. 47-60.

BLANC, André, « Port-Royal et les écrivains », *Chroniques de Port-Royal*, n° 49, Paris, Vrin, 2000, p. 41-54.

BOWMAN, Franck, « Le statut littéraire de l'autobiographie spirituelle », *Mélanges offerts à Paul Bénichou*, Genève, Droz, 1982, p. 313-334.

CAGNAT-DEBŒUF, Constance, « Port-Royal et l'autobiographie », *Cahiers de l'AIEF*, 1997, vol. 49, n° 1, p. 223-242.

CARREYRE, Jean, « Les luttes du jansénisme. Sujet d'histoire diocésaine », *Revue d'histoire de l'Église de France*, n° 49, 1924, p. 443-460.

CARREYRE, Jean, « La politique religieuse du Régent (1715-1723) », *Revue d'histoire de l'Église de France*, 1928, n° 65, p. 459-467.

CARRIÈRE, Victor, « La doctrine janséniste », *Introduction aux études d'Histoire ecclésiastique locale*, Paris, Librairie Letouzet et Ané, 1936a, p. 513-539.

CARRIÈRE, Victor, « Le désarroi janséniste pendant la période du quesnellisme », *Introduction aux études d'Histoire ecclésiastique locale*, Paris, Librairie Letouzet et Ané, 1936b, p. 541-589.

CERTEAU, Michel de, « De Saint-Cyran au jansénisme », *Le lieu de l'autre*, Hautes Études, Paris, Gallimard / Le Seuil, 2005, p. 217-235.

CHEDOZEAU, Bernard, « Idéal intellectuel et vie monastique à Port-Royal », *Chroniques de Port-Royal*, n° 37, Paris, Vrin, 1988, p. 57-74.

CHEDOZEAU, Bernard, « La chapelle de Port-Royal de Paris », *Chroniques de Port-Royal*, n° 40, Paris, Vrin, 1991, p. 73-89.

CHEDOZEAU, Bernard, « Port-Royal et le jansénisme : la revendication d'une autre forme de tridentinisme ? », *Revue XVIIe siècle*, n° 171, avril-juin 1991, p. 119-125.

CHEDOZEAU, Bernard, « Port-Royal : une construction anhistorique, mythique et identitaire ? », *Chroniques de Port-Royal*, n° 42, Paris, Vrin, 1993, p. 201-214.

COGNET, Louis, « Le mépris du monde à Port-Royal et dans le jansénisme », *Revue d'ascétique et de mystique* n° 41, 1965, p. 387-402.

COGNET, Louis, « Brémond et Port-Royal », *Chroniques de Port-Royal*, n° 17-18, Paris, Vrin, 1969, p. 41-53.

COTTRET, Monique, « Le républicanisme janséniste : mythe de l'Église primitive et primitivisme des Lumières », *Revue d'Histoire moderne et contemporaine*, t. XXXI, janvier-mars 1984, p. 99-115.

DESCAMPS, Geneviève, « L'adoration du Saint-Sacrement à Port-Royal », *Chroniques de Port-Royal*, n° 43, Paris, Vrin, 1994, p. 25-39.

GHEERAERT, Tony, « Les *Gémissements* de l'abbé d'Étemare ou la poésie des ruines », *Chroniques de Port-Royal*, n° 55, Paris, Vrin, 2005, p. 143-168.

GOUNELLE, André, « Port-Royal vu par les protestants », *Chroniques de Port-Royal*, n° 42, Paris, Vrin, 1993, p. 163-171.

GREBIL, Germaine, « L'image de Mère Angélique de Saint-Jean au dix-huitième siècle », *Chroniques de Port-Royal*, n° 34, Paris, Vrin, 1985, p. 109-129.

GREBIL, Germaine, « Mère Agnès et l'*Avis pour les temps de persécution* », *Chroniques de Port-Royal*, n° 43, Paris, Vrin, 1994, p. 135-146.

GREEN, Julien, « Port-Royal, tragédie des victimes », *La Table Ronde*, n° 84, Paris, Plon, décembre 1954, p. 24-26.

GUION, Béatrice, « De l'abandon à la méditation, représentations de l'espace intérieur à Port-Royal », *Études littéraires*, vol. 34, n° 1-2, 2002, p. 39-53.

JANSEN, Paule, « Port-Royal de Paris ; son histoire (1624-1792) », *Chroniques de Port-Royal*, n° 40, Paris, Vrin, 1991, p. 23-72.

KOSTROUN, Daniella J., « Historical Appeal under Absolutism : Women and Gallicanism at Port-Royal, 1690-1709 », *Le Savoir au XVIIe siècle*, Actes du 34e congrès annuel de la North American Society for Seventeenth-Century Literature, University of Virginia, Charlottesville, 14-16 mars 2002, Tübingen, Gunter Narr Verlag, coll. Biblio 17, 2003, p. 99-110.

KOSTROUN, Daniella J., « A Formula for Disobedience : Jansenism, Gender, and the Feminist Paradox » *The Journal of Modern History*, n° 75, September 2003, p. 483-522.

KOSTROUN, Daniella J., « La Querelle des femmes au cœur du jansénisme », *Histoire, économie et Société*, n° 2, Paris, Armand Colin, 2011, p. 47-61.

LE GUERN, Michel, « Arnauld et les Jésuites », *Chroniques de Port-Royal*, n° 44, Paris, Vrin, 1995, p. 221-227.

LESAULNIER, Jean, « L'historiographie Port-Royaliste jusqu'à Sainte-Beuve », *Chroniques de Port-Royal*, n° 42, Paris, Vrin, 1993, p. 101-123.

LESAULNIER, Jean, « *La vie de saint Bernard*, premier abbé de Clairvaux et père de l'Église, d'Antoine Le Maître », *Chroniques de Port-Royal*, n° 48, Paris, Vrin, 1999, p. 249-276.

LESNE-JAFFRO, Emmanuelle, « Témoigner de Port-Royal », *Le rayonnement de Port-Royal, Mélanges en l'honneur de Philippe Sellier*, Paris, Honoré Champion, 2001, p. 201-217.

MAGNARD, Pierre, « Angélique de Saint-Jean ou l'esprit de résistance », *Chroniques de Port-Royal*, n° 34, Paris, Vrin, 1985, p. 13-32.

MAGNARD, Pierre, « De l'obéissance en temps de persécution », *Chroniques de Port-Royal*, n° 37, Paris, Vrin, 1988, p. 89-104.

MAIRE, Catherine, « Agonie religieuse et transformation politique du jansénisme », *Chroniques de Port-Royal*, n° 39, Paris, Vrin, 1990, p. 103-130.

MAIRE, Catherine, « Les sources de Sainte-Beuve ou la mise en mémoire de Port-Royal », *Chroniques de Port-Royal*, n° 42, Paris, Vrin, 1993, p. 125-133.

MAIRE, Catherine, « Port-Royal, la fracture janséniste », *Les lieux de Mémoire*, sous la direction de Pierre Nora, t. II, Paris, Gallimard, coll. Quarto, 1997.

MAIRE, Catherine, « De Port-Royal au jansénisme : le XVIIIe siècle », *Chroniques de Port-Royal*, n° 49, Paris, Vrin, 2000, p. 135-152.

MAIRE, Catherine, « Les querelles jansénistes de la décennie 1730-1740 », *Recherches sur Diderot et sur l'Encyclopédie*, n° 38, Société Diderot, avril 2005.

MANDROU, Robert, « Spiritualité et pratiques catholiques au XVIIe siècle », *Annales, économies, Sociétés, Civilisations*, t. I et t. II, 1961, p. 136-146.

MARIN, Louis, « Signe et représentation : Philippe de Champaigne et Port-Royal », *Annales E.S.C.*, 25e année, n° 1, Paris, Armand Colin, janvier-février 1970, p. 1-29.

MENGOTTI-THOUVENIN, Pascale, « Port-Royal, laboratoire de Mémoires », *Chroniques de Port-Royal*, n° 48, Paris, Vrin, 1999, p. 15-55.

MENGOTTI-THOUVENIN, Pascale, « Justice humaine et justice divine dans les mémoires de Port-Royal », coll. *Connaître les mémoires d'Ancien Régime*, dir. Jean Garapon et Christian Zonza, Université de Nantes, éd. Cécile Defaut, Nantes, 2009.

MESNARD, Jean, « Jansénisme et littérature », *Le statut de la littérature, Mélanges offerts à Paul Bénichou*, dir. Marc Fumaroli, Genève, Droz, 1982, p. 117-134.

MESNARD, Jean, « La mère Agnès femme d'action », *Chroniques de Port-Royal*, n° 43, Paris, Vrin, 1994, p. 57-80.

MESNARD, Jean, « Mythe janséniste et mythe jésuitique dans l'Europe d'après la Réforme », Tûbingen, Gunter Narr Verlag, coll. Biblio 17, n° 188, 2010, p. 305-324.

MICHEL, Marie-José, « Le Dieu des jansénistes », *Dieu au XVIIe siècle*, dir. Henri Laux et Dominique Salin, éd. facultés jésuites de Paris, 2002, p. 181-189.

MICHEL, Marie-José, « L'Histoire de Port-Royal des Champs », *Chroniques de Port-Royal*, n° 54, Paris, Vrin, 2004, p. 27-33.

MOLINO, Jean, « *Port-Royal* et la méthode de Sainte-Beuve », *Chroniques de Port-Royal*, n° 42, Paris, Vrin, 1993, p. 175-200.

NEVEU, Bruno, « Port-Royal à l'âge des lumières », *Érudition et Religion*, Paris, Albin Michel, coll. Histoire, 1994, p. 277-331.

ODAGIRI, Mitsutaka, « Le mythe de Port-Royal et Montherlant », *Actes du colloque de l'Université de Tokyo 27-29 septembre 1988*, Paris, Klincksieck, 1991, p. 135-143.

OPPETIT, Robert, « Antoine Arnauld, homme de foi », *Chroniques de Port-Royal*, n° 44, Paris, Vrin, 1995, p. 381-392.

ORCIBAL, Jean, « La Sœur Marie-Gabrielle Houel et son encyclique sur les miracles de Port-Royal (31 octobre 1664) », *Chroniques de Port-Royal*, n° 6-7, Paris, Vrin, 1956, p. 30-57.

ORDIONI, Pierre, « Statut juridique des moines et moniales sous l'Ancien Régime », *Chroniques de Port-Royal*, n° 43, Paris, Vrin, 1994, p. 167-171.

PIQUE, Nicolas, « Arnauld, Rome et la tradition, l'enjeu historique de la distinction du fait et du droit », *Chroniques de Port-Royal*, n° 46, Paris, Vrin, 1997, p. 169-184.

PLAZENET, Laurence, « Port-Royal au prisme du roman (1657-2004) », *Revue d'histoire littéraire de la France*, n° 4, octobre 2006, Paris, P.U.F., p. 927-958.

PLAZENET, Laurence, « Le foudroiement des ténèbres : prison et relations de captivité (1664-1665) », *Univers Port-Royal*, textes réunis par Jean Lesaulnier, Paris, Nolin, 2011, p. 99-161.

POTHIER-THOBY, Anne-Cécile, « Janséniste de cœur, puritain d'esprit, l'individualité spirituelle de Julien Green », *Chroniques de Port-Royal*, n° 52, Paris, Vrin, 2003, p. 335-356.

QUANTIN, Jean-Louis, « Port-Royal et le jansénisme du XVII^e^siècle dans l'historiographie depuis Sainte-Beuve », *Chroniques de Port-Royal*, n° 49, Paris, Vrin, 2000, p. 87-119.

SCHMITZ DU MOULIN, Henri, « L'édition de la *Relation de la captivité* de Mère Angélique de Saint-Jean », *Chroniques de Port-Royal*, n° 34, Paris, Vrin, 1985, p. 33-46.

SCHMITZ DU MOULIN, Henri, « Les archives de Port-Royal en exil », *Chroniques de Port-Royal*, n° 35, Paris, Vrin, 1986, p. 29-41.

SEDWICK, Alexander, « La famille Arnauld à travers le *Port-Royal* de Sainte-Beuve », *Chroniques de Port-Royal*, n° 42, 1993, Paris, Vrin, p. 251-258.

SEDWICK, Alexander, « Le Grand Arnauld en famille », *Chroniques de Port-Royal*, n° 44, Paris, Vrin, 1995, p. 11-18.

SEGUIN, Marie Susana, « Les réseaux jansénistes au dix-huitième siècle », *Publications de l'Université de Saint-Étienne*, 2006, p. 185-196.

SELLIER, Philippe, « Pour une poétique de légende, la vie de Monsieur Pascal », *Chroniques de Port-Royal*, n° 31, 1982, Paris, Vrin, p. 51-68.

SELLIER, Philippe, « Élégance rhétorique et évangile : une lettre d'Angélique Arnauld d'Andilly à Antoine Arnauld », *Chroniques de Port-Royal*, n° 48, Paris, Vrin, 1999, p. 301-316.

SIBERTIN-BLANC, Brigitte, « Biographie et personnalité de la seconde Angélique », *Chroniques de Port-Royal*, n° 34, Paris, Vrin, 1985, p. 71-92.

TANS, Joseph Anna Guillaume, « Port-Royal entre le réveil spirituel et le drame », *Pasquier Quesnel et le jansénisme en Hollande*, Paris, Nolin, coll. Port-Royal, n° 10, 2007, p. 105-123.

TAVENEAUX, René, « Jansénisme et vie sociale en France au XVIIIe siècle », *Revue d'histoire de l'Église de France*, t. LIV, n° 152, 1968, p. 27-46.

TIMMERMANS, Linda, « La Religieuse parfaite et la théologie : l'attitude de Mère Agnès à l'égard de la participation aux controverses », *Chroniques de Port-Royal*, n° 43, Paris, Vrin, 1994, p. 97-112.

TRÉPANIER, Hélène, « Entre amour-propre et anéantissement : le "je" des autobiographies mystiques féminines », *La femme au XVIIe siècle*, Actes du colloque de Vancouver, University of british Columbia, 5-7 octobre 2000, Tübigen, Gunter Narr Verlag, coll. Biblio 17, n° 138, p. 301-313.

WEAVER, F. Ellen, « Angélique de Saint-Jean : Abbesse et "mythographe" de Port-Royal », *Chroniques de Port-Royal*, n° 34, Paris, Vrin, 1985, p. 93-108.

WEAVER, F. Ellen, « Commentaires sur la règle de saint Benoît : Angélique de Saint-Jean… », *Chroniques de Port-Royal*, n° 37, Paris, Vrin, 1988, p. 27-44.

WEAVER, F. Ellen, « Histories and historians of Port-Royal – The divine drama in history and liturgy », *Pittsburg Theological Monograph Series*, Number 10, edited by John E. Booty, Pickwick Publications, 1984, p. 45-61.

INDEX DES NOMS DE PERSONNES

INDEX DES NOMS DE LIEUX

TABLE DES MATIÈRES

DEUXIÈME PARTIE

LES *RELATIONS DE CAPTIVITÉ*, UN MYTHE FONDATEUR DU JANSÉNISME

IMPRIM'VERT®

Achevé d'imprimer par Corlet Numéric,
Z.A. Charles Tellier, Condé-en-Normandie (Calvados), en juin 2021
N° d'impression : 171936 - dépôt légal : juin 2021
Imprimé en France